Zu diesem Buch

Brauchen wir eine neue Ethik? – so fragt man heute oft, und nicht wenige antworten darauf mit einem nachdrücklichen Ja. Wir müssen, so sagen sie, unser Tun und Lassen an neu gefaßten moralischen Normen, Werten oder Imperativen orientieren, an solchen, die sich zu einem weltweiten System moralischer Verpflichtung ausgeweitet haben.

Eine »Ethik ohne Imperativ« fragt zuerst danach, wie es überhaupt in der Arbeit an den Gesittungsverhältnissen von Menschengesellschaften zugeht. Sie blickt nicht nur auf den »kategorischen Imperativ« von Kant zurück, sondern nimmt auch Hegels Kritik an Kants »moralischer Weltanschauung« erneut auf. Im geschichtlichen Leben der Menschen sucht sie das »Sittliche« als ein »Wirkliches« zu erfassen: als gelebtes *Ethos*. Es gilt zu klären, mit welchen reellen Impulsen (nicht nur moralischen Optionen oder Konfessionen) der Einzelne am Kräftefeld des Ethos seines Gemeinwesens teilhat. – In dieser Sichtweise nähert sich Fleischer den »Menschheitsfragen«, um die sich heute die »Ethik der Zukunftsverantwortung« bemüht. Er sucht sie in eine andere Form umzuarbeiten. Die Ethik ohne Imperativ wird zu einer Heuristik der lebendigen Kräfte, in deren Wirkvermögen es beschlossen liegen könnte, eine fällig werdende Erneuerung im Ethos der modernen Industriezivilisation voranzubringen.

Der Autor

Helmut Fleischer, geboren 1927, ist seit 1972 Professor für Philosophie an der Technischen Hochschule Darmstadt. Er ist durch Veröffentlichungen zur Politischen Philosophie hervorgetreten. Die Ethik ist für ihn ein Teilstück einer Philosophie der Geschichte und der begriffenen Praxis.

HELMUT FLEISCHER

Ethik ohne Imperativ

Zur Kritik des moralischen Bewußtseins

FISCHER TASCHENBUCH VERLAG

FISCHER WISSENSCHAFT

Originalausgabe
Veröffentlicht im Fischer Taschenbuch Verlag GmbH,
Frankfurt am Main, März 1987

Umschlaggestaltung: Jan Buchholz/Reni Hinsch
Gesamtherstellung: Wagner GmbH, Nördlingen
Printed in Germany 1987
1480 ISBN 3-596-27364-1

Inhalt

Zur Einführung

Seitdem der Glaube an die problemlösende Kraft des technischen Fortschritts erschüttert und der Traum von der immerwährenden wirtschaftlichen Wachstums-Prosperität ausgeträumt, auch die Hoffnung geschwunden, sogar unheimlich geworden ist, die industriell entwikkelten Länder zeigten den unentwickelten das Bild von deren eigener Zukunft, seitdem fragen sich immer mehr nachdenkliche Zeitgenossen, ob wir nicht vor allem eine neue Ethik brauchen, die uns bewußt macht, was wir angesichts zunehmender Unsicherheiten tun sollen. Noch nie zuvor, so findet K.O. Apel, einer der Aktiven einer neuen ethischen Aufklärung, war das Bedürfnis nach einer universalen, d.h. für die menschliche Gesellschaft insgesamt verbindlichen Ethik so dringend wie in unserem Zeitalter einer durch die technologischen Konsequenzen der Wissenschaft hergestellten planetaren Einheitszivilisation. Die Raum- und Zeitmaße haben sich enorm vergrößert: Das Schicksal, ja das Überleben der Menschheit, heißt es, stehe auf dem Spiel; und die »Zukunftsverantwortung« der heute Lebenden erstrecke sich auf fernste künftige Menschengenerationen. Ein Moralität für den engen häuslichen Umkreis genügt nicht mehr, keine *Ethica domestica* ist gefragt, sondern eine *Ethica mundana.* Schon liegen Entwürfe dazu vor, wie *Das Prinzip Verantwortung,* der Versuch einer Ethik für die technologische Zivilisation von Hans Jonas (1979).

Auf diese Bewußtseinslage nimmt der Text, den ich hier vorlege, in einer mehr »kontrapunktischen« Weise (wie es schon Titel und Untertitel anzeigen) Bezug. Seit Immanuel Kant, dem Klassiker der neueren Moralphilosophie, gilt es als der Beruf der Ethik, Klarheit darüber zu gewinnen, was wir tun sollen. Kants Auskunft besteht in der Formulierung eines »kategorischen Imperativs«, eines »sittlichen Gesetzes«. Und wo anders sollte dieses Sittengesetz verankert sein als im moralischen Bewußtsein, durch eine Kultivierung des sittlichen Willens, der sich eben am Wissen von jenem Gesetz ausrichtet und aufrichtet? Diese Grundansicht von einer vorgängigen Ausbildung des sittlichen Willens durchzieht auch die gegenwärtigen Bemühungen um eine ethische Aufklärung. Imperativ (oder »Moralprinzip«), sittliche Werte und Normen, moralische Grundsätze und Überzeugungen sind nach gängigem Verständnis die Bewußtmachungsformen, in denen der Zug zum Sittlichen auf die Gedanken und Gemüter der Menschen wirkt. Tugend ist ein Wissen, sie ist lehrbar – so klingt es aus der Antike nach. Die Tugendlehre ist eine Doktrin, so bestätigt es Kant. Als zur Einleitung der achtziger Jahre ein *Funkkolleg Praktische Philosophie/Ethik* sich an eine weitere Öffentlichkeit wandte, da geschah dies, wie ein kritischer Betrachter es in einer Nachlese bemerkt hat (Ch. v. Wolzogen in der *Frankfurter Allgemeinen Zeitung* im März 1985), ohne neuerlich zu erörtern – was doch an den Anfang gehört hätte! –, ob moralische Einsicht, ob Tugend lehrbar sei. Man konnte also den Eindruck haben, das sei schon positiv vorentschieden.

Was kann man an dieser Tradition so problematisch finden, daß man durch eine Kritik des moralischen Bewußtseins zu einer Ethik ohne Imperativ gelangen möchte? Nun, auch das hat seine Tradition, wenn auch keine breitspurige. Es hat schon immer Leute gegeben, die einen Argwohn gegenüber allen Mobilmachungen des »guten Willens« hatten. Die Moralphilosophen, bemängelte Nietzsche, hätten immer zu viel gepredigt und zu wenig »seziert«. Auf Kant antwortete Hegel mit einer Kritik der »moralischen Weltanschauung« und der Art, in der hier das seinsollende Gute und das gutseinsollende Subjekt einander abstrakt gegenübergesetzt sind. Ist das die angemessene Rechenschaft von der Wirkweise, von der Wirklichkeit des Sittlichen in der Menschenwelt? Hegel markiert den Weg eines Übergangs von der »Moralität«, der Sichtweise des Moralbewußtseins, zu einer anders begriffenen »Sittlichkeit«, die »substantiell« im »Leben der Individuen« ihre »erscheinende Gestalt und Wirklichkeit« hat. Hinter den Abstraktionen des moralischen Bewußtseins wird so ein »sittliches Sein« sichtbar, in dem das Sittliche wirklich *lebt*. Das sittliche Bewußtsein kann nichts anderes sein als das bewußte (so oder anders bewußtgemachte) sittliche Sein; und das sittliche Sein der Menschen – das sind die Gesittungsqualitäten ihres wirklichen Lebensprozesses. Die Moralphilosophen haben immer wieder praktisch-verändernd auf die sittliche Welt einzuwirken gesucht; könnte es nicht auch einmal darauf ankommen, diese Welt in ihrer Wirkweise allererst eindringlich zu *interpretieren*, um so auch mehr Klarheit darüber zu gewinnen, wie man selber an ihrer praktischen Gestaltung teilhat? Auf einen programmatischen Nenner gebracht hieße das: Es geht um die Erschließung eines Bewußtseins vom Sittlichen, das als reell und seriös, als redlich statt bloß redselig gelten darf.

Was als die gelebte, praktizierte Sittlichkeit in den Gesittungsqualifikationen der Menschen am Werke ist, nenne ich (wie das auch R. Bubner tut) das *Ethos* oder, verstärkend, die Ethos-Wirklichkeit, die Praxis des Ethos. Die »Ethik ohne Imperativ« ist vor allem eine *Ethik des Ethos.* Nun kann man unter »Ethos« freilich auch wieder eine Gestalt des sittlichen Bewußtseins verstehen, den Inbegriff der Normen, Werte und Tugenden, die im Moralbewußtsein eines Menschen oder einer Gemeinschaft als gültig oder vorbildlich in Ansehen stehen. (W. Kluxen, *Ethik des Ethos,* 1974, S. 22) In meiner Untersuchung ist nicht dies, sondern immer nur das »gelebte Ethos« gemeint. An das gelebte Ethos denkt natürlich auch die traditionelle, im Moralbewußtsein angesiedelte Ethik. Doch ist die Praxis des Ethos für sie wesentlich das »Zielgebiet«, in dem sich die Aktivierung des sittlichen Bewußtseins »auswirkt«, ein Feld, in dem ihm wohl einiges entgegenkommt, weit mehr jedoch entgegensteht und entgegenwirkt. In meiner Sicht hingegen ist das gelebte Ethos das Ganze, also ebenso Ursprungsgebiet sowohl der praktischen Leistungen wie der gedanklichen Projektionen. Die besonderen Wirksamkeiten und Äußerungen des sittlichen Bewußtseins, die Akte des Bewußtwerdens und des Bewußtmachens *sub specie* dessen, was sein soll und gut ist, sind eingelagert in die praktischen Energien, in denen die Gesittung der Menschen lebt und sich bewährt. Das Praktische ist »autochthon«, und es pflanzt sich auf seine eigene Weise fort: Wenn ein Mensch einem anderen eine »ethische Botschaft« übermittelt, dann wirkt er, falls er wirkt, aus der Eigenkraft seines lebendigen Ethos auf das lebendige Ethos des anderen ein – Praktisches induziert Praktisches. Dies ist der Grundgedanke, den ich im ersten Hauptteil dieses Buches nach verschiedenen Seiten entwickle.

Im ersten Kapitel geht es darum, die Praxis des Ethos aus der Wirksamkeit der lebendigen Kräfte (der »Potenzen«) der Ethos-Formierung zu begreifen. Das zweite Kapitel soll ausloten, welchen Anteil am praktischen Leistungsaufbau des Ethos die sittlich-normative Rede, das sprachliche Herausarbeiten und Übermitteln moralischer Soll-Bestimmungen hat. Hier ist dann auch vom Anteil der philosophischen Ethik die Rede, namentlich vom praktischen Sinn einer Ethik »ohne Imperativ«: Diese ist nicht mehr eine intellektualisierte Oberstufe des aktiven Moralbewußtseins, sondern sie scheidet aus dessen Sphäre gänzlich aus – sie wird *trans-moralisch* (oder, wenn man will, »postmoralisch«). Der Ethiker ist nach diesem stoischen Rückzug vom moralischen Bewußtsein nicht mehr »Lehrer im Ideal« (Kant), er ist nicht »Platzhalter« eines sittlich-positiv Geltenden, sondern nur noch Interpret des gelebten, praktizierten Ethos: Ethik ist Interpretation, Reflexion und Analytik des Ethos. Sie reduziert sich damit gleichwohl nicht auf Moralstatistik und Moralsoziologie, weil in die Interpretation des Ethos auch die Selbstinterpretation des eigenen ethisch-praktischen Ortes eingeschlossen ist, Ethos-Wahrnehmung in der Positionalität aktiver Prozeßbeteiligung stattfindet. Ich weiß sehr wohl, daß es einige Schwierigkeit bereitet, sich auf meinen Gedankengang einzulassen, weil dieser Positions- und Perspektivwechsel etwas Ungewohntes bedeutet. Das Gewohnte ist die Perspektivik des Moralbewußtseins. Für dieses sind die Soll-Bestimmungen des sittlich Guten und Unguten in einer geradezu gegenständlichen Weise faßbar, sie lassen sich wie ein »Maßstab« auf das wirkliche, das erfahrene und das künftige Verhalten von Menschen beziehen, »anwenden«, wie man das ja von den Gesetzen des Rechtskodex kennt. Es steckt etwas ziemlich (oder fragwürdig) »Technologisches« in dieser Sicht- und Vorgehensweise, und es deckt sich mit der Pragmatik, mit der Gesittungs-Angelegenheiten in der modernen ganz ähnlich wie in älteren Gesellschaftsformen traktiert werden. In der reflexiven Interpretation des Ethos stellen sich die Gesittungsqualitäten, auch wenn man eingängige Namen für sie hat, doch als etwas Ungegenständliches dar. Es beginnt ja damit, daß man sich selbst »ethisch identifiziert«, nicht nach den »moralischen Grundsätzen«, die man vor sich herträgt oder über sich aufgerichtet sieht, sondern nach dem, was man ethisch-praktisch *»ist«*. Wie sicher und genau weiß man das von sich überhaupt? Über die sittliche Qualität anderer glaubt man ja oft ziemlich genau Bescheid zu wissen, doch wie viele Fragwürdigkeiten stecken darin! Dennoch, einiges halbwegs Sichere fehlt durchaus nicht, und so ist es nicht bodenlos, sich auf diese Ebene zu begeben. (Das notorische Moral-Pharisäertum hat man hier freilich hinter sich gelassen.) Der Blick auf das Sittliche ist sozusagen stereoskopisch verdoppelt: Man sieht das Ethisch-Praktische durch das Prisma des sittlichen Bewußtseins, und man sieht das sittliche Bewußtsein durch das Prisma der Ethos-Praxis. Und man sieht das Eigene in der Übereinstimmung mit dem der Anderen und in der Differenz zu demjenigen Anderer. Der Erkenntnisweg ist mehr der einer »Existenzerhellung« als der einer juristischen Methode, wie sie sich in der Ethik so sehr ausgebreitet hat. Das Kardinale ist die *Selbstbefragung* daraufhin, nicht mit welchen Prinzipien und Überzeugungen, sondern mit welchen *Wirkbeiträgen* man am »Aufbau der sittlichen Welt«, der gegenwärtigen Ethos-Formation praktisch beteiligt ist.

Nach dem Kontrollgang, der durch die Gefilde der Pragmatik diverser Bemühungen um das Sittliche führt (auch die gedanklichen Bemühungen um einen Begriff von »sittlicher Freiheit« kommen zur Sprache), folgt im dritten Kapitel ein Streifzug – mehr ist es nicht – durch Pro-

blemzonen, in denen die philosophische Schul-Ethik meistens ihre Hauptinteressen hat: Es ist sozusagen die Hochebene der »ethischen Logik«, der Höhenblick auf die Essentialien, die Wesensordnungen des Sittlichen und die Wege ihrer Vergewisserung. Einige, nur einige wenige Linien des heutigen philosophischen Ethik-Disputs möchte ich nachzeichnen, um daran die Differenz auszumessen, in der ich mich dazu befinde. Eine Diskussion, in die ich der nahen Nachbarschaft wegen besonders gern eingetreten wäre, mit R. Bubner, der ebenfalls eine »Ethik des Ethos« im Sinn hat, ist noch nicht aufgenommen, weil sein Buch *Geschichtsprozesse und Handlungsnormen* erst herauskam, als ich mein Manuskript schon abgeschlossen hatte. Eine ethisch-logische Quintessenz der »praxiszentrierten« Ethos-Wahrnehmung suche ich im Schlußabschnitt dieses Kapitels zu formulieren. Leser, die rascher »zur Sache« kommen wollen, namentlich zu den politisch-ethischen Angelegenheiten, könnten das dritte Kapitel überspringen, um zu sehen, wie die hier »methodologisch« umschriebene Sichtweise bei den Verhandlungen über die »ethische Situation unserer Zeit« zum Tragen kommt. Ethiker vom philosophischen Fach hingegen finden in jenem Schlußabschnitt des ersten Hauptteils auf rund einem Dutzend Seiten ein »Abstract« dessen, was ich vorerst an »Theorie« aufbiete und in welchen Lineaturen die Explikation weiterginge.
Die Neubelebung des Interesses an Ethik ist aus einer gesellschafts-, zivilisations- und weltpolitischen Konstellation erwachsen, in die unsere tüchtige moderne Welt geraten ist. Die politische Situation ist heute verschiedentlich derart als eine »ethische Situation« dechiffriert, daß man Anlaß sieht, diese wiederum als eine politische zu dechiffrieren. Ich sehe durchaus etwas Triftiges in dieser »ethischen Wende«, nämlich ein Moment von Vertiefung der Problemsicht. Dennoch kann ich nicht eigentlich in den Ruf einstimmen, wir brauchten jetzt »von Situation wegen« eine »neue Ethik«. Wenn man es schon so »marktkonform« als eine Bedarfslage anmelden möchte, so könnte es eher heißen: Wir brauchen eine neue, »ethisch« dimensionierte und zumal größer bemessene *Politik.* Indessen ist das »Ethisch«-Werden des öffentlichen Bewußtseins, der Ruf nach neuen moralisch-normativen Richtlinien für unseren Gesellschaftsprozeß im großen, nach meinem Dafürhalten ein Indikator dafür, daß eine höherstufige politische Handlungsmöglichkeit entweder gerade verlorengegangen ist (was mir der Fall nicht zu sein scheint), oder daß sie sich noch nicht wieder eröffnet hat. In diesem günstigeren der beiden Fälle wäre eine hoch-aktive normative Ethik der Vorbote einer ihrer selbst, ihrer Themen, Kräfte und Aktionsformen noch nicht recht gewissen Politik-Initiative.

Ich selbst bin, obwohl man mir das »Ethische« schon an der Wiege gesungen hat und ich auch im Studium einigen Eifer darauf verwandt habe (so auf M. Schelers Formalismuskritik und auf die *Ethik* von N. Hartmann), doch mehr von einer distinkt politisch-historischen Situationswahrnehmung her in die gegenwärtige Ethik-Arbeit eingetreten. In einer Sphäre des Pastoralen aufgewachsen, häuslich wohlumsorgt, aber in der feindlichen und gewalttätigen Umwelt des Hitlerreichs, fand ich mich mit fünfzehn dazu kommandiert, »bei den Kanonen zu wohnen«, mit siebzehn in die letzten Rückzugskämpfe an der Ostfront geworfen und noch mit der Zugabe einer zweijährigen Nachkriegsgefangenschaft bedacht, also recht eindringlich mit dem vertraut, was N. Hartmann die »Härte des Realen« genannt hat. Die Gefangenschaft, fast ein Studienaufenthalt im Reiche des triumphierenden Generalissimus Stalin, konfrontierte mich mit der Problematik, der ich in der Folgezeit viele Jahre wissenschaftlicher Arbeit gewidmet habe. Philosophie wurde so in einer ganz buchstäblichen Weise zum Versuch, die Zeit in Gedanken zu erfassen, Geschichtsphilosophie der thematische Rahmen: In was für einer Geschichte sind wir begriffen?

So habe ich, bei solchen Präokkupationen, die Sache der Ethik sehr dezidiert in den Duktus der Geschichte eingezeichnet und das Ethos in den gesellschaftsgeschichtlichen Großraumverhältnissen beleuchtet. Dennoch möchte ich meinen Versuch nicht als eine »politische Ethik« im Sinne einer »Bindestrich«-Kombination verbucht sehen. Im ersten Hauptteil geht es zwar zunächst um eine Einführungsschrift, aber doch zu einem aufs Ganze zielenden Konzept, das in systematischer Ausgestaltung eine »Kritik der sittlich-normativen Vernunft« würde. Zusammen mit dem zweiten Hauptteil ergibt sich der Charakter eines »ethisch-politischen Traktats«. Die Kritik des moralischen Bewußtseins wird im zweiten Teil zu einer exemplarischen Auseinandersetzung mit verschiedenen Versuchen, unter mehr oder weniger explizit »ethischen« Auspizien eine Programmatik zu entwickeln, die normative Maße für die allgemeine Gesellschaftsgestaltung, für die freiheitlich-demokratische Staatsordnung, für die Zivilisationsdynamik, für die moderne Staatenwelt (Krieg und Frieden) und für das menschliche Naturverhältnis in Ansatz bringt. Ich möchte diese Versuche, denen ich mich in der Sache durchaus verbunden fühle, nicht allzu sehr ironisieren, indem ich sie als »Großraum-Ethiken mit Hochdruck-Normativität« glossiere. Gerade weil mir die Sache nicht minder ernst ist, ist es mir erst recht wichtig, meinen Teil dazu beizutragen, daß sie aus der durchaus provisorischen, präliminaren Form ihres normativ-rhetorischen Gestus befreit und in etwas geschichtsphilosophisch mehr Reelles und

Seriöses überführt wird, zunächst – solange man sich damit (und das wird noch eine lange Weile sein) in einem »Vorfeld« gewichtigerer Kräfte-Aktivierungen befindet – in eine *Heuristik* der sich anbahnenden Umgruppierungen im Feld der gesellschaftlichen Hauptkräfte unserer Weltregion. Diese »ethische Heuristik« ist allerdings ein Gegenstück zu jener »Heuristik der Furcht«, die H. Jonas als Hebel für eine moralische Mobilmachung der Menschen gegen heraufziehende Zukunftsgefahren vorschlägt. Es ist weit mehr eine auf eminent »Positives« zielende Heuristik von soziokulturellen »Kapazitätsreserven«, aus denen sich höhere, weiterreichende Leistungen der »zivilisationspolitischen« Koordinierung dessen aufbauen könnten, was bis jetzt einem Naturwuchs überlassen gewesen ist. Im übrigen mache ich von der »Zukunft« weder im Sinne der Hoffnungs-Utopie noch im Sinne des Katastrophen-Alptraums großes Aufheben. Vor bald anderthalb Jahrhunderten schrieb ein »Zukunftsdenker« *par excellence:* »Es wird sich [...] zeigen, daß die Menschheit keine *neue* Arbeit beginnt, sondern mit Bewußtsein ihre alte Arbeit zustande bringt.« (K. Marx 1843 in einem Brief an A. Ruge)

Das letzte Kapitel ist die Skizze einer solchen *Heuristik der lebendigen Kräfte,* in deren Vermögen es liegen könnte, das Ethos der modernen Gesellschaft auf eine höhere Stufe der Verbindlichkeit zu heben.* Diese Kräfte werden nicht durch Imperative auf den Weg gebracht. Weniger noch als dem Einzelnen die Tugend lehrbar ist, lassen sich großräumige Ethos-Reformationen durch neue »Normen und Werte« inaugurieren. Mittels geschichtsphilosophischer Überlegungen und Erfahrungsanalogien suche ich einen hypothetischen Erwartungsraum abzustecken, in dem sich dergleichen gemäß der allgemeinen »Geschichtsprozeßordnung« anbahnen und entfalten kann, *wenn* sich aus eigenem Antrieb und auf genügend breiter Basis die Kräfte zusammenfinden. Das Wichtigste ist der nächste Schritt. Er bestünde darin, daß sich aus den inzwischen herangewachsenen Kapazitäten von Wissenskraft und Kooperationskultur eine autonome, von der apparativen Politik und anderen Machtinstitutionen unabhängige zivilisationspolitische Öffentlichkeit konstituierte. Ihr ist dieses Buch als Diskussionsbeitrag zugedacht.

Dankbar verbunden bin ich den Teilnehmern meiner Ethik-Vorlesungen und -Seminare an der Technischen Hochschule Darmstadt. Besonderen Dank schulde ich Frau Veronika Schlüter (Darmstadt) und meinem einstigen Studenten Dr. Karl Schlögel (Berlin) für ihren lebhaften

* Der Leser kann vom Einleitungskapitel des zweiten Teils gleich zum Schlußkapitel übergehen und danach auf die dazwischenliegenden Kritik-Exempel zurückkommen.

Zuspruch, für eine inspirierende Neugier auf das, was da herauskommen sollte, wie auch für viele Anregungen, Einwendungen und Ratschläge im einzelnen. Die eigene Gegenwartswahrnehmung in charakterisierende Formeln zu bringen war das Dauerthema vieler langer Tischgespräche mit meiner Frau Eva.

Darmstadt, Frühjahr 1986 *Helmut Fleischer*

ERSTER TEIL

DIESSEITS VON GUT UND BÖSE

GRUNDLEGUNG ZU EINER PHYSIK DER SITTEN

Im Jahre 1785 ließ Immanuel Kant eine Schrift erscheinen, mit der er in die ethischen Anschauungen einführte, die er wenige Jahre später als *Kritik der praktischen Vernunft* in eine systematische Form brachte. Jene Einführungsschrift trägt den Titel *Grundlegung zur Metaphysik der Sitten.* Was ich 200 Jahre danach zu bedenken gebe, ist sichtlich eine Replik auf den alten Kant und anscheinend eine genaue Umkehrung der Kantischen Sichtweise. Schon in seinem erkenntnistheoretischen Grundwerk, der *Kritik der reinen Vernunft,* hatte der Stammvater des deutschen Idealismus einen strikten Trennungsstrich zwischen allem gezogen, was auf seine natürliche Weise *ist* und sich auf ebenso natürliche Weise bewegt, gruppiert, ordnet oder wieder vergeht (oft auch zerstört), und jenem radikal Anderen, das aus höheren als den natürlichen Bestimmungsgründen *sein soll.* Dieses Seinsollen heißt Moralität, und es gründet in einer Gesetzmäßigkeit von Handlungen, die »völlig a priori aus Prinzipien abgeleitet« werden kann, aus Prinzipien, die »das Tun und Lassen a priori bestimmen und notwendig machen«. Zur philosophischen Darstellung gelangt dieses Sollen in der Metaphysik der Sitten als »die reine Moral, in welcher keine Anthropologie [keine empirische Bedingung] zum Grunde gelegt wird«.[1] (Man nennt diese Position heute »ethischen Apriorismus«.)
Kants Einführungsschrift von 1785 versetzt uns gleich mit ihrem ersten Satz in die Sphäre dessen, was sich a priori aus Prinzipien begründet: »Es ist überall nichts in der Welt, ja überhaupt auch außer derselben zu denken möglich, was ohne Einschränkung für gut könnte gehalten werden, als allein ein *guter Wille.*« Ebensowenig macht Kant in der schulmäßig ausgeführten *Kritik der praktischen Vernunft* sonderliche Umstände damit, das Vorfeld des sittlichen Sollens zu erkunden. Sofort ist er bei den praktischen Grundsätzen, die den Willen zu einem sittlich guten bestimmen, und es braucht keine zwanzig Textseiten, dann »steht« das »Grundgesetz der reinen praktischen Vernunft«, der »kategorische Imperativ«: »Handle so, daß die Maxime deines Willens jederzeit zugleich als Prinzip einer allgemeinen Gesetzgebung gelten könne.«[2] Das Sittengesetz ist, wie man sieht und wie Kant immer wie-

der betont, rein »formal«, eine Formbestimmtheit des Handelns – eben seine allgemeine Gesetzesfähigkeit – betreffend. Alles »Materiale« menschlicher Willensbestimmtheit verweist Kant in eine niedrigere Welt des bloß Natürlichen, der Triebe und Neigungen, des »unteren Begehrungsvermögens«, aus dem ein »höheres Begehrungsvermögen« nicht natürlich erwächst; vielmehr wirkt dieses höhere Begehrungsvermögen kraft seiner Einsicht in das sittliche Gesetz in die Sphäre des Natürlichen hinein. Das Menschlich-Natürliche ist so nicht Quellgebiet, sondern Zielgebiet von Maßbestimmungen des Sittlichen, die aus einer Meta-Physis kommen.

Ein Blick in das Feld heutiger Bemühungen um die philosophische Ethik zeigt, daß das Kantische Generalprogramm durchaus aktuell geblieben ist und manche zeitgenössische Neuformulierung des Kategorischen Imperativs angeregt hat. Hegel hat eine fundamentale Kritik an Kants Hochkultur des Moralischen geübt und eine andere Ansicht vom Aufbau der sittlichen Welt vorgestellt, die das Sittliche als ein Wirkliches in der Wirklichkeit des Geschichtlichen begreift. Indessen war es Hegel nicht beschieden, eine ebenso kräftige Tradition wie die Kantische zu begründen.
Der neuerliche Arbeitsgang, in den ich hiermit eintrete, ist eine Probe darauf, wie triftig es sein und wie weit es führen könnte, für eine heutige Ethik den Bezugsrahmen einer Naturgeschichte menschlicher Gesittungsformationen anzusetzen und darin auch sich selbst lokalisiert zu finden. Der Ausdruck »Natur« ist dabei nicht im Sinne der neuzeitlichen Physik zu nehmen. Die Natur, die mit dem Namen »Physis« von Hause aus gemeint ist, das ist die Welt organischen Strebens, Wachsens und Agierens. »Die Lehre von den Tugenden«, sagt Hegel in § 150 der *Rechtsphilosophie*, »insofern sie [...] das Besondere, auf Naturbestimmtheit Gegründete des Charakters umfaßt, wird hiermit eine *geistige Naturgeschichte* sein«.
Allerdings bleibt es ganz außer Zweifel, daß eine philosophische Ethik die »Sache der Sittlichkeit« nicht in einer Außenansicht betrachtet und so ihre Geschichte erzählt. Es wird sich alsbald zeigen, wie wir nach einer Inspektionsstrecke mehr distanzieren Sichtens in die Position des aktiv Beteiligten gelangen werden – aber anders. Das Vorgehen von Kant führt uns recht deutlich vor Augen, wie stark die Suggestion wirkt, den Prozeß der Sittlichkeit wie vor einem obersten Gericht zu führen, über dem schon ein höchstes Recht waltet, das Recht der sittlich-praktischen Vernunft. Auch in heutigen Ethikdiskussionen macht es sich immer wieder bemerkbar, wie sehr die Beteiligten von Anfang

an volle Rechtssicherheit über das sittlich Richtige und Falsche haben wollen, ein Prinzip, das über alle menschliche Setzung erhaben dasteht. Dieses Sicherheitsverlangen möchte ich für einige Zeit außer Kraft setzen, damit wir uns – nicht als die Rechtssuchenden – erst einmal in aller Unbefangenheit auf einen anderen Prozeß in Sachen Sittlichkeit einstellen können, auf einen nicht gerichtlichen, sondern *geschichtlichen* Prozeß des Ethos und auf die Prozeßordnung, die hier in Kraft ist. Die aktiv-geschichtliche Prozeßbeteiligung ist es denn auch, in der wir uns schließlich wahrnehmen werden.

»Ethos« – das wird uns von nun an zum Haupttitel für alles Sittliche in der Menschenwelt. Es steht als Name für den vielgliedrigen und vielstufigen Leistungsaufbau aus Gesittungsweisen, die als Gesittungs*leistungen* aus ihren je bestimmten Kräften und Befähigungen erwachsend zu begreifen sind. – Der Titel »Moral« (oder Moralität) soll im folgenden (wie bei Hegel auch schon) eine besondere Ausformung des Sittlichen bezeichnen.

Wir treten dem Ethos in der Tat zunächst wie einem Naturphänomen gegenüber, fast so, wie Moralsoziologie und Sittengeschichte es tun. Es kommt zudem sogleich ein analytischer und »modellbildnerischer« Zug in die Bestandsinventur. In einer Folge von »Messungen« und »Sondierungen« sind die Raumverhältnisse, die Kraftfelder, die Aggregierungen und Separierungen im »Felde des Ethos« zu erkunden, insbesondere die »Potenzen«, mit denen Menschen ihr Ethos manifestieren und an der Konstituierung des jeweiligen Gesamt-Ethos ihres Gemeinwesens mitwirken. Wir erkunden das nicht als bloß neugierige, sondern als vital und existentiell interessierte Betrachter, denn wir blikken so auf unsere Welt, wie sie sich ausgeformt hat, lange bevor wir in sie eingetreten sind und praktisch an den formativen und normativen Prozessen des Ethos Anteil haben.

Der nächste Schritt führt uns endlich dorthin, wo sich das Ethos in seiner Innenansicht zeigt: in das Feld der aktiven Bemühungen um das Sittliche. Zu allen Zeiten waren ja die Menschen angelegentlich bemüht, einander (und besonders die Nachwachsenden) in die festgelegten sittlichen Satzungen und Verpflichtungen einzuweisen, mitunter auch, die Satzungen selbst neu festzulegen. Das alles geschah, wie man weiß, stets mit einem beträchtlichen Aufgebot und Aufwand an *sittlich-normativer Rede.* So ist es bis auf den heutigen Tag geblieben. Hartnäckig behauptet sich dabei die Überzeugung, daß sich bei den Menschen zuerst eben ein *Bewußtsein* von den Normen und Werten ausbildet und dadurch ihr Handeln seine »Wertorientierung« erlangt, indem sie sich, wie man sagt, von den erworbenen moralischen Überzeugungen leiten

lassen. Auch die meisten philosophischen Ethiker beteiligen sich rege an solchen Aufgeboten der moralischen Bewußtseinsbildung.
Hier gehe ich jedoch mit der »Ethik ohne Imperativ« in eine sehr entschiedene Opposition, indem ich den Anteil der moralischen Bewußtseinsbildung und Rhetorik in einem »Zwei-Schichten-Modell« der sittlich-normativen Wirksamkeiten rigoros relativiere, und vieles andere gleich mit. Unterhalb des ebenso breiten wie munteren Flusses der sittlich-normativen Rede verläuft eine Tiefenströmung von unmittelbar praktischen Formierungsleistungen, in denen sich die eigentliche Wirklichkeit und Wirksamkeit des Sittlichen erblicken läßt. Ich spreche von einer »Autochthonie des Praktischen«, und diese Grundannahme wird zum Ausgangspunkt von vielerlei Umdispositionen in den Denkmitteln philosophischer Ethik.
Eingelagert in diese beiden Instanzen der Gesittungspraxis, in den Redestrom wie in den Strom der praktisch-formierenden Wirksamkeiten, kommt dann noch ein Drittes in den Blick – von welcher Provenienz es auch immer sein mag –, etwas, an das uns die eingangs aufgenommenen Kant-Passagen bereits herangeführt haben und das sich nach Kant als die eigentlich erste, schlechthin vorgeordnete Instanz erweisen soll: die »Prinzipien« (a priori), die Wesensgehalte und Wesensgesetze des sittlich Guten und Richtigen, die »Normen und Werte« in ihrem unverfügbaren Gelten. Darüber wird eine Verhandlung zu führen sein, ob die Norm-Wesenheiten sich in dieser Weise der Praxis des Sittlichen schlechthin vor- und überordnen oder sich ihr auf eine andere Weise einordnen.
Für unsere erste Sichtung des Ethos-Feldes ergibt sich somit eine Dreigliederung in 1. gelebtes, praktiziertes Ethos (Ethos-Wirklichkeit), 2. sittliches Bewußtsein und sittlich-normative Rede, 3. Essentialien des Sittlichen. Wir wollen diese drei Instanzen in den drei Kapiteln des ersten Hauptteils je gesondert besprechen, und ich will dabei nach und nach die Erwägungsgründe vorbringen, die mich dazu bestimmen, diese Dreiheit strikt als eine »Dreieinigkeit« *unter dem Primat des Praktischen* zu begreifen zu suchen, als eine Einheit des lebendig sich gestaltenden, von den Menschen selbst tätig gestalteten Ethos, worin die Akte des Bewußtseins und Bewußtmachens ebenso wie die essentialen Qualitäts- und Dignitätsbestimmungen nur »unselbständige Momente« sind.

I. Messungen im Felde des Ethos

Erinnern wir uns an einige wohlbekannte Dinge, die für das Ethos, den Bestand an Gesittungsweisen im Gattungsleben der Menschen, bis jetzt so charakteristisch gewesen sind, daß die Ethik über sie oft rasch hinweggegangen ist. Unser Blick richtet sich zunächst auf die Raumverhältnisse und die regionalen Gliederungen der menschlichen Ökumene auf unserem Planeten. Wir stellen fest, daß sich die »Menschheit« seit Menschengedenken als eine Vielzahl von partikularen Einheiten darstellt, und daß dieser Partikularismus stets auch eine Gespaltenheit in die Verbindlichkeiten des Ethos gebracht hat. Die Menschen begegnen einander weithin als Freund und Feind. Und diese Ambivalenz setzt sich fort in mancherlei Besonderungen, die im Binnenraum von Regionalgesellschaften auftreten.

Dieses geläufige Erscheinungsbild veranlaßt uns zu Erkundungen verschiedener Art. Man könnte sogleich versuchen, sich in die Prozeduren zu vertiefen, mittels derer die Menschen innerhalb des Spannungsfeldes regionalinterner und externer Güterverhältnisse die Verbindlichkeiten einer Verhaltensordnung in Kraft zu setzen bestrebt sind. Wir wollen jedoch etwas weiter in die natürlichen Voraussetzungen zurückgehen, unter denen all dieses Streben und Widerstreben steht: das Aggregat von lebendigen Kräften, von spezifischen »Potenzen«, unter deren Schub oder Zug das Güterverhalten der Menschen überhaupt seine bestimmte Verfassungsform erlangt; es sind dies die Kräfte, die Verbindungen schaffen und Verbindlichkeiten, die das Verbundene zusammenhalten, aber auch jene, die das Getrennte auseinanderhalten, es oft genug aneinandergeraten lassen, mitunter aber auch zusammenführen können. Wir wollen versuchen, diese Kräfte (so gut es geht) als die »Potenzen« der Ethos-Formierung zu benennen.

Um das Aggregat dieser Binde- und Kollisionskräfte herum läßt sich so etwas wie ein Grundmodell von den normativen Prozessen des Ethos erstellen, ein Modell, das Raum für die vielfachen Komplikationen bietet, die zum Ethos vielschichtiger Großgesellschaften nun einmal gehören.

Die große Knotenlinie von Maßverhältnissen, in denen sich das Ethos von Menschengesellschaften entfaltet, stellt sich als der geschichtliche Prozeß von Ethos-Formierungen dar. Sobald wir die Ethos-Wirklichkeit als eine »selbst-konstitutive« gelten lassen, nicht nur als das Auswirkungsfeld einer in sich übergeschichtlichen Normativität des sittlich Richtigen, gewinnt die Ethosgeschichte ein ganz kardinales Interesse. Dem wollen wir wenigstens exemplarisch Rechnung tragen, indem wir uns mit einigen Skizzenstrichen den neuzeitlichen Prozeß von Ethos-Formierungen vergegenwärtigen, der zu uns heranführt und den fortzusetzen wir im Begriffe sind.

1. Ethos in Gesellschaften mit beschränkter Haftung

Es ist schon immer eine sehr schwierige, ja prekäre Sache gewesen, für das Zusammenleben in der Menschengesellschaft einen Zustand leidlicher Befriedung, Verbindlichkeit und Verläßlichkeit herbeizuführen und zu erreichen, daß die Nachwachsenden sich in die jeweils etablierte Ordnung der Verbindlichkeiten einfügen. Soweit wir zurückblicken können, haben wir es ja nicht mit *einer* Menschengesellschaft zu tun, sondern mit Menschengesellschaften. Zwischen ihnen gibt es bis auf den heutigen Tag keine dauerhafte Ordnung des Zusammenlebens, des Miteinander-Zurechtkommens. Am einen Pol haben wir die »Mikro«- oder »Nahbereiche« einer engen zwischenmenschlichen Verbundenheit mit einem dichten Netz von Verbindlichkeiten des Tuns und Lassens. Den Gegenpol dazu bildet der »Makro-Bereich« der großregionalen Verteilung partikularer Gesellschaftsverbände über die Oberfläche unseres Planeten und mit enormen Verschiedenheiten der Lebensart, auch schon der Sprache. Sie sind einander Fremde, nicht »Nächste«, grenzen sich gegeneinander ab, pflegen mitunter ein Nachbarschafts- und Austauschverhältnis, geraten jedoch ebensohäufig in Feindseligkeiten, in denen sie einander zu verdrängen, vernichten oder unterwerfen trachten. Zwischen diesen beiden Polen erstreckt sich das Feld der regionalen Zusammenschlüsse mittlerer Größenordnung, von den Sippen- und Stammesverbänden bis zu den großflächigen Territorialstaaten und den zeitweilig sich aufbauenden Großreichen. Die Art ihrer inneren Verbundenheit und der zwischen ihren Angehörigen waltenden Verbindlichkeiten ist überaus uneinheitlich. Von der einen Seite her wirken sich in solchen Regionalgesellschaften die Bindekräfte aus, die im »Nahbereich« der Familie, der Wohnnachbarschaft und Tauschpartnerschaft beheimatet sind, von der anderen Seite her wirken die Spannungs- und Spaltungsenergien in sie hinein, die das Nebeneinander von Fremden charakterisieren, die einander allenfalls gleichgültig sind und unversehens zu Gegnern auf Leben und Tod werden können; diese Impulse aus dem großen Spannungsfeld schlagen mitunter noch in die Zone der engsten Verbindlichkeiten hinein. Wie auf diese Weise die Güterverhältnisse halbwegs befriedet sein können, und was andererseits sie in hohem und höchstem Maße strittig werden läßt, ist uns recht geläufig.

Das generative Zentrum der Verbindlichkeiten ist wohl in den Kern- und Keimzellen naturwüchsiger Lebensgemeinschaft zu finden, zuerst in den eng-symbiotischen Mikrokosmen von Müttern und Kindern, Sippen- und Dorfgemeinschaften, Nachbarschaften und Freundschaften. Hier machen Menschen immer wieder die Ethos-Erfahrungen, die »draußen im feindlichen Leben« oft dementiert und gleichwohl nie ganz zunichte gemacht werden: die Erfahrung mitmenschlicher Achtung, der Bereitschaft wenigstens zur Rücksichtnahme und zu mehr oder weniger weitreichender Hilfeleistung. Als der Schlüsselbereich für die Ethos-Formierung wird indessen die Vergesellschaftungszone »mittlerer Reichweite« gelten dürfen, die Binnenverfassung der regionalen Großverbände. In der Verfassung des Regional-Ethos liegt beschlossen, wie sich – im Aktiven wie im Reaktiven – die äußeren Nachbarschaften gestalten.

Für die Verfassung, welche die Menschen ihren Güterverhältnissen geben, ist es natürlich äußerst wichtig, wie das Arsenal der für sie verfügbaren Güter zusammengesetzt und bemessen ist: Welche Attraktionen des Tätigseins und der Daseinsausstattung innerhalb ihrer Reichweite liegen, sei es als Allgemein-Zugängliches oder als besondere Möglichkeit nicht für alle und jeden. Davon hängt es ab, wie sich die Menschen bei der Verteilung der Genüsse und der Belastungen arrangieren, welche Proportionen sie dabei festlegen, mit wieviel Einverständnis und mit wieviel Nötigung. Der Aufstieg von Menschengesellschaften auf den Stufen der Zivilisation erbrachte für diejenigen, die ihn am angelegentlichsten betrieben, eine grandiose Anreicherung des Tätigkeiten-Repertoires ebenso wie des stofflichen Güter-Arsenals, und dieser Reichtum wurde ihnen zur kardinalen Lebens-Sinnbestimmung, zum Inbegriff »guten Lebens«. Doch er brachte zugleich Divergenzen und Spannungen in den jeweiligen Volkskörper sowie in die Nachbarschaftsverhältnisse. Die höher zivilisierten Gesellschaften stellen sich allesamt als nach Rangstufen und Besitzgrößen geschichtete, hierarchisierte und nicht ohne größte Anstrengung und Zwangsmittel in ihrer Ordnung gehaltene Formationen dar.

Das Ethos solcher Klassen-/Schichten-/Ständegesellschaften ist tiefge-

hend durch die Ungleichartigkeit der Tätigkeiten/Arbeiten, der Besitzstände und der Rangstufen-Geltungen geprägt. Es zeigt eine Art »doppelter (oder mehrfacher) Buchführung«, sofern die Gesittungs-Verbindlichkeiten nur zu einem Teil als dieselben für alle gelten, zu einem anderen (und oft sehr großen) Teil jedoch ungleich, zwischen Gesellschaftern ungleichen Standes »asymmetrisch« gestaltet sind, zur Genugtuung für die einen und zum Leidwesen der anderen. Das erweist sich überhaupt als eine gewichtige Maßbestimmung des Ethos: Wo jeweils die Grenze verläuft zwischen dem gleichen und dem ungleichen Daseinsanspruch, zwischen gleichen und ungleichen Rechten und Pflichten, zwischen der gleichen gegenseitigen Achtung und den Sphären, in denen »vorzügliche Hochachtung« und ungenierte Gering- oder Mißachtung auseinandertreten. Oft genug sind diese Teilungen des Ethos in der zugeordneten Sittenlehre sanktioniert; der alte ethische Stammbegriff »Gerechtigkeit« läßt weiten Raum dafür, daß nur Gleichem ein Gleiches gebührt, Ungleichem ein Ungleiches. Das Ethos einer solchen Gesellschaft ist immer eine »Gemengelage« aus Unterformationen von unterschiedlicher Situiertheit, innerer Komposition und äußerer Durchsetzungsstärke; es ist teils ein Kompromiß, teils ein repressives Überlagerungsverhältnis aus verschiedenen Ethos-Schichten mit eigenen Aktivzentren und Maßbestimmungen. Aus der früheren Geschichte ist es ganz geläufig, daß das Ethos einer Kriegerkaste, das einer Priesterschaft, das der Bauern und das der Stadtbürger von je besonderer Prägung ist und sie nur in einigem konvergieren. Die neuzeitliche bürgerliche Gesellschaft hat das weit zurückgedrängt, indem ihre Gesellschafter eine zwar längst nicht universale, aber doch erweiterte Sphäre hergestellt haben, eine von hohem existentiellen Bedeutungsgewicht, in der die Menschen einander in Gleichberechtigung und Gleichachtung begegnen. Wir haben uns daran schon so sehr gewöhnt, daß wir es als »Prinzip« statt als Resultat ansetzen. Damit verband sich im weiteren eine Doktrin, die den Titel des »Sittlichen« für das Allgemeinmenschlich-Gute reserviert, das von jedem partikularen Interesse frei oder gänzlich von jedem natürlichen Interesse abgelöst ist. Oft genug jedoch konnte es geschehen, daß die Nicht-Verbindlichkeiten der partikularen Interessendurchsetzung unter historischen Rechtstiteln ein höheres Gewicht im Leben erlangten als die verbleibenden allgemeinmenschlichen Berechtigungen und Verbindlichkeiten.
Sofern in einem Gemeinwesen allgemeine oder besondere Gesittungsverbindlichkeiten verfügt sind, ergibt sich neben den anderen Gliederungen (nach Eigenem und Fremden, Allgemeinem und Besonderem), jedoch durch diese Gliederungen mitgeprägt, immer noch diese andere

Querteilung, nach der sich die Menschen in die »sittlich Guten«, die weniger Guten und die gar nicht Guten, die »Bösen«, auseinandersortieren. Auf diese Spaltung in die sittlich (moralisch) Guten und Schlechten – nach welchem konventionellen oder essentiellen Maß auch immer das sich bestimmen mag – richtet sich das Interesse der gesellschaftlich institutionalisierten Gesittungspflege so sehr und oft so ausschließlich, daß die anderen Ethos-Dimensionen ausgeblendet bleiben. Bis jetzt sind die Güte-Taxierungen des Sittlichen stets innerhalb gesellschaftlicher Bezugsrahmen bedeutsam gewesen, in denen das Allgemeinverbindliche einschneidend begrenzt war, aber viele spezifischen Konventionen eine Moralisierung erfahren haben (wie Regulationen für die Sexualsphäre).

Im Umgang der sittlich Ordentlichen mit den Unordentlichen gewinnt das Ethos eines Gemeinwesens noch einmal eine besondere Facette: Das Ethos der Ethos-Wahrung manifestiert namentlich in der Art seiner Negativ-Sanktionen (Strafen, Ächtungen) seine ethische Valenz überaus deutlich. Für nicht wenige Ethos-Formationen ist es kennzeichnend, mit welcher Kühle, Härte und oft Grausamkeit sie die Grenze zwischen den Ordentlichen und den Ordnungsverletzern ziehen, wie sie mit ihnen oft genug »kurzen Prozeß« machen. Die Maßbestimmungen (und Maßlosigkeiten) des Strafens gehören ganz wesentlich zu den Maßbestimmungen des Ethos selbst.

Nach dieser »topographischen« Vermessung der Raumverhältnisse geschichtlich bestimmter Ethos-Formierung kommen wir jetzt dazu, die Frage nach den »lebendigen Kräften« aufzunehmen, die dem Ethos in den Klein- und Großräumen, den Verbindungen wie den Trennungen, die Vielfalt der spezifischen Charaktere verleiht. Die Frage nach den Beschaffenheiten der »lebendigen Kräfte« wird fortan den roten Faden durch die gesamte Untersuchung bilden.

2. Potenzen der Ethos-Formierung

Der »Aufbau der sittlichen Welt«, das Eingehen und Weitertragen von Gesittungsverbindlichkeiten in den Güterverhältnissen der Menschen, stellt ein Ensemble von Leistungen dar, von Tätigkeitsanteilen, in denen sich ebenso bestimmte *Interessen* der betreffenden Leute auswirken wie bestimmte *Fähigkeiten* bewähren. Kant, der die Konstitution von Sittlichkeit ganz entschieden von allen Naturbestimmtheiten menschlichen Individual- und Sozialverhaltens abgehoben hat, nahm immerhin davon Notiz, daß es gewisse Naturanlagen gibt, die der Sache der Moralität förderlich sein können. Wir wollen nun sehen, was von dieser Art in Betracht kommt und wie viel (oder wie wenig) es für das Verhältnis jenes Leistungsaufbaus erbringt. Es müssen allerdings auch die Gegenkräfte zur Sprache kommen, aus denen das Verbindlichkeiten Stiftende sich herausarbeitet und an denen es sich abarbeitet. Es besteht ein uraltes Einverständnis darüber, daß der Kernbestand eines Ethos in der Verknüpfung von eigenpersönlichen Belangen mit denen von Mitpersonen liegt: den Nächsten lieben wie sich selbst, die Menschheit in jeder Person als Selbstzweck achten. Die Selbstliebe, die Anlage zu eigennützigem Handeln, gilt meistens als das Natürlich-Selbstverständliche und als die Gegeninstanz, der sich jenes andere, die uneigennützige Hinwendung zu Wohl und Würde der anderen, nicht ohne Mühe und Widerstreben erst abringen muß. Dieses polare Schema ist so eng wie der Erfahrungsbereich, in dem es sich häufig so verhält: der bürgerliche Alltag. Die Ethos-Formierung in mehrschichtigen Großgesellschaften lebt indessen aus einem reichhaltigeren Kräfte-Aggregat von Primärimpulsen und sekundären Reaktionsbildungen. Zumal wird den Impulsen der Selbsterhaltung und Selbstbehauptung nicht eine so triviale, geradezu ordinäre und darum wesentlich negative Rolle im Ethos zuzusprechen sein. Es wird für unsere ganze Untersuchung (bis in die aktuelle Ethos-Programmatik hinein) ein kardinaler Punkt sein, ein bestimmtes »Eigeninteresse«, das auf das Selbst bezogen ist, auf das eigene Selbst-etwas-Sein (Sein-Können und Sein-Dürfen), auf Selbsttätigkeit und Selbstzweckhaftigkeit, geradezu als die Schlüsselfunktion für den gesamten Kreis höherer und höchster Gesittungs-Verbindlichkeiten zu würdigen.

Die nun folgende Aufzählung und Umschreibung mehrerer »Potenzen« der Ethos-Formierung tritt nicht mit einem Anspruch theoretischer Systematik auf. Es sind mit diesen Potenzen keine Ur- oder Grundtriebe gemeint, sondern nur annäherungsweise benennbare Resultanten aus komplex motivierten Wirksamkeiten im gesellschaftlichen Interaktionsfeld, soweit es die menschlichen Verhaltensweisen in den Güterverhältnissen angeht.

a) Potenzen von Selbstsein und Selbstzweckhaftigkeit. Wie sehr auch das Ethos seinen aktuellen Sinn als eine Kultur der Mitmenschlichkeit erfüllt, eines »Seins-für-andere«, so läßt doch schon die alte Formel »den Nächsten lieben wie sich selbst« einen letztinstanzlichen Rückverweis auf das Selbst und sein Selbstverhältnis erkennen: auf das Dasein des Menschen als Einzelwesen und als Zweck für sich selbst, der die Zwecke anderer Wesen wohl in sich aufzunehmen vermag, aber sich dagegen verwahrt, als bloßes Mittel und dienendes Glied für sie zu fungieren. – Kant hat diesen ursprünglichen Interessen-Sinn von Autonomie (als personaler Freiheit) recht sinnfällig umschrieben, bevor er später dazu kam, ihn von aller natürlich-appetitiven »Neigung« abzulösen.[3]

Den Anfang macht der Anspruch auf eine unverfügbare physische Existenz und Integrität in einem Spielraum von selbstbestimmter Bewegung und Betätigung. Das Feld der Betätigungen und eines sich selbstbestätigend bewährenden Könnens ist einer reichen Ausweitung fähig und wird so zum integralen Bestandstück des Selbst, zur Sache eines qualifizierten Selbstseins-Interesses, demgegenüber sogar das physische Daseinsinteresse keine Selbständigkeit mehr behält.

Im Gesamtverbund der ethosstiftenden Potenzen sind jene des Selbstseins, wie schon gesagt, in der Weise primärkonstitutiv, daß jede interpersonale Verbindlichkeit (und Verpflichtung) auf einem in sich selbst gründenden Anspruch (oder sich geltend machenden Anrecht) fußt: Mein eigener Anspruch wird für andere zur Anforderung und umgekehrt; der Mindestanspruch geht auf allgemeine Respektierung und auf spezielle Rücksichtnahmen. Fraglos erhält der Status des »Selbst« seine Emphase relativ und reaktiv auf die je anderen, die sich solchem Anfordern auch verweigern und rücksichtslos verhalten können. So wird die Potenz des Selbstseins (sekundär) zu einer für die Gesamtverfassung des Ethos höchst wichtigen Begrenzungs- und Abwehrinstanz.

Die hier in Rede stehenden »Potenzen« sind jedoch nicht nur Interessen, sondern immer auch *Fähigkeiten.* Die Befähigungen zu qualifizierter und weitreichender Selbsttätigkeit bilden nicht nur einen Kräftefundus für Resistenz gegen Übergriffe, sie kommen auch durchaus positiv als Fermente von Selbstsicherheit ins Spiel, die ein autonomes Selbst (und womöglich nur ein solches) dazu disponieren, auch den anderen in Achtung ihrer Autonomie zu begegnen oder ihnen weiter entgegenzukommen, für sie offen zu sein.

b) Potenzen der Selbststeigerung, des Überbietens, des Übergreifens. Es muß nicht auf einen allgegenwärtigen menschlichen Urtrieb zurückgehen, sondern kann durchaus sekundäre, kontingente Bestimmungsgründe haben, daß die Lebensart der Species Mensch insgesamt so mobil und expansiv geworden ist und sich, zunächst wohl zwischen den Regionalgesellschaften mit verschiedenartigen Aufenthaltsorten, dann auch in deren Binnenbereichen, enorm ausdifferenziert hat. Jedenfalls hat es reichlich Gelegenheiten, Anlässe und Anstöße für Menschen gegeben, nach etwas Anderem auszugreifen und dabei zu einer reicher entfalteten und höher potenzierten Daseinsweise zu gelangen. Die Unterschiede von Tätigkeitsarten und Lebensausstattungen haben inzwischen eine gewaltige Spannweite angenommen, und in zahllosen einzelnen Initiativ- und Reaktivhandlungen setzt sich die Expansion und Potenzierung weiter fort; zugleich führt dieses reich Entfaltete jedem Menschen, der an irgendeiner sozialen Raumstelle ins Leben eintritt, vor Augen, was »man überhaupt« sein und erreichen kann, woraufhin er zusehen mag, was davon er zu seinem Teil für sich realisieren kann. Wir wollen der Frage nach der ursprünglichen Erschließung neuer Möglichkeiten jetzt nicht weiter nachgehen, sondern bei jenen Antrieben und Anreizen bleiben, die in einem jeweils schon erschlossenen Feld von Daseinsmöglichkeiten wirksam werden. (Es werden wohl dieselben sein, die von Fall zu Fall auch die Grenzüberschreitungen ins Neuland stimulieren.)

Der Drang und Zug nach oben, hin zu freieren und reichhaltigeren Daseinsweisen, vermehrt mit der Güterfülle, die er dem Ethos zuführt, auch die Problemspannung in den Güterverhältnissen sowohl in der Prioritäten-Ordnung bei den Einzelnen wie unter den Vielen: das Gedränge an den Zugängen, Zugangsschranken und Engpässen. In einer naturgeschichtlichen Reflexion stößt man auf den Befund, daß »die Vorteile der Gattung im Menschenreich wie im Tier- und Pflanzenreich sich stets durchsetzen auf Kosten der Vorteile von Individuen, weil diese Gattungsvorteile zusammenfallen mit den *Vorteilen besonderer Individuen*, die zugleich die Kraft dieser Bevorzugten bilden«.[4] Die Problemspannung steigert sich bis zur Antagonistik, wenn solche Vorzugs-Individuen nicht nur an anderen vorbei, sie überbietend, für sich etwas Höheres verwirklichen, sondern wenn dies über sie hinweg geschieht, auf ihren Daseinsraum oder auf ihr Dasein selbst übergreifend.

Daß jemand »es besser zu haben« trachtet als bisher, muß nicht um einer Besserstellung im Vergleich zu den anderen willen geschehen. Oft genug sind solche Verbesserungen ja überhaupt nicht rein positiv motiviert, ergeben sie sich vielmehr beim Ausweichen vor eingetretenen oder drohenden Verschlechterungen der Daseinsbedingungen. Doch wie auch immer motiviert – die Folge ist jedesmal eine Verschiebung in den bestehenden Güterproportionen. In einem etablierten System der Arbeitsteilung und sonstigen Ungleichheiten kann das »besser als andere« freilich auch zur Motivation gehören. Dabei macht es noch einmal einen Unterschied aus, ob dieses Bessere oder Höhere damit den anderen entzogen wird oder ob es neu hinzukommt, möglicherweise noch den anderen zugute kommt, namentlich dann, wenn es durch die besondere »Kraft der Bevorzugten« allererst entsteht. Dem steht der Fall gegenüber, daß jemand Bevorzugung ohne solche eigene Kraftlei-

stung genießt – der Fall einer parasitären statt produktiven Privilegierung.
»Besseres und Höheres« – das sind Sammelnamen für recht verschiedene Attraktionen. In der Mannigfaltigkeit von Tätigkeiten geht es um die Differenzen zwischen drückenden und leichteren, zwischen öden und lustvollen, eng fixierten und vielfältig-ausgreifenden Arbeiten oder Betätigungen, immer auch um die Mengenproportionen zwischen dem einen und dem anderen innerhalb der jeweiligen Gesamttätigkeit. Welches Tun »um seiner selbst willen« interessieren kann und was nur als Tribut um eines jenseits der Arbeit liegenden Ergebnisses willen, ergibt eine weitere Differenz. Der Zug hin zu attraktiveren Tätigkeiten ist innerhalb eines arbeitsteiligen Systems wohl der natürlichste und zugleich produktivste (und vielleicht am wenigsten exklusive) Impuls. Das Bessere in der Ausstattung mit Gebrauchsgütern und Dienstleistungen eröffnet die Differenzskala, die von der Armut bis zum »märchenhaften« Reichtum reicht. »Arme sind nicht gerne arm«, heißt es in einem Lied – wohl aber sind Reiche meistens sehr gerne reich, und das Streben nach Wohlstand und Reichtum kann in einem Ethos zu einer Dominante werden. Ist er einmal aufgetürmt, geht vom Reichtum der Reichen eine beträchtliche Attraktion und Irritation aus; dieser sekundär-reaktive Antrieb kommt wohl stärker ins Spiel als ein ursprüngliches Streben nach »mehr«. Es ist seit alters ein delikates Ethos-Problem, (a) in welcher Bemessung und (b) in welcher Proportion zu den anderen Befriedigungen der Reichtum an dinglichen Gütern gutzuheißen sei. Die andere große Attraktion eines Höheren kommt aus den sozialen Relationen, Proportionen und Zuordnungen von Tätigkeiten und Gütergenüssen. Hier tritt noch ein Anreiz hinzu, der den gesamten Komplex der übrigen Güteranteile in eine eigene Dimension rückt: die Möglichkeit, der eigenen Tätigkeit die Betätigungen anderer Leute unterzuordnen, namentlich eine Masse von bloß instrumentell interessierenden Arbeiten. Schon vor der Errichtung innergesellschaftlicher »Kommandohöhen« sind in dem häufig antagonistischen Nebeneinander der Regionalgesellschaften solche Unterwerfungsverhältnisse geschaffen worden, oft sehr rigorose und brutale – es wurde schließlich für alle »Klassengesellschaften« charakteristisch, für Sozialordnungen mit ausgeprägter Herrschaftsgewalt und mit extensiver Ausbeutung subalterner Arbeitskraft. In diesem sozialgeschichtlichen Großkontext ist es für entsprechend veranlagte Individuen zu einem starken Anreiz geworden, den Genuß aus einer superioren, souveränen Tätigkeit in dieser Weise zu potenzieren: Nicht nur darin ist eine Genugtuung zu finden, daß sich die Reichweite und der Wirkungsgrad der eigenen Tä-

tigkeit durch die Organisierung von Tätigkeiten vieler anderer enorm erhöht, sondern auch und besonders darin, daß man Macht über Mitmenschen ausübt, die dem eigenen Willen untertan sind. Mit diesem Antriebsaggregat lebt das Ethos seit Urzeiten, an ihm haben sich die verschiedenen Ethos-Formationen abgearbeitet und arbeiten sie sich weiter ab.

Die Potenzen der Selbststeigerung, des Überbietens und des Übergreifens sind nicht als Stufen eines einzigen Grundantriebs zu verstehen, ja wohl überhaupt nicht als Grundantriebe, sondern eher als situativ ausgelöste Reaktionsweisen, die ihrerseits wiederum Reaktionen auslösen, indem Mitmenschen von ihren Effekten betroffen werden. Das gilt namentlich von den Effekten, die das Ausleben von Potenzen des Übergreifens bei den anderen hat, bei den »Übergriffenen« (oder »Unternommenen«, wie Brecht den Gegenbegriff zum »Unternehmer« einmal faßte) und bei den Konkurrenten. – Die folgenden drei Titel sollen einige Konfigurationen dieser Art benennen.

c) Potenzen der Integritätswahrung. Wo Übergreifendes auf Autonomie tifft, auf ein mehr oder weniger kräftig ausgebildetes Selbstsein, da setzen sich dessen Potenzen in solche der Abwehr von Übergriffen um; man könnte auch von Potenzen der »Selbstbehauptung« sprechen, wenn dieses Wort nicht in recht zweifelhafte Assoziationen geraten wäre. Zweifelhaftes ist in solchen »Selbstbehauptungs«-Kämpfen meistens auch hinsichtlich der Definition der »Sache« im Spiel, um derentwillen sie geführt werden – zumal vieles Nicht-Autonome sowohl in nationalen Unabhängigkeitskämpfen wie bei der Auflehnung gegen soziale Herrschaft. In ihrem reellen Kern jedoch dürfte diese Konfrontation von Selbstbestimmtem und herrisch Übergreifendem die Grundkonstellation des Ringens um die Ethos-Verfassung großgesellschaftlicher Verbände sein. Das emphatische Interesse an personaler Eigenständigkeit hat ja überhaupt erst in den sozial hierarchisierten Hochzivilisationen eine so hohe Bedeutung erlangt, und Autonomie als Abwehr von Fremdverfügung wurde damit in dieser negativen Vermitteltheit zur schlechthin kardinalen Funktion bei jeder Fortbildung der Gesittungsverbindlichkeiten, oftmals zunächst innerhalb von herrschenden Schichten, die ihre *libertates* als Privileg gehütet haben. Zur ethos-formierenden Potenz wird das Interesse an Integritätswahrung freilich nur so weit, als ihm eine Kraft innewohnt, die sich in einer kompetenten Mitwirkung an gesellschaftlich gewichtigen Angelegenheiten bewährt.

d) Potenzen der Subalternität. Wo Übergreifendes nicht auf Autonomes trifft, oder auf nur wenig Autonomes, da setzt es eine Skala von

Verhaltensweisen frei, die von ohnmächtiger Rebellion (oder bloßer Renitenz) bis zu bereitwilliger Unterordnung unter die übergreifende Macht reicht. Diese (durchaus aktive) Potenz begründet ein Ethos eigener Art, eines der nicht nur hingenommenen, sondern bejahten, Genugtuungen verschaffenden Subalternität. (E. Fromm sprach stilisierend von »Furcht vor der Freiheit«.) Die Attraktionen dieser Daseinsweise liegen in dem Schutz und in der Entlastung, die solche Unterordnung unter eine das Ganze umgreifende Herrschaftsmacht gewährt, ferner in dem Erhebenden, das die zwar nicht maßgebende, aber betriebsame und nicht nur stille, sondern oft recht lautstarke Teilhaberschaft kleiner Leute an den Unternehmungen der Großen an sich hat. Wo diese Genugtuungen nicht ganz ausreichen, bieten sich Kompensationen für das Unbefriedigende einer subalternen Existenz an. Der begehrte Schutz gegen Übergriffe böser Nachbarn ist erst vollständig durch eine sinnfällige Überlegenheit des eigenen Staatswesens über das andere, besser noch über alle anderen zusammen. Daß der König dafür Soldaten braucht, macht ihn wiederum abhängig von dieser Masse kleiner Leute, die es jedem Widersacher von Zeit zu Zeit gern einmal selbst zeigen, was in ihnen steckt. Der Triumph über einen besiegten Feind bedeutet den vollendeten Hochgenuß sozialer Energie, die sich als »Kampfmoral« bewährt hat. Ist das Gedränge unter den Subalternen, von denen ja so viele, wenigstens in verkleinertem Maßstab, auch etwas sein oder werden wollen, einmal besonders groß, dann kann sich an manchen, oft peripheren binnengesellschaftlichen Differenzen (etwa der Religion, der Rasse, der politischen Konfession oder der Lebensart) ein Feindverhältnis entzünden, in dem die Höherrangigkeit des Subalternen von vornherein garantiert ist und wohlfeile Triumphe zu genießen erlaubt. Wir sind von alledem historisch noch nicht weit genug entfernt, als daß man es nicht als eine gewichtige Mixtur diverser Ethos-Kräfte in Rechnung zu stellen hätte.
e) Potenzen der Rivalität. Es hat in Menschengesellschaften, zumal in archaischen, viel Konkurrenz auf Leben und Tod gegeben, bei der es um das elementare Leben- und Überlebenkönnen ging. Auf den ansteigenden Stufen der Zivilisation ging es darum immer weniger und desto mehr um die Ausgestaltungen und Ausstattungen eines »*Über*-Lebens«, zu dem sich die Oberklassen aufgeschwungen haben. Da diese Erhebung zu höheren Tätigkeitsarten (mitsamt einer großzügigeren Lebensausstattung) nur zu einem Teil »organisch«, zu einem anderen Teil einzig mit viel mechanischem Druck auf die Untengebliebenen und die Nachdrängenden zu bewerkstelligen war (und ist), mußte die Herrenklasse, je mehr sie Herrenklasse war, eine um so prekärere Existenz

führen, ein Ethos angestrengtester Selbstbehauptung ausbilden. Zu den Facetten dieses Ethos gehört die Einstimmung in die fatale Antagonistik, die ebenso im Binnenbereich wie in den Außenbeziehungen waltet, nicht zuletzt innerhalb der Herrenklasse selbst: in eine Daseinsweise, die unter vielfachem Rivalitätsdruck steht. Nur ein Teil dieses Drucks gelangt in Bahnen einer leidlich geordneten Konkurrenz. Die Rivalität dominiert namentlich die Nachbarschaftsverhältnisse zwischen den Souveränen, seien es Dynasten oder Staatskollektive. Zum Ethos des Lebens und der Selbstbehauptung in solchen Gesellschaftslagen gehört die Bejahung der Antagonistik und des Sich-Bewährens in ihr.

Wie schon vermerkt, gibt es eine Geschäftsgrundlage dafür, daß die Rivalitätsverhältnisse und -kämpfe keine reine Herren-Angelegenheit bleiben, als welche einst Kant die Kriege der Landesfürsten betrachtet hatte. Auch auf dem Boden subalterner Existenz können die Aktivpotenzen der Rivalität – und nicht nur kraft der Schutzfunktion der Herren über die Subalternen – sich tief und breit verwurzeln.

Sieht man, wie die Kräfte des Übergreifens sich mit denen der Rivalität verschränken, so wird noch einmal deutlich, wie wenig das Übergreifen auf Fremdes so etwas wie eine Steigerungsstufe von Selbstsein und Selbstbestimmtheit ist. Denn es begründet zugleich Abhängigkeiten (»Herr-Knecht-Dialektik«) und Zwänge (stets auf der Hut sein zu müssen). Ein solches Ethos verordnet sich Selbstzwang.

f) Potenzen der Solidarität. Den Gegenpol zu allen Strebungen, welche Menschen auf ihr eigenes Wohl bedacht sein lassen, bilden die Bereitschaften und Impulse, kraft deren jemand ohne jedes Eigeninteresse etwas zum Wohle anderer tut oder unterläßt. Für solches spontane mitmenschliche Wohlwollen gibt es zum einen den pathetisch erhöhten Namen »Nächstenliebe«, zum anderen den eher für Profanierungen anfälligen Titel »Solidarität«. Man darf annehmen, daß die Bereitschaft zu solcher Zuwendung eine archaische Wurzel in einer der Individuation vorausgehenden Einheit hat, die sich über die Geburt hinaus in den Mutter-Kind-Beziehungen fortsetzt und dann die verschiedensten (positiven und negativen, mitunter auch fetischistisch fixierten) »Triebschicksale« erfahren kann. Die Stammregion bilden naturgemäß die symbiotischen Partnerbeziehungen des »Nahbereichs«. Wo weiterreichende Loyalitäten großgesellschaftlicher Art mit gleichlautenden Titulaturen belegt werden – wie »Vaterlandsliebe« und »internationale Solidarität der Werktätigen« –, hat man es jedoch stets schon mit anderweitig mitgeprägten Beziehungs-Wertigkeiten zu tun.

Wenn Solidarität als »Potenz« in Rede steht (und nicht nur als Bezie-

hungstypus), muß es genauer Solidaritäts*bereitschaft* und Solidaritäts*fähigkeit* heißen. Sie sind die aktivische Entsprechung zu einem (rezeptiven) Solidaritäts*verlangen*, das auf seine Weise ebenfalls ein »Potential« bildet, eines von Anforderungen oder »Forderungen« im allgemeinen. Zwischen der Solidaritätsbereitschaft und dem Solidaritätsverlangen waltet kein Tauschverhältnis des *do ut des*, wie sehr manche alten Traditionsformeln dies suggerieren mögen: »Alles, was ihr wollet, daß euch die Leute tun sollen, das tut ihr ihnen.« Die Verknüpfung ist lediglich eine qualitative, keine kausative. Mit der Solidaritäts*fähigkeit* (auf die es *sub specie* der »Potenzen« ja am meisten ankommt) verhält es sich allzumal so, daß man sie nicht ausbildet, »damit« man Gutes erfährt, vielmehr kann man, weil man zuvor Gutes erfahren hat, eine Bereitschaft ausbilden, es spontan, ohne alle Berechnung weiterzugeben.
Als eine höchst »energie-intensive« Beziehungsart hat die Solidaritätsfähigkeit eine Metrik, die sich oft schmerzlich fühlbar macht: Für wie viele kann einer wie vieles Gute (mit)bewirken? Von den Maxima hoher und höchster Einsätze (bis zum Opfer des Lebens) geht die Skala abwärts bis zu jenem Solidaritäts-Minimum, das in der Bereitschaft zur Rücksichtnahme besteht: wenigstens nichts zu tun, was Mitmenschen absehbar Schaden zufügt (und eine besondere Aufmerksamkeit dafür zu entwickeln). Das Gesamtfeld der in einem Gemeinwesen (oder in enger umgrenzten gesellschaftlichen Lagen) geübten Solidarität setzt sich aus zahllosen und immer leicht zufällig plazierten Teilleistungen zusammen und erreicht in jeder Ethos-Formation einen ungefähr taxierbaren durchschnittlichen »Pegelstand« (mit konjunkturellen Ausschlägen nach oben wie unten). Besonders zufällig plaziert sind jene Akte mitmenschlichen Wohlwollens, die – innerhalb der Grenzen bloßer Subalternität – einer schlichten Gutartigkeit und Harmlosigkeit entspringen und oft ebenso Abscheu gegen die Roheit der großen Welt wie Hilflosigkeit den Mächten dieser Welt gegenüber bekunden. Solidaritätsleistungen von größerer gesellschaftlicher Reichweite setzen voraus, daß auch die Vermögen des qualifizierten Selbstseins, eines eigenständigen Sozialverhaltens (und der Herrschaftsresistenz) stärker ausgebildet sind.
Der Anteil von Solidaritäts-Aufgeboten am Geflecht der zwischenmenschlichen Verbindlichkeiten ist, alles in allem, recht eng begrenzt; ihre Kraft reicht nicht sonderlich weit in die großgesellschaftlichen Verbindungen hinein. Das Verbindende ist hier von anderer Provenienz und Faktur.
g) Potenzen der Kooperation. In den halbwegs befriedeten und geord-

neten Regionalgesellschaften ist der Zusammenhalt durch eine Kräftekombination gewährleistet, in die zwar immer auch Anteile von habituellem Wohlwollen eingelagert sind, in der sich jedoch überwiegend die Potenzen der Eigeninteressiertheit so verschränken und gegenseitig begrenzen, daß im ganzen eine Sphäre von Kooperationen oder wenigstens eines bald leidlichen, bald gedeihlichen Miteinander-Auskommens entsteht, der Rücksichtnahme »so viel wie nötig« und der Achtung oder wenigstens Respektierung »nach Gebühr«. Die Maße des Nötigen und Gebührlichen bauen sich wie ein fließendes und variables Gleichgewicht aus den diffus im Gesamtfeld verteilten Einzelaktionen und -reaktionen auf.

In diesem »Mixtur-Register« von Ethos-Potenzen lassen sich wenigstens noch zwei Stammkomplexe (neben den besagten Harmonien des mitmenschlichen Wohlwollens) ausmachen: einmal die Leistungen zwischenmenschlicher *Achtung*, die aus dem Fundus qualifizierten Selbstseins erwächst und ebenso spontan (nicht kalkuliert) erwiesen wird wie das Wohlwollen. Und zum anderen die »aufgedrungenen« Erweise einer Achtung, die genauer wohl *Respekt* zu nennen sind und eine durchaus kalkulatorische Geschäftsgrundlage haben; diese Art von Achtung bildet sich dort aus, wo eine »übergreifende« Kapazität durch Gegendruck in ihre Grenzen gewiesen wird.

Abgenötigter Respekt, spontan erwiesene Achtung und ein sanfter Hauch von Wohlwollen sind – wohl in dieser Gewichtsfolge und in unterschiedlich bemessenen Anteilsgrößen – die synthetischen Beziehungsvalenzen, die zusammen das »Betriebsethos« großgesellschaftlicher Verbände, die in ihnen zustande gebrachte Art von Kooperation durchwalten.

3. Die Formierung des Ethos

Wie und unter welchen Maßbestimmungen baut sich nun aus der Wirksamkeit der eben umschriebenen Kräfte-Kontingente in den vorhin abgesteckten Raumverhältnissen die »synthetische« *Einheit eines Ethos* auf, ein Gesamtfeld von Gesittungs-Verbindlichkeiten, die eine Geginstanz zu all den naturwüchsigen Verhaltens-Beliebigkeiten darstellen? Wie kommt aus diesem vielfältigen Streben und Drängen, Verlangen und Gewähren gar so etwas wie ein entschiedenes, kategorisches *Sollen* heraus? Kann es überhaupt so einfach (oder auch mehr kompliziert) aus dem Getriebe der sozial-natürlichen Interessen erwachsen?

Es gehört fast schon zum Berufs-Ethos der Ethiker, dergleichen ganz entschieden zu bestreiten: Niemals leitet sich von einem bloßen »Sein« ein »Sollen« her. Die schwierigen Fragen der ethischen Logik, denen wir uns hier sogleich gegenübersehen, die Fragen einer nicht im Natürlich-Faktischen, sondern in einem ganz anderen Raum des Essentiell-Prinzipiellen stattfindenden Konstitution von Sittlichkeit als einer Normativität, die aller Faktizität autonom gegenübertritt, seien jedoch noch für eine Weile zurückgestellt. Nach der zu Beginn angesetzten Devise sei erst einmal der Versuch fortgeführt, möglichst viel von der Faktizität des Ethos (inbegriffen jenes »Faktum der Vernunft«, das Kant im sittlichen Bewußtsein ausmachte) aus der Wirksamkeit jener »lebendigen Kräfte« interpretierend verständlich werden zu lassen. Wir werden sehen, wie weit wir damit kommen, und ob dann noch der Rekurs vom lebendig-praktisch Gegründeten auf ein anderswo essential Begründendes erforderlich wird.

Wenn wir von der Formierung des Ethos – oder vom Aufbau der sittlichen Welt – reden, dann denken wir an etwas Prozessuales. In der Tat stehen uns dabei Bildungsprozesse paradigmatisch vor Augen. Da ist einmal der wohlvertraute Vorgang, daß Heranwachsende durch ihre Altvorderen in die bestehenden Gesittungs-Verbindlichkeiten eingewiesen werden. Die Essenz des Sittlichen figuriert als eine schon konstituierte Normativität. Man darf vermuten, daß auch der aufs Ganze gehende Versuch einer »Begründung« dafür, daß überhaupt etwas sittlich-normativ gilt – und nicht alles eben so läuft, wie es läuft –, auf etwas schon konstituiertes Normatives zielt, auf etwas, das als eine geltende Norm faßbar wird. Weit weniger Aufmerksamkeit erwiesen die Ethiker dem anderen, dem gattungsgeschichtlichen Prozeßgeschehen, durch das bisher geltende Konstitutionen des Sittlichen immer wieder angefochten und durch andere ersetzt worden sind. Auch diese »Sittengeschichte« hat man immer wieder als Annäherung an eine vorgeordnete Normativität des an sich Sittlichen oder als eine Entfernung von ihr zu interpretieren gesucht. Halten wir unser Augenmerk dafür offen, ob man auf dem Weg einer geschichtlichen, »genealogischen« Vergewisserung nicht auf einen anderen »Grund« kommen könnte.

Selbstredend werden wir nicht an einen schlechthinnigen zeitlichen Anfang zurückgelangen, von dem aus Menschen, die bis dahin naturbeliebig existiert hätten, mit dem Akt ihrer Vergesellschaftung so etwas wie einen »Gesittungsvertrag« geschlossen hätten. Überall finden wir vielmehr, daß bereits in die unvordenklich gegebene Gesellschaftlichkeit der Menschen eine Form- und Maßbestimmtheit von Ethos eingelassen ist, eine Kulturform von Verhaltensweisen des Selbstseins und des Seins-zu-anderen in den Güterbezügen des Lebens und Zusammenlebens. Es ist dies ein durchaus regional, womöglich kleinregional partikularisierter Fundus von festgestellten Verbindlichkeiten des Nötigen wie des Möglichen. Von *Verbindlichkeiten* wird weiterhin mit Nachdruck die Rede sein: Ich ziehe dieses Wort der gängigen Rede von »Normen« und »Werten« vor, denn während diese Ausdrücke auf ein generalisiertes Schema von Verhaltensweisen zielen, das die Menschen sozusagen objektiviert sich gegenüber oder gar über sich haben, sind Verbindlichkeiten schon dem Wortsinne nach etwas, was Menschen aneinander und an diverse Güterbestände bindet.

Welchen Ort das Materiale dieser »Güterbestände« im Bezugsfeld des Sittlichen hat, ist zwischen formalen und materialen Ethiken strittig. Die materiale Ethik zielt auf das »gute Leben«, die formale auf das »richtige Handeln«, und beide tun das Ihre meistens in direkt normativer Absicht. Von dieser trete ich mit der »Ethik ohne Imperativ« zurück; dennoch ergibt sich auch in der veränderten Gesamteinstellung zum Sujet das Erfordernis, in der Frage des Formalen und Materialen Stellung zu beziehen – nötigenfalls noch eine dritte Kategorie hinzuzunehmen. Die »klassische« (phänomenologische und materiale) Wertethik hatte das Materiale der Güterbestände, um die es im menschlichen Leben und Zusammenleben geht, umsichtig in die Rechenschaftslegung einbezogen. Sittlich bedeutsames, bewertbares Handeln, so heißt es bei N. Hartmann, sei ein »Schalten mit Güterwerten in bezug auf Personen«.[5] Man kann die Güterbestände grob in diese Hauptkategorien aufgliedern: Da sind einmal die *Gütequalitäten menschlichen Befindens und Tuns,* also auch die Gütequalitäten der Art- und Raumbestimmtheit von Tätigkeiten. Dann sind da die unendlich vielfältigen »Güter« im engsten Sinne, die stofflich-energetischen *Ausstattungen* der Lebenswelt. Und als die wohl delikateste Güterkategorie haben die *Gütequalitäten der gesellschaftlichen Zuordnungsweisen* zwischen den Menschen selbst zu gelten, also die Wertigkeiten ihrer sozialen Positionsqualitäten relativ zueinander, die Art- und Maßbestimmtheiten des (»personalen«) Selbstseins und des (interpersonalen) Mitseins. Wenn dem eine eigene Güte-Valenz zukommt, wie andere Menschen sich zu mir verhalten – wohlwollend, gleichgültig, herrisch von oben herab, grob-rücksichtslos über mich hinweg –, wie auch umgekehrt mein Verhalten zu den anderen eine Wertigkeit dieser Art haben kann, dann ist das schon ganz unmittelbar die Materiatur dessen, was man immer als den »moralischen Wert« menschlichen Verhaltens anzusehen pflegte, nur daß zum eigentlichen Sittlichen noch eine besondere aktive Formbestimmtheit hinzukommt, eine besondere Sanktion, die weitere Sanktionen im Gefolge hat: das tätige Verfügtsein des sittlich Verbindlichen und das tätige Sich-Einstellen der Person auf dieses Verfügtsein. Die phänomenologische Wertethik hat die Autochthonie der sittlichen Wertkonstitution sorgsam von dem »material fundierenden« Güterwert (auch von dem der sozialen Beziehungsweisen) abgehoben, während Sozialutilitarismen beides leichter ineinanderfließen lassen.

Noch immer ist die Ansicht weit verbreitet, der Kern einer sittlichen Handlungsordnung bestehe in der Art und Weise, in der Personen sich zu *anderen Personen* verhalten und sich innerlich auf ihre »Verantwortlichkeit« den anderen gegenüber einstellen. Dieser ethische Altruismus kann material expliziert oder, wie in der Kantischen Tradition, formalistisch eingehüllt sein: Die logische Qualität der allgemeinen Gesetzesfähigkeit einer Handlungsmaxime ist hier eine Chiffre für die Allheit von Mitmenschen, auf die Rücksicht zu nehmen »Pflichtgebot« ist. Das Sittliche als das »Moralische« ist dann ganz und gar Sache einer *sozialen Beziehungsqualität* von Handlungsansätzen. Das ergibt allerdings ein doppelt eingeschränktes Grundmodell der Konstitution des Sittlichen: Zum einen ist die Moralität des sozialen Mitseins der ethischen Dignität des Selbstseins vorgeordnet, und zum anderen erscheint beides von den materialen Güterbeständen und Gütequalitäten und von den darauf bezogenen Bedürfnissen oder Interessen abgekoppelt. Man könnte versuchen, das alles aus der altruistischen Reduktion wieder herauszulösen und freizusetzen; man kann aber auch zusehen, daß man von Anfang an nicht in eine solche Enge gerät.

In einer größeren Weite bewegt sich das Grundmodell vom Aufbau einer »sittlichen Welt«, der normativen Synthesis von Gesittungs-Verbindlichkeiten, wenn wir uns nicht im Zirkel eines »immer je schon« konstituierten sittlichen *Sollens* bewegen, sondern eine »transzendentale Genesis« des Sollens aus einem vorgängigen *»Wollen«* zu denken bereit sind (und so auch den Kantischen Gedanken einer »Selbstgesetzgebung« voll aufnehmen). Damit kommen alle Materiaturen menschlichen Bedürfens und Interessiertseins ethisch in Betracht, vom schlichten Daseinsinteresse bis zu sehr subtilen Ausformungen der Ästhetik von Lebensweisen. Die Formierung des Ethos stellt sich danach in zwei miteinander verschränkten Ordnungen dar: Zuerst findet eine Affirmation und Selektion daraufhin statt, welche Gütermateriaturen und Gütequalitäten in welchen Maßbestimmungen eine konstitutive Bedeutsamkeit für das Sein, für die *»positionale Qualität« der Person* (je einzeln oder in einer Art von Gemeinschaftlichkeit) erlangen. (Auch die geschichtliche Neuerschließung von personalitätsbildenden Tätigkeitsdimensionen und Güterbeständen ist vielfach wichtig, also nicht nur eine Auswahl aus vorgegebenen Beständen.) Was sich zwischen dem interessierten Individuum und dem Ensemble der ihm zugänglichen Güterbestände (Tätigkeit, Ausstattung, Sozialbezug) abspielt, könnte man eine *»inner-subjektive Synthesis«* nennen, die Formierung eines Ethos qualifizierten Selbstseins in der Zuordnung von Güterbeständen zur eigenen Personalität. Erst kraft dieser Konstituierung eines selbstbezogenen und das personale Ethos material erfüllenden aktiven Güterverhältnisses – zumal im Felde des »höheren Begehrungsvermögens«, der Valenzen von reich dimensionierter »Selbsttätigkeit« – erlangt auch die andere, die *interpersonale Synthesis* ihre Substanz und ihre Maßbestimmungen. Man mag sie die »Anerkennungs-Synthesis« nennen: die Vermittlung der mit Ethos-Rang geltend gemachten Güteransprüche zur Einheit eines Ethos, zu einem Ganzen von Gesittungsverbindlichkeiten für die Binnen- und Außenverhältnisse eines Gemeinwesens.

Bei dieser doppelten Synthesis, aus der die Einheit des regionalen oder überregionalen Ethos erwächst, kommen also 1. Güteransprüche und -anforderungen verschiedener Art, konservierende oder expansive, in Ansatz, 2. Energien und Fähigkeiten ihrer Geltendmachung, 3. Bereitschaften ihres Geltenlassens und ihrer Erfüllung – *ad hoc* oder *in genere,* in vollem Maße, vermindert oder auch überhaupt nicht: Bereitschaftsgrenzen und Nichtbereitschaften. Die Bereitschaften können spontan oder durch Anforderungen induziert sein, und dies mit weniger oder mit mehr Nachdruck. In die synthetische Einheit des Ethos gehen alle formativen Vermögen ein, die sich im jeweiligen Gesamtfeld ausgebildet haben. Die bestimmte ethische Qualität der Formationseinheit ist Sache des »Kräfteverhältnisses« zwischen den beteiligten Ethos-Potenzen. Das Grundmodell der Ethos-Formierung ist, formal genommen, von einer enormen, ja unheimlichen Weite und Offenheit: eine *coincidentia oppositorum.* Das Problem einer übergeordneten sittlichen Verbindlichkeit für das Verfügen und Eingehen von Gesittungsverbindlichkeiten verschärft sich momentan aufs äußerste. Es wird sich im weiteren Fortgang wieder merklich entschärfen, jedoch nicht alle Schärfe verlieren. »Es bei dem Widerspruch auszuhalten« bleibt eine ethische Zumutung an die Ethos-Wahrnehmung.

Praktisch geschieht die Formierung eines Ethos indessen niemals vom »Nullpunkt« einer total bestimmungsoffenen Mannigfaltigkeit aus. Von ihren Grundeinheiten her sind Menschengesellschaften immer schon, wenngleich »mit beschränkter Haftung«, in einer Weise ethisch integriert, daß kardinale Anerkenntnisse hinsichtlich der Güterverhältnisse und Gütequalitäten auf hinreichend breiter Basis festgestellt sind, also nicht erst ausgehandelt werden müßten oder ernstlicher Anfechtung unterliegen können. Eine Geltungsfrage stellt sich im Blick auf bestimmte Grundverbindlichkeiten des Lebens und Zusammenlebens überhaupt nicht theoretisch, weil sie praktisch entschieden ist, indem genügend viele mit der Entschiedenheit ihrer erworbenen praktischen Identität dafür einstehen. So steht man denn auch dem formalisierten Modell der Anerkennungs-Synthesis nicht als der externe, neutrale Prüfer gegenüber. Die Synthesis der heterogen-antagonistischen Mannigfaltigkeit gewinnt sogleich ein anderes Aussehen, wenn wir die materiale Besetzung des Gesamtfeldes und die regionalen Stärkeverhältnisse der Potenzen des bestimmten Selbst- und Mitseins bedenken. So gliedert sich das Grundmodell der Ethos-Formierung noch in dieser anderen Weise auf: in einen festgestellten Fundus kardinaler Verbindlichkeiten, in eine weite Peripherie des Nichtverbindlichen und in eine zwischen beiden sich erstreckende Zone des Strittigen, Ungesicherten. Die Gebietsgrenzen selber sind ungesichert, ungewiß und strittig, und gerade die Grenzen von Verbindlichkeiten sind das Problematische, nicht die Geltung der ersten kardinalen Verbindlichkeiten, die innerhalb der Haftungsgrenzen des Gemeinwesens als fraglose »Üblichkeiten« praktiziert werden. Dieser Befund wird zu einer Hauptposition unserer ganzen Rechenschaftslegung vom Aufbau der sittlichen Welt.

Wir hatten ja von Anfang an im Auge, daß die Einheitsbildungen im Ethos von Menschengesellschaften bei aller Parallelität im Generellen doch stets *partikulare* gewesen sind. Ein kardinales Synthesis-Problem liegt somit schon darin, welche Mitmenschen überhaupt als Mitmenschen in die Verbindlichkeiten von Achtung und Rücksichtnahme eingemeindet sind, und ob auch durchweg auf einer gleichen ethischen Rangstufe. Eine Ethos-Formation ist eine prekäre und forcierte Einheit aus vielfach widerstreitenden Formierungsanteilen. Die Gesamt-Synthesis bemißt sich danach, wie *integrativ* oder *exklusiv* sie ist, oder genauer: wie auf der einen Seite das Ensemble der Güterbestände und Gütequalitäten besetzt ist, das allen Mitgesellschaftern in gleicher Weise zuerkannt ist, und auf der anderen Seite die große Vielfalt der anderen Güter, deren sie ungleich teilhaftig sind. Die erste Partikularisierung ethischer Verbindlichkeit und Unverbindlichkeit ist die nationale, und sie verschränkt sich mit den Partikularismen des Klassen-Schichten-Stände-Ethos. Je nach dem im Gemeinwesen wirksamen Aggregat von Potenzen des Selbst- und Mitseins hat der Bestand an Verbindlichkeiten eine größere oder geringere *integrative Reichweite* und seinen spezifischen Reichtum an ethisch verbindlichen Güterbezügen (oder eine Armut an solchen). Auch dieser Doppelcharakter von

Reichweite und Tiefe ist für die Synthesis der Ethos-Formierung bestimmend.

Die ethos-formierenden Kräfte eines Gemeinwesens sind nicht gleichmäßig oder regellos in ihm verteilt, sondern sie zeigen auffällige Verdichtungen und Dominanzen in bestimmten gesellschaftlichen Schichtlagen und innerhalb ihrer auch eine Typus-Differenzierung, die Gemeinschaftlichkeiten und Abgrenzungen begründet. Für solche Subdivisionen in der Formationseinheit eines Ethos lassen sich meistens bestimmte soziale Trägergruppen ausmachen.

An den Grenzlinien ethischer Verbindlichkeit und Nichtverbindlichkeit, gleicher und ungleicher Verbindlichkeit der Güter-Personen-Verhältnisse spielen sich die Arbeit der Synthesis und die Synthesis durch Kampf ab. Die praktisch wesentlichen, gravierenden Probleme der Ethos-Formierung sind die der Grenzen, der Grenzziehung und Grenzlinienverschiebung. Ethos steht gegen Ethos an den Grenzlinien nationaler Partikularität, an denen der Klassen-Schichten-Stände-Gliederung mit ihren Privilegierungen und Diskriminierungen, an den Grenzlinien zwischen Generationen und Geschlechtern, schließlich an den Grenzen zwischen der ordentlichen Gesellschaft und ihren verlorenen oder verlorengegebenen Söhnen. Die Faktur solcher normativer Grenzverschiebungen in den Verbindlichkeiten, Nichtverbindlichkeiten und Halbverbindlichkeiten des Ethos gilt im weiteren unser Hauptinteresse. Hier erweist sich die Formierung des Ethos als ein eminent geschichtliches Werk.

Für die Faktur der vielgliedrigen und differentiellen Anerkennungs-Synthesis ist es, wie schon bemerkt, charakteristisch, daß die Verbindlichkeiten menschlichen Mitseins, in denen die traditionelle Moralphilosophie (nicht ohne triftigen Grund) ihr Hauptanliegen gesehen hat, ihrerseits noch einmal eine qualitative Zweischichtigkeit zeigen: Sie sind zum einen Wirkungen eines spontanen mitmenschlichen *Wohlwollens* (»Potenzen der Solidarität«), und sie sind zum anderen und in einem weit größeren Umfange Bekundungen einer keineswegs immer spontanen mitmenschlichen *Achtung*. Die synthetische Einheit der Verbindlichkeiten, die in einem Gemeinwesen walten, stellt sich als ein Verbund von Liebes- und Achtungsverhältnissen dar, und die Achtungsverhältnisse machen den dominanten Anteil an den Verbindlichkeiten aus. Unter den Achtungsverhältnissen wiederum überwiegen in den bisherigen Gesellschaften diejenigen, in denen die Achtung eine »aufgedrungene«, nicht eine spontan erwiesene ist. So kommen wir wieder auf das zurück, womit wir unsere Inventur der Ethos-Formierung begonnen hatten: auf den praktischen Primat eines eigeninteressierten Wollens bei der Konstituierung eines Sollens mit Gesittungswert. Menschliches Selbstsein fordert Achtung für sich ein – zuerst und wenigstens das, und nach dem Maß der achtunggebietenden Kraft, über die es verfügt und mit der es sich Anerkennung verschafft. Nur Achtungsverhältnisse können Sache einer die Gesittungsverbindlichkeiten betreffenden »Gesetzgebung« sein, und sie sind Gesetz*gebung* eben kraft des tätigen Einsatzes eines eigeninteressierten Selbstseins. Bevor ein »sittliches Gesetz« die Gleichwürdigkeit und Gleichachtung aller Menschen verfügen kann, lebt es als der praktische Impetus eines Selbstseins auf sein Mitsein hin: Ein anderer soll nicht für mehr gelten als ich.

4. Ethos-Formierung als Geschichte

Die Moralphilosophie hat die längste Zeit hindurch einen Allgemeinbegriff von Sittlichkeit kultiviert, der sich am Kanon der gleichen oder ungleichen Verbindlichkeiten festmachte, die für alle Mitgesellschafter verfügt waren: »Ein jeder lern' sein' Lektion, so wird es wohl im Hause stohn.« Der Bezugsraum war und blieb in der Regel ein umgrenzter Regionalverband nebst seinen Geschäftspartnern, und der kleine Satz von Verhaltensregulationen, die für einen geordneten Alltag sorgten, bei Bedarf auch für die Selbstbehauptung des betreffenden Gemeinwesens (dafür war die Tapferkeit als Tugend kultiviert). Angereichert war dieser eiserne Bestand (oder goldene Fundus) oftmals durch Obligationen von mehr spezieller, auf Ansprüche besonderer Institutionen zurückgehender Provenienz – man denke an die weitreichende »Moralisierung« religiöser Glaubenssachen, kultischer Praktiken, ästhetischer Standards und mancherlei Restriktionen des Geschlechtslebens.
In dem erweiterten (und neutralisierten) Inbegriff von Ethos (und Ethos-Formationen oder -Unterformationen), den wir für unsere Untersuchung angesetzt haben, werden jedoch gerade die *Grenzlinien* zwischen dem Allgemeinmenschlichen und dem Gesellschaftlich-Partikularen wichtig, zwischen gleichen und ungleichen Verbindlichkeiten, zwischen verbindlich Normiertem und ungebunden Beliebigem im Felde der Güterverhältnisse. Hinter dieser methodischen Disposition steht die Annahme, daß jedenfalls heutzutage die Aktualitäten und Problemgewichte sich umgekehrt haben: daß die Hauptbesorgnis um die Qualität des Ethos in den großgesellschaftlichen Differenzierungen und nicht in den häuslich-regionalen Allgemeinverbindlichkeiten beschlossen liegt, und zumal nicht in morali(sti)schen Dammbauten gegen die gewöhnliche kleinere oder größere Asozialität.

Beim Durchmessen der Raumverhältnisse von Ethos-Formationen und bei der Sondierung der spezifischen Formierungsenergien wurden die Grenzlinien sichtbar, die zwischen dem Allgemeinen und dem Besonderen im Ethos verlaufen: zwischen dem Eigenen und dem Fremden und Feindlichen; zwischen dem Ranghohen und dem Rangniedrigen; zwischen der Gesellschaft der Ordentlichen und ihren Außenseitern; und – nach Maßgabe dieser Statusunterschiede – zwischen den allgemeinzugänglichen Gütern und den je besonders zugeteilten Annehmlichkeiten oder Unannehmlichkeiten.
Wenn es im folgenden darum zu tun sein wird, einen typischen Modus von Grenzlinienverschiebungen zu umreißen, so wollen wir uns dabei auf die eine (wohl am meisten interessierende) Blickrichtung einstellen: darauf, in welchen Konfigurationen und Interaktionen jeweils die *weitergehenden* Gesittungsverbindlichkeiten verfügt werden. Daß nicht wenige Ethos-Formationen auf einer vorgängigen *Einengung* solcher Verbindlichkeiten beruhen, ist offenkundig und definiert geradezu die allgemeine Ausgangslage der besagten Erweiterungsschritte. Die Möglichkeitsbedingungen und Mechanismen der Progression sind von derselben Art wie die der Regression oder Retention.
a) Eine Verschiebung in den Kraftfeldlinien einer Ethos-Formation geht immer damit einher, daß – kraft einer Anreicherung von Betätigungsprofilen bestimmter Individuengruppen – eine entsprechende Erweiterung im Sortiment der insgesamt verfügbaren Lebensgüter eingetreten ist (oder Verarmung und Schrumpfung). Die Schlüsselfunktion liegt also in den Potenzierungen (oder Depotenzierungen) lebendiger »Produktivkräfte« an bestimmten gesellschaftlichen Orten.
b) Die nächste Frage wird daher sein: Wie setzen sich höher-potenzierte (oder im Prozeß einer Höher-Potenzierung begriffene) »gegenständliche« Produktivkräfte in Formativkräfte des Ethos um, in Energien einer Reformation in den Maßbestimmungen der Gesittung? Es sind substantiell dieselben Kräfte, Kräfte derselben Personen, denen es in allen Güterverhältnissen, in denen sie ihre produktive Anstrengung entfalten, immer auch um die personale und interpersonale Valenz ihrer gesamten Daseinsweise zu tun ist.
c) Die Generalkonstellation, in der Ethos-Innovationen ihren Ausgang nehmen, ist meistens charakterisiert durch die Polaritäten von Selbstherrlichkeit und Dienstbarkeit, besonderer Hochachtung und offener oder versteckter Mißachtung, Unterverbindlichkeit und Überverbindlichkeit. Bei solcher Antagonistik in der Verfassung des großgesellschaftlichen Betriebs-Ethos bedeutet jeder Erweiterungsschritt nicht einfach einen positiven Akt, sondern einen Akt der »bestimmten Nega-

tion« und praktisch das Ausfechten einer Streitsache. Die Initiatoren weisen fremdbestimmte Übergriffe auf ihr Dasein zurück, verschaffen sich Respekt und schaffen damit Raum für eine ihnen eher gemäße, autonome Daseinsweise und Umgangsart, für ein modifiziertes Ethos.

d) Die »Durchsetzung« der veränderten Maßbestimmungen von Verbindlichkeit hängt daran, daß dem Wollen ein Können entspricht, namentlich eine ausgebildete Fähigkeit der Initiatoren, in ihrem eigenen Medium eine in höherem Grade autonome und bedeutsame Tätigkeit auf einer höheren Stufe der Kooperativität und mitmenschlichen Verbindlichkeit zu entfalten. Ein solches Fähigkeiten-Ensemble auszubilden ist meistens ein langwieriger Prozeß, der von bescheidenen und verstreuten Schritten und Vorstößen seinen Ausgang nimmt. In seinen Initialstadien nimmt das noch unbestimmte, längst nicht durchqualifizierte Wollen oft die Form eines um so mehr bestimmten, übermäßig bestimmten Wünschens und Projektierens an. (Der Aufbruch von Kräften der Erneuerung macht zudem stets auch Mühselige, Beladene oder Ambitionierte von anderer soziokultureller Herkunft mobil.)

e) Wie paradox es auch klingen mag, das zentrale Movens bei der Ausweitung des Raumes mitmenschlicher Verbindlichkeit ist die Potenzierung von Energien und Befähigungen des Für-sich-selbst-Seins, der personalen Autonomie oder autonomistischen Kultur im Ringen mit fremdbestimmenden Instanzen und durch die Auflösung der von diesen verfügten Bindungen. Die Achtung, die man dadurch erringt, kann man sozusagen weitergeben und im sozialen Feld ausbreiten. Hierin können wir Kant beipflichten: daß sich die eigentliche Arbeit am Ethos auf die am meisten rechtsförmigen Verbindlichkeiten erstreckt – wie sehr das Ethos auch aus den rechtsfremden Leistungen mitmenschlichen Wohlwollens lebt. Es ergäbe sich somit diese Sequenz: Qualifiziertes Selbstsein erschließt Achtung, achtungsvolles Mitsein; Achtung ermöglicht Kooperation, einverständliches Handeln; Kooperation baut Hindernisse ab, die die Auswirkung freier Solidarität einengen. – Sofern die Ausweitung von Gesittungsverbindlichkeiten in einer mitunter sehr harten, dramatischen Konfliktlage geschieht, entstehen freilich oft Kampf- und Notgemeinschaften mit einer nicht freien, sondern erzwungenen »Solidarität« (oder vielmehr Disziplin). Diese Konstellation begünstigt noch einmal den Zuzug aus anders qualifizierten Ethos-Lagen, und das Ethos einer Ethos-Reformation wird so selbst zu einer »Gemengelage«.

f) Erneuerungen im Ethos haben ihr bestimmtes, endliches Maß, das sich nach dem kontingent-situativ freigesetzten Kräftezuwachs bestimmt. Dieses Maß wird freilich fast immer in einem »antizipierenden Bewußtsein« durch totalisierte Zielbestimmungen erheblich, oft maßlos überboten. Eine sinnfällige Totalitätsbestimmung ist namentlich, daß ein intendiertes Höheres schlechthin *allen* Menschen zugedacht ist (»alle Menschen werden Brüder«) und daß das Höhere oft als ein schlechthin Höchstes figuriert: Überfluß an Lebensgütern, Verschwinden jeder Disharmonie und jeglichen Zwanges, Verwandlung jeder Arbeit in freie »Selbstbetätigung«.

Man wird sich fragen, welche konstitutive und energetische Bedeutung diesem antizipierenden Bewußtsein zukommt, dem imaginierenden, sehnenden und fordernden Ausgreifen nach dem *Plus ultra* bis hin zum *Summum bonum* (oder dem Ergriffenwerden der Menschen von ihrem idealen, transzendierenden Gehalt).

Diese Frage wird später zu verhandeln sein. Es ist ernstlich damit zu rechnen, daß dem Ethos aus jenen Antizipationen der ethischen Imagination von Höherem und Höchstem *keine* höhere Kraft zuwächst, ja daß ihr ideativer Überschuß gerade umgekehrt nur eine mangelnde Wirkkraft der betreffenden Ethos-Reformation verrät, die ein solches antizipatives Bewußtsein kultiviert.

5. Zur Frage nach einer »Wahrheit des Ganzen« der Ethos-Geschichte

Das Ethos in Menschengesellschaften hat viele und verwirrend vielfältige Geschichten durchgemacht, doch es fällt schwer, darin so etwas wie den Fortgang einer einzigen Geschichte zu erkennen, zumal wenn man sie unter dem Blickwinkel der (von Kant erneuerten) Frage betrachtet: »Ob das menschliche Geschlecht im beständigen Fortgang zum Besseren sei«.[6] An welchem Maß soll hier die Geschichte gemessen werden, wenn nicht an einer übergeschichtlichen Natur- oder Wesensbestimmung des Menschlich-Guten oder Vernünftigen? Oder gibt es die Möglichkeit, eine »innergeschichtliche« Maßbestimmung zu gewinnen, indem man eine Kriterien-Konvention trifft oder die eigene geschichtlich erworbene normative Identität (»auf Bewährung«) zum Kriterium macht? Kant und (ihm folgend) Fichte verfuhren bei ihrer Bilanzprüfung und Kriteriensuche zwar recht behutsam, für sie war aber doch ausgemacht, daß für die menschlichen Dinge ein a priori einsichtiger Zielbegriff gilt. Kant kann ohne sonderliche Umstände in der Menschennatur eine »Anlage zum Guten« und eine zum »Bösen« identifizieren. Das Gute ist natürlich das gütliche Einvernehmen zwischen

Menschen, das Böse sind Gewalttätigkeit und Streit. Darüber waltet die »Idee einer mit dem natürlichen Rechte der Menschen zusammenstimmenden Konstitution«, eine »ewige Norm für alle bürgerliche Verfassung überhaupt«.[7] Die Naturanlagen des Menschengeschlechts zum Guten und Bösen sind wohl als gleich groß und konstant anzunehmen. Daß die Anlage zum Guten dennoch einer größeren Reichweite fähig ist, dafür gibt es nach Kant gewisse Anzeichen, und das eindrucksvollste »Geschichtszeichen« dieser Art war für ihn der Enthusiasmus, den die Ideen der Französischen Revolution ausgelöst haben.[8] Fortschreiten zum Besseren bedeutet nicht eine »Vergrößerung der moralischen Grundlage im Menschengeschlechte« – das wäre eine Neuerschaffung des Menschen –, auch nicht »ein immer wachsendes Quantum der Moralität in der Gesinnung«, sondern eine veränderte Konstellation in den wirksamen Handlungsantrieben: allmählich immer weniger Gewalttätigkeit der Mächtigen, mehr Gesetzestreue, Zuverlässigkeit, Wohltätigkeit – und das alles aus den verschiedensten Motivationen, einschließlich »Ehrliebe« und wohlverstandenem Eigeninteresse.[9]

Wie hier im einzelnen der Kräfte-Kalkül im Hinblick auf die erwünschten und unerwünschten Effekte ausfällt, das ist heute nach zwei hochdramatischen Jahrhunderten neu zu prüfen. Fürs erste nehmen wir uns nur die gattungsgeschichtliche Gesamtrechnung vor. Im Blick auf Kant und Fichte stellt sich die Frage, welche Probleme es löst und welche neuen es aufwirft, wenn wir den geschichtlichen Wandel in den menschlichen Gesittungsweisen unter eine »ewige Norm« gestellt sehen, die durch die Verwicklungen der Geschichte hindurch sich planvoll als ein Entwicklungsziel verwirklicht. Es mutet denn doch befremdlich an, daß die Menschheit bis auf den heutigen Tag, ein ganzes Gattungsleben lang, ihren eigentlichen Gattungsauftrag verfehlt haben soll. Soweit Kant und Fichte sich auf eine Teleologie der »Naturabsicht« kaprizieren, tun sie es mit einem Übermaß an Improvisation und zugleich mit einer beträchtlichen Überanstrengung des Begriffs; in pragmatischer Hinsicht wären zudem die Konsequenzen fatal: Was soll der gigantische Zerstörungs-Aufwand, mit dem hier die Menschengenerationen einem Menschheitsziel wie im Spießrutenlauf entgegengepeitscht worden sein sollen? »Der Mensch will Eintracht; aber die Natur weiß besser, was für seine Gattung gut ist: sie will Zwietracht.«[10] Besteht die »Moral der Geschichte« darin, daß sie bis hierher und noch ein Stück weiter ein einziger Opfergang ist? In welchem – anderen – Sinnbezug könnte es angehen, die Sache der Ethik mit derjenigen der Geschichtsphilosophie zusammenzubringen und ein Grundmodell vom geschichtlichen Fortgang des Ethos zu entwerfen?

Abschied zu nehmen ist von der Idee eines zielgeleiteten Verwirklichungsprozesses, einer Makro-Teleologie der Ethos-Geschichte. Das Ganze einer vereinigten Menschheit ist für das Ganze der Geschichte nicht Ziel, sondern ein Grenzwert und kontingentes, bedingtes, eventuelles Resultat. Als etwas wie eine Zielprojektion erscheint es nur in der Intentionsrichtung eines Teil-Ensembles von menschlichen Gattungsanlagen, Neigungen und Eignungen von Menschen. Sie kurzerhand als die »Anlagen zum Guten« zu titulieren – im Gegensatz zu dem Ensemble der »Anlagen zum Bösen« – bedeutet bereits eine fragwürdige (eine moralistische) Stilisierung; eine sozialanthropologisch genauere Benennung dessen, was hierbei ins Spiel kommt, wäre wohl ergiebiger. Nach unseren vorausgegangenen Sichtungen könnten in dieser Eigenschaft das Ensemble aus den Interessen, Bereitschaften und Befähigungen zu Autonomie kraft »Selbstbetätigung«, mitmenschlicher Achtung und mitmenschlichem Wohlwollen und das Ensemble der gegenläufigen Dispositive fungieren.
Zu bedenken ist dann allerdings, daß dieses Ensemble nicht nach Art einer festen Korporation eine eigene Geschichte gemacht hat (oder gar eine Dominante der gesamten Geschichte darstellt), sondern eine abhängige Variable ist, in welchselnden sozialgeschichtlichen Konstellationen an den verschiedensten Stellen figuriert, mit ebenso wechselnden Aktiv- und Passiv-Anteilen am Gesamtgeschehen im Felde der Güter-Attraktionen. Es ist ja überhaupt die Frage, was am Bestand des Ethos eigentlich Sache eines thematisch direkten, intentionalen Handelns werden kann. Zumal das eigentliche »moralisch gut sein« ist (wie M. Scheler bündig gezeigt hat) nichts derart Intendierbares, sondern erscheint nur »auf dem Rücken« der thematisch anders gerichteten Güterdispositionen. Den Kernbestand des Ethos bilden die intentionalen Akte, die auf die soziopersonalen Positionsqualitäten von Menschen zielen, die jeweils eigenen und diejenigen von anderen. Das Hauptgeschehen einer geschichtlichen Fortbildung des Ethos ist das Sich-geltend-Machen von Menschen mit ihren eigenen (güterbezogenen) Daseinsqualitäten und Lebensäußerungen, es sind die auf solches Sich-geltend-Machen antwortenden Anerkennungsleistungen und die von solchen Anerkennungs-Synthesen freigesetzten Bereitschaften. So können die Gütequalitäten sozialer Geltungs- und Beziehungsweisen (Interaktionen und Zuordnungen) in Handlungsmotivationen eingehen, nicht jedoch das »Sittlicherwerden« von Menschen – die Rede von einem Streben nach »Verwirklichung sittlicher Werte« ist eine Phrase.
Es läßt sich also der Inbegriff eines geschichtlichen Ethos-Prozesses

umreißen, der ein Moment in der Naturgeschichte von Menschengesellschaften ist und wie dieser ein »offener Prozeß«, der jedesmal unter bestimmten Voraussetzungen – teils mehr generellen, teils mehr singulären, im ganzen weithin kontingenten – immer wieder Grenzen des Verbindlichen aufhebt, indem einige der aktivierten Energien ein mehr oder weniger weitreichendes Revirement in den anderen stimulieren. »Unter Voraussetzungen« – das heißt aus den jeweils ausgebildeten und sich ausbildenden Aktiv-Dispositionen der Menschen heraus, jedoch nicht auf irgendwelche essentialen, uranfänglichen oder letztendlichen Ziele einer sittlichen »Bestimmung des Menschen« hin. Die *im* Prozeß selbst (als Zielvorstellungen) auftauchenden Zielbestimmungen, auch solche von einem universalen Ziel der Gattungsgeschichte, sind bedingte Ausdrücke der stets partikularen Formungskräfte.
Das Ethos der Selbstbestimmtheit und des guten Einvernehmens hat gewiß in der allgemeinen Menschennatur eine »Anlage«-Basis, und es hat seinen (je wechselnden, unterschiedlich gelagerten und bemessenen) Anteil an allen geschichtlichen Ethos-Formationen. Seine aktiven oder leidenden Träger mußten es die längste Geschichtszeit hindurch schmerzlich erdulden, daß die Protagonisten eines anderen Ethos im großgesellschaftlichen Ganzen die Oberhand hatten und wohl noch haben. Als hinreichende Orientierungsgrundlage mag gelten, daß die Kräfte der Ethos-Formierung, so auch die von Autonomie und Kooperation, stets noch potenzierungsfähig sind und einen größeren Feld- und Gewichtanteil am Ganzen erlangen können. So kann es genügen, die Dimension der Ethos-Geschichte in einer Differenzperspektive ohne Totalitätsvision und Totalitätsbindung in den endlichen Ausweitungen und Zurückdrängungen der einen und der anderen beschlossen zu sehen.
Es ist leicht dahingesagt, daß alle endlichen Schritte nur in der Totale einer Vollendungsperspektive ihre Sinnbestimmung erfahren könnten. Dagegen wäre einzuwenden, daß hinsichtlich der Maßbestimmungen von Freiheit, Gleichheit und Solidarität so etwas wie ein Summum-Totum doch bloß eine leere Extrapolation aus der reellen Differenzerfahrung ist. Nur in einer der Ausweitungsdimensionen kann es ein Totum geben, nämlich die Vereinigung aller Menschen in einer leidlich befriedeten und geordneten Menschheit. Und selbst hier geht von der »Wahrheit des Ganzen« kaum eine Kraft aus, die nicht schon hinreichend in den Kräftedispositionen der Teile beschlossen läge. Statt einer Wahrheit des Ganzen der Ethos-Geschichte zählt dann die Kraft, die aus den schon gemachten Anfängen heraus auf Fortführungen hinarbeitet – in einer offenen Skala von Maßbestimmungen. (Jedes Mehr zu

einem Weniger hat seine Dignität in sich, oder aus der Qualität der Dimension, nicht von einem Maximum her.)
Wir stehen in der Ethos-Geschichte noch genau an dem Punkt, den Kant vor 200 Jahren markiert hat: die Mindestvoraussetzungen dafür zusammenzubekommen, daß »das größte Hindernis des Moralischen, nämlich der Krieg« aus der Welt verschwindet. »Ist das ein zu hohes Ziel?« Ein schlechthin für Menschen zu hohes wohl nicht, allerdings auch kein nahes. Vor allem jedoch: Es ist überhaupt kein *Ziel,* nicht eines »der Geschichte«, auch nicht das Ziel eines möglichen Handelns, das sich thematisch-intentional darauf richten könnte.

6. Beobachtungen am neuzeitlichen Prozeß der Ethos-Formierungen

Für die Ethik ist es längst zum festen Habitus geworden, in der Zeitordnung den Blick vorwärts zu richten – »was soll ich, was sollen wir tun?« –, nicht rückwärts; weder die Sitte der Väter noch irgendein Bestand an faktisch-wirklichen und geschichtlich-gewordenen Voraussetzungen sonstiger Art kann demnach als maßgebend gelten. Die Ethos-Reflexion, die wir jetzt durchlaufen, wird dem Geschichtlich-Retrospektiven einen sehr viel gewichtigeren Anteil zuerkennen: einmal zur Einstimmung in eine allgemeine Prozeßordnung von Ethos-Formierungen, zum anderen in materialer Hinsicht, um den bestimmten geschichtlichen Verlauf in den Blick zu bringen, der zu unserer gegenwärtigen ethischen Situation hingeführt hat und den wir auf die eine oder andere Weise fortzuführen im Begriffe sind. Weil die Ethos-Geschichte im ganzen keine kontinuierliche »Entwicklung« zeigt, sondern einen vielfachen Wechsel der Konstellationen, mag es genügen, die Sichtung auf die Geschichtsformation zu beschränken, der wir selbst angehören. Das ist die neuzeitliche bürgerliche Gesellschaft, diese von Städtebürgern ausgehende Gesellschaftsbildung, die einen weit größeren Entfaltungsraum und eine weit längere Entfaltungsstrecke hat als ihre Vorläufer und trotz einer Folge von äußerst bedrängenden Kräften bis heute nicht erdrückt worden ist.
Der übergreifende imperiale Rahmen, in dem sich die heraufkommende Stadtzivilisation, -gesellschaft und -kultur mitsamt der ihr eigenen Ethos-Formierung zunächst entfalten konnten und mußten, war die nicht zivil, sondern militärisch formierte Adels- und Kriegergesellschaft des »Feudalismus« mit ihrer monarchischen Spitze und ihrer priesterlichen Parallelorganisation auf der Produktionsgrundlage der

dienst- und abgabenpflichtigen Bauern. Zwischen Kriegsadel und produzierend-handeltreibendem Stadtbürgertum hat sich jene Herr-Knecht-Dialektik abgespielt (in mehreren Akten wiederholt), die Hegel in der *Phänomenologie des Geistes* stilisiert hat. In ihrem Metier, dem der ingeniösen handwerklichen, mehr und mehr wissenschaftlich angereicherten Produktionen von Ausstattungstücken, Bauwerk, Gerätschaften und Waffen, sowie der dazwischen und darum sich bewegenden Organisationsleistungen haben sich beträchtliche Kräfte einer qualifizierten Selbstbetätigung aufgebaut, und zwischen ihnen ein Netzwerk der produktiven Kooperation. Angesichts der enormen Wichtigkeit, die diese Produktionen für die herrschende Sphäre gewannen, wurden sie zur Geschäftsgrundlage für eine lange Serie von Auseinandersetzungen um Rang und Rechte; denn mit der potenzierten Selbsttätigkeit ging ein sich potenzierendes Interesse an Eigengeltung, Selbstbestimmung und Entfaltungsspielraum einher.
Nun ergab sich in dieser Konfiguration freilich alles andere als ein kontinuierlicher Fortgang in der Grenzlinienverschiebung zwischen Adelsherrschaft und Bürgerautonomie, Kriegerstaat und ziviler Zivilisation. Die Ausbildung der bürgerlichen Gesellschaft seit dem Hochmittelalter zeigt ebensosehr wie die vorausgegangenen Geschichtsverläufe das Bild eines diskontinuierlichen Szenenwechsels, in dem das Ensemble aus territorialen Nachbarschaftsverhältnissen und innerer Schichtenvielfalt immer wieder zu Brüchen und Umschlägen geführt hat – man denke an das dramatische Zeitalter von Reformation und Gegenreformation, an den Aufstieg einer absoluten Monarchie, an die Ära Napoleons, an die Errichtung von Kolonialreichen und den modernen Imperialismus, an die Weltkriege des 20. Jahrhunderts und die faschistischen Diktaturen. Das politische Hauptwerk des Bürgertums, die Republikanisierung des Staatswesens, blieb weithin in Kompromißformen stecken oder fiel immer wieder in herrschaftliche Konstitutionen zurück.
Gleichwohl muß es kein vergebliches Bemühen sein, in einer »idealtypischen« Reduktion das Arrangement der gewichtigsten Formungskräfte sich vor Augen zu führen, die für das Ethos dieser »modern-bürgerlichen« und schließlich »kapitalistischen« Gesellschaft bestimmend geworden sind.
a) Der Hauptcharakter der bürgerlichen Neuzeit ist fraglos die enorme Potenzierung der gewerblich-technischen Produktivkräfte, die ebenso breit gefächerte wie hoch hinaufgestufte Ausbildung von Arbeits-, Erfindungs-, Wissens-, Konstruktions- und Organisierungsvermögen, deren rastlose Betätigung eine bis dahin nicht gekannte und sich fort-

laufend vergrößernde Menge und Sortenvielfalt von Gütern hervorbringt. Die Menge der Güter, die da verfügbar werden, bildet einen beträchtlichen Anreiz, der weit über den Umkreis derer hinausreicht, die sie erzeugt haben, einen Reichtum von Genüssen und auch ein imponierendes Arsenal von Machtmitteln. Die neuerwachten Kräfte wuchsen einesteils den Herren zu, die Gewalt über die Produzierenden hatten, andernteils diesen Produzierenden selbst gegen ihre Herren. Hier haben wir das klassische Beispiel dafür, wie »materielle Produktivkräfte« zugleich soziokulturelle Profilierungs- und Beziehungskräfte in einer »Herr-Knecht-Dialektik« sind – Kräfte eines dezidierten Selbst-etwas-Seins und für andere etwas Geltens.
Die Angelegenheiten, in denen bald ein Tauziehen, bald ein blutiger Kampf um die Grenzziehung zwischen den Feldern von Autonomie und Heteronomie ging, vervielfältigten sich und weiteten sich ebenso aus wie die Personengruppen innerhalb der Ständegliederung, die jeweils mit ihrem Eigenen herauskamen und zu Mitkombattanten in diesem durch die Jahrhunderte gehenden Ringen wurden: Lizenzen (oder Privilegien) für das Wirtschaften, Begrenzungen herrschaftlicher Willkür (Rechtssicherheit), institutionelle Repräsentation, religiöse, kulturelle, moralische und politische Freiheiten.
b) Wie für keine der vorausgegangenen Zivilisationsgestalten wurde es für die modern-bürgerliche charakteristisch, daß sich ihre Produktivkräfte mit einem kräftigen, mitunter gewaltigen, weit ausgreifenden Impuls der Selbststeigerung in Aktion setzten. Fortlaufende Aufgebote und Vorstöße der einen brachten fortlaufend neue, oft überraschende Herausforderungen, Gelegenheiten und Zwangslagen für die anderen. Das Zeitalter von Reformation und Gegenreformation war eine grandiose Epoche solcher tektonischer Verschiebungen und Verwerfungen. Schon in ihrer technischen Basis, bemerkte Marx, ist die moderne Produktionsweise »revolutionär« (während die früheren wesentlich konservativ waren); und in der besonderen sozialen Organisationsform, in der die Produktion sich bewegt, wurde diese Bewegung in der großen Industrie vollends maßlos. Das »immer mehr, immer besser, immer größer, höher, stärker, schneller und weiter« wurde für immer weitere Volksteile zum festen Habitus.
c) Das Netz von gesellschaftlichen Zuordnungen, das die Bürger untereinander knüpfen, zeigt eine zweifache Textur von Mustern der Kooperation und Mustern der Konkurrenz. Nicht nur bietet die Gegenposition zum herrschenden Adel oder zur monarchischen Spitze oftmals Anlaß zur Solidargemeinschaft; in Permanenz ist der Leistungsaustausch in der arbeitsteiligen Großraumwirtschaft eine Sache

zahlloser Kooperationsverhältnisse nach Spielregeln. Wie beim Kriegsadel die relative Waffenstärke, so wird im Bürgertum die Rechtsgleichheit bei Gewaltverzicht zur Generalbedingung eines geordneten Geschäftsalltags. Auf das Webmuster der Kooperation kam – zuerst partienweise, dann großflächig – das Druckmuster der Konkurrenz. Die Konkurrenz bringt nicht nur in die frei-unternehmerischen, sondern auch in viele andere Existenzen ein Moment von Unsicherheit, Wagnis, Gefahr des Scheiterns. So ist die bürgerliche Konkurrenz eine Fortsetzung der Rivalitäten des Kriegsadels mit anderen Mitteln und in anderem Metier: »Sehe jeder, wie er's treibe; sehe jeder, wo er bleibe, und wer steht, daß er nicht falle!« Zu den Erfahrungen von Naturschicksal und Kriegsschicksal treten damit die Wechselfälle sozialer und ökonomischer Konjunkturen als ein Gegenpol zu den Zugewinnen an Selbstbestimmtheit hinzu. »Die Wirtschaft ist unser Schicksal«, ihre Gesamtbewegung hat die Verlaufsweise eines Naturprozesses, weil die Konkurrenz die Reichweite von Kooperation und Koordination begrenzt.

d) Im Felde der weit ausgreifenden Geschäftsunternehmungen gelangten Bürger frühzeitig dazu, hochherrschaftlich über Scharen von Arbeits- und anderen Dienstleuten zu verfügen, obgleich es zur Regel wurde, sie als rechtlich freie Personen und Vertragspartner gegen Bezahlung zu verdingen. Mit der großen Industrie wurde die Lohnarbeit unter dem Kommando von Kapitalisten zur Daseinsweise von Millionen. Zu einem Teil waren dies vormals selbständige Handwerker, die sich in der Konkurrenz gegen die Fabrikware nicht mehr behaupten konnten. Sie haben das oft einschneidend als eine Minderung ihres menschlichen Ranges erfahren. Die modern-bürgerliche Gesellschaft hat so eine ausgedehnte Sphäre eines fremdbestimmten Daseins geschaffen, bevölkert von Menschenmassen, die zunächst nicht als Bürger galten, also auch wichtige Bürgerrechte nicht zugestanden bekamen – neben der Macht des Konkurrenz-Schicksals also noch ein Gegenpol zu den bürgerlichen Potenzierungen von Selbsttätigkeit und Selbstbestimmung. Daß hier massenhaft Menschen nur auf die Funktion von brauchbaren Mitteln für die Zwecke – den Reichtum und die Macht – anderer herabgewürdigt worden sind, bekundete sich auch in der niedrigen Entlohnung der Fabrikarbeit, die dem Arbeiter nur ein dürftiges Existenzminimum beließ. Diese Degradation forderte eine Gegenbewegung der Betroffenen heraus, wobei es zunächst eine offene Frage war, ob es für die Klasse der Lohnarbeiter den Weg einer tatsächlichen Eingliederung in die »Gesellschaft« gebe oder nur den einer Revolution gegen sie.

e) Mit mehr Großzügigkeit hat man der Bürger-Gesellschaft diejenigen zugerechnet, die zwar kein selbständiges Unternehmen betreiben, sondern vorwiegend in Dienstverhältnissen stehen, doch aufgrund einer aufwendigen Ausbildung zu einem Tätigkeitsprofil und -niveau gelangt sind, das sich durch Eigenständigkeit, Weite, Beweglichkeit und Initiativvermögen auszeichnet. Wie der gehobene Klerus im Mittelalter ein Seitenzweig des Adels gewesen ist, so stellt sich die Bildungsschicht als eine Nebenformation des gewerblich-kaufmännischen Bürgertums dar. Die Schicht der »Bürger kraft Bildung« hat nicht nur eine reiche hochexpansive Geistigkeit und ästhetische Kultur entfaltet, sie hat zudem einen gewichtigen Anteil an der Ausbildung der modern-bürgerlichen Sozialkultur, Staatlichkeit und Öffentlichkeit, und sie hat in alledem Elemente eines Sonder-Ethos zur Entfaltung gebracht, die manchen Kontrapunkt zum sonstigen Betriebs-Ethos einer Erwerbsgesellschaft setzen. Wohl hat ein Teil der Bürgerlich-Gebildeten eine starke Affinität zur staatlichen Machtsphäre bewiesen, und mit der Industrialisierung wuchsen zahlreiche Höhergebildete heran, die in der Privatwirtschaft in gehobene Stellen einrückten und eine entsprechende Loyalität entwickelten. Es hat sich in dem freieren, weniger funktionalisierten Bereich geistiger Kultur, in den Wissenschaften, im Bildungswesen, in den Künsten (und in die anderen Felder hineinreichend) jedoch noch eine andere Sphäre aufgetan, die in größerer Distanz sowohl zur Machtausübung als auch zum Erwerbswesen, wenngleich von diesen immer wieder arg bedrängt, eine »autonomistische« Kultur des Humanen auszubilden begann. In dieser Sphäre einer äußerst gesteigerten »Selbsttätigkeit« im Erkennen und Imaginieren formten sich nicht nur viele Ideale; sie ist auch erfüllt von substantieller Arbeit der Persönlichkeits- und Charakterbildung, der Kultivierung eines »humanen« Verhaltens, das viele der überkommenen Bornierungen und Roheiten hinter sich läßt. Dazu gehören lebhafter Widerwille und Abscheu gegen Zwang und Gewalt, Vorliebe für das Geordnete und Versöhnende, Geringschätzung des großen Reichtums, Ansprechbarkeit für die Belange der unteren Volksklassen, Immunität gegen die Anwandlungen nationalistischer Borniertheit, Offenheit für Freundschaften, liebevolle Aufmerksamkeit für die Heranwachsenden. Dies alles sind Bildungselemente eines Ethos, das über die begrenzten Integrationsleistungen der bürgerlichen Gesellschaft hinausweist.

f) Zum Ethos der bürgerlichen Existenz gehört es, daß es die erblichen Rangunterschiede zwischen Edlem und Unedlem bis auf Erinnerungsreste nivelliert hat. Die unangefochten weiterbestehende Partikularität des Familienverbandes sorgt allerdings dafür, daß sich die Unterschiede des Besitzstandes und weithin auch die des Kulturniveaus privilegierend oder diskriminierend fortpflanzen. Innerhalb der damit gesetzten Grenzen (die mit den Naturschranken der Individuen zusammenfallen oder auch nicht) haben die Bürger eine gesellschaftliche Mobilität verfügt und eine allgemeine Mobilisation stimuliert: Jeder mag innerhalb seiner Reichweite zusehen, wie weit er es mit seinem Streben nach Besserstellung bringt; die Kinder sollen es einmal besser haben als ihre Eltern, und am Ende ihrer Berufslaufbahn sollen sie besser dastehen, als es sich zu Beginn abgezeichnet hatte. Diese Mobilisation zum guten, besseren, annehmlicheren und ansehnlicheren Leben, die vordem zum Ethos der ambitionierten Adligen gehört hatte, hat das Bürgertum auf eine breitere Basis gebracht und aus den höheren Schichtlagen in die niederen hineingetragen – jedem nach seinem Maß. Mit der großen Industrie eröffnete sich dafür ein Reich der schier unbegrenzten Möglichkeiten. Die breitflächige Mobilisation zum »sozialen Aufstieg« wurde zur Geschäftsgrundlage für viele Befriedigungen und Loyalitäten, angesichts der nach wie vor stets begrenzten Möglichkeiten freilich auch zur Ursache beträchtlicher Reibungen und Stauungen, ja äußerst fataler Kollisionen und Explosionen. – Bevor »alle Menschen Brüder werden«, läßt der »Adel der Menschheit« sie zu *Rittern* werden, zu Rittern ihres selbstgeschmiedeten Glücks.

g) Das politische Ethos des Bürgertums konnte sich einige Jahrhunderte hindurch nur Kleinräume schaffen, weil der Adel die Sphäre des Staates als ein Reservat behauptete. Gerade in der Phase, in der das Bürgertum den Grundadel an gesellschaftlicher Bedeutung zu überflügeln im Begriffe war, konnte sich der Fürstenstaat erst recht zu einer absoluten Monarchie ausbilden. Dies wurde indessen zu der Provokation, die das Bürgertum auf den Weg des Kampfes um politische Macht, ja um das Ganze des Staates drängte. Zum Staat des Bürgertums wurde die parlamentarische Republik. Verschiedentlich reservierten die Bürger die parlamentarische Repräsentation streng für sich selbst, die wohlsituierten Bürger; es erwies sich in der entwickelten Industriegesellschaft aber als unverfänglich, die Staatsbürgerrechte auch auf die niedriger gestellten »Staatsgenossen« (Kant) auszuweiten, als diese dringend danach begehrten. Zum Hauptproblemfeld des bürgerlichen Staates und der bürgerlichen Politik wurden jedoch die auswärtigen Staatenverhältnisse. Entgegen den »weltbürgerlichen« Hoffnungen bildungsbürgerlicher Wortführer realisierte sich der bürgerliche Staat in der Nachgeschichte zur Französischen Revolution ganz entschieden als Nationalstaat in einer spannungsreichen Nachbarschaft zu den anderen, als eine aktive Schutzmacht für sein einheimisches Gewerbe und die auswärtigen Interessen. Schon in der politisch-wirtschaftlichen Mischformation der Fürstenstaaten hatten sich Kaufleute stark bei der Begründung von Kolonialgebieten in aller Welt engagiert. Mit der großen Industrie erweiterten und verdichteten sich diese Verbindungen zum Weltmarkt, den einige Kolonial-Weltreiche besonders strukturierten. Auf dem Boden der modern-bürgerlichen Gesellschaft verstärkte sich so ein moderner, industrieller Imperialismus von höchster Konfliktdynamik. Riesenhafte Aufgebote von Menschen mehrerer großer Nationen aus allen Gesellschaftsklassen setzten sich – teils mehr offensiv, teils mehr defensiv – zu energisch-kämpferischer Selbstbehauptung gegeneinander in Marsch und machten die erste Hälfte des 20. Jahrhunderts zu einem Zeitalter der Weltkriege. Was diese Ereignisse in der neueren Ethos-Geschichte bedeuten, ist noch kaum zu ermessen. Aus der einzigen Revolution, die am Ausgang des ersten Krieges eine neue Welt jenseits des Kapitalismus und Imperialismus begründen wollte, entstand ein neues Imperium. An anderen Bruchstellen brach ein bürgerkriegsähnlicher Entscheidungskampf im Staatsinnern aus, in dem sich eine plebejische Massenbewegung mit vorwiegend klein- und kleinstbürgerlichem Profil und nationaler Fixiertheit militant gegen die andere, die proletarisch-sozialrevolutionäre (oder sozialreformerische) Massenbewegung richtete und sie zerschlug, und dazu noch einiges mehr (Rassenkampf mit Vernichtungskonsequenz; Kulturkampf gegen die Moderne; Religionskrieg gegen Liberalismus, Pazifismus und Christentum). Darin hat sich offenbart, in welch panischen Aktivismus auch eine »moderne« Welt geraten kann, wenn die Güterverhältnisse zwischen denen, die nach einem »Platz an der Sonne« streben, »zur Sonne, zur Freiheit, zum Lichte empor«, einmal äußerst prekär werden.

h) Wenn von der modernen-bürgerlichen und der vollendet kapitalistischen Gesellschaft die Rede ist, denkt man an Regungen menschlicher Solidarität zuletzt. Seit den frühen Zeiten der Geld-, Kredit- und Profitwirtschaft ist es die große Klage gewesen, daß das Erwerbsbürgertum sogar die kleinen Felder einer ursprünglichen mitmenschlichen Solidarität ausgetrocknet und unfruchtbar gemacht habe. Wo die Bourgeoisie zur Herrschaft kommt, heißt es im *Kommunistischen Manifest*, da läßt sie kein anderes Band zwischen Mensch und Mensch übrig als das nackte Interesse und die gefühllose bare Zahlung. Es ist kaum zu messen, ob hier ein Verlust zu verbuchen ist oder nur kein Gewinn. Fraglos aber besteht ein Defizit, das immer wieder schmerzlich empfunden wird.

II. Die Praxis des Ethos und die Aktivierung des sittlichen Bewußtseins

Mit unseren Messungen und Sondierungen haben wir die Topographie und das Kraftlinienfeld von Ethos-Formationen in der interessierten und zugleich distanzierten Manier betrachtet, in der eine sammelnde und beschreibende Naturforschung zu verfahren pflegt. Wir haben das Handlungsgeschehen in diesem Feld als gesellschaftlich-geschichtlichen Naturprozeß kategorisiert und so eine Art »Physik der Sitten« (oder Physiologie der Gesittungsweisen) umrissen. An den Stellen, an denen sich ein Blick in den aktiven Innenraum des Ethos auftat, gingen wir rasch vorbei. In ihn wollen wir jetzt eintreten, allerdings noch immer nicht ganz und gar als engagiert Mitwirkende an den normativen Orientierungsbemühungen, sondern weiterhin, bis am Ende die Frage nach der möglichen »Positionalität« des Mitwirkens sich klärt, in diagnostischer Absicht.

Der »Innenraum«, von dem hier die Rede ist, das sind die Modi des »sittlichen Bewußtseins« (oder Moralbewußtseins), das alle Schritte eines nach Maßbestimmungen des Sittlichen normierten und normierenden Handelns begleitet oder »muß begleiten können« (wie eine Kantische Formel lautet). Wir kommen damit an ein kardinales Problem unserer ganzen Untersuchung: welchen Anteil die Aufgebote des sittlich-normativen Bewußtseins, die ja allesamt auch Rede-Aufgebote sind, an der Gesamtarbeit von normativen Prozessen im Ethos haben. Zu diesen Rede-Aufgeboten gehören die moralischen »Werturteile«, Sollsätze und »Grundsätze«, die vielen kleinen und größeren Imperative und der große eine Imperativ, den man (in der Tradition von Kant) kurz und bündig »das Sittengesetz« nennt.

Auch in diesem Arbeitsgang soll es lediglich darum zu tun sein, ein Grundmodell zu umreißen, ein Grundmodell des Ineinander von Leistungen des Moralbewußtseins und der moralischen Rede einerseits und des mehr »untergründigen« praktischen Sichauswirkens von praktizierten Gesittungsqualitäten, wie sie tatsächlich bei den Beteiligten des normativen Prozesses ausgebildet sind, andererseits. Die Diskussion wird darauf hinausführen, einen Primat des Praktischen zu behaupten und die Manifestationen des Moralbewußtseins auf das Prakti-

sche hin zu relativieren. Für die Anteilsgrößen des Praktischen und des Rhetorischen läßt sich vielleicht sogar eine delikate Proportionsregel formulieren.
In der Pragmatik des Bemühens um Sittlichkeit hat stets ein Problem eine prominente Rolle gespielt, das sich zunächst wie ein strikt theoretisches ausnimmt: das der (moralischen) »Willensfreiheit«. Die Überschrift, unter der wir es verhandeln wollen, zeigt bereits an, daß dieses Problem sich unter der Hand in ein genuin praktisches transformieren kann.
Endlich gelangen wir im Binnenraum der Arbeit am Ethos an den Punkt, an dem die Teilhaberschaft der philosophischen Ethik am Gesamtunternehmen »Aufbau der sittlichen Welt« zu klären ist. Für meinen Fall wird sich das zu der Frage zuspitzen, welchen pragmatischen Sinn eine »Ethik ohne Imperativ« haben kann.

1. Normative Rede im normativen Prozeß des Ethos

In die Praxis des Ethos, des Herstellens einer Ordnung von Verbindlichkeiten im Reiche menschlicher Lebensgüter und Lebenszwecke, sind unzählige Akte des Bewußtwerdens und Bewußtmachens eingelagert, und nur in solchen Formen und Inhalten eines die Güter und die Gesittung vergegenwärtigenden Bewußtseins vollzieht sich die Arbeit des normativen Prozesses in allen seinen Facetten. Das »sittliche Bewußtsein« gibt den Instanzen, Gehalten und Vermittlungen des Ethos ihre Namen und bildet daraus Modelle eines synthetischen Verständnisses der gesamten Sphäre des Sittlichen. In diesen Benennungen und Deutungsmustern bewegt sich ein breiter Strom der sittlich-normativen Rede und Überredung durch alle öffentlichen und häuslichen Sphären. Die geläufigsten Redefiguren sind die sittlichen »Werturteile« und die mit ihnen verschwisterten »Sollsätze«, »Grundsätze« oder »Prinzipien«-Formeln. Je nach ihrem Übermittlungskontext sind die Akte normativer Rede von recht verschiedener Art: Proklamationen, Anrufungen oder lehrhafte Deklamationen allgemeiner Sollbestimmungen des Sittlichen, von einem obersten »Sittengesetz« (oder »Moralprinzip«) herab bis zur moralischen Qualifizierung von Handlungsweisen; einfältige oder subtile Taxierungen des sittlichen Wertes oder Unwertes einzelner Handlungen von Individuen oder Kollektiven; direkt an Einzelpersonen gerichtete Aufforderungen; und jede Menge unadressierter, kurzerhand an alle gerichteter moralischer Forderungen des Tages und des Zeitalters. (Es befinden sich darunter z. B. auch Verlautbarun-

gen darüber, was für Werte, was für Tugenden oder was für eine Ethik »wir« heute »brauchen«.)
In der modern-bürgerlichen Gesellschaft haben die Sache der Sittlichkeit und die Arbeit an ihr eine besondere Formbestimmtheit angenommen, die Kant in affirmativer, Hegel in kritischer Absicht mit dem Begriffstitel »Moralität« bezeichnet hat. Auf dem »moralischen Standpunkt«, im Bezugsraum der »moralischen Weltanschauung« entwikkelt das aktive sittliche Bewußtsein ein bestimmtes szenisches Arrangement, richtet es sich seinen Arbeitsraum auf eine eigentümlich bestimmte Weise ein, die bis auf den heutigen Tag vielen als selbstverständlich erscheint oder es wieder geworden ist. Den Hauptcharakter der moralbewußten Wahrnehmungsweise kann man darin sehen, daß für sie die Wirklichkeit des Ethos kraft weitreichender Abstraktionen und Stilisierungen ausgesprochen reduziert in den Blick kommt. Aus seiner kritischen Perspektive hat Hegel die Kern-Konfiguration der Moralität darin gesehen, daß hier zwei Abstracta aufeinander bezogen sind: »das abstrakte, nur *sein sollende* Gute und die ebenso abstrakte, nur *gut sein sollende* Subjektivität«.[11] Es versteht sich, daß in dieser Konfiguration das sittliche (oder moralische) Bewußtsein als die Vergewisserung über das sittlich-normativ Geltende eine Schlüsselstellung innerhalb der Praxis des Ethos erlangt. Eben dies ist für mich – aus einer noch größer gewordenen geschichtlichen Distanz als seinerzeit für Hegel – der Anstoß zu einer neuerlichen Kritik des moralischen Bewußtseins. Wie jede historische Kritik trägt sie dem Rechnung, daß der Bezugsraum des moralbewußten Ethos nicht einfach ein »Nest von Fehlern« ist, sondern eine geschichtlich geprägte Form von eigener praktischer Triftigkeit, allerdings eine geschichtlich relative, begrenzte Form, die in einem veränderten geschichtlichen Kontext aufzuheben ebenfalls einige Triftigkeit haben kann. Es hat wohl schon immer Leute gegeben, die, wenn von Moralität die Rede war, »Moralin« rochen und hinter der Feierlichkeit sittlicher Rhetorik eher eine Mischung aus Hilflosigkeit und Unredlichkeit argwöhnten, auch wenn sie denselben Optionen huldigten und nicht, wie Nietzsche, radikal anderen. Menschen können eben in Sachen Sittlichkeit einen unterschiedlichen Habitus und Gestus an den Tag legen. Ein Unbehagen an der neuerlich wiederbelebten Moralistik kann darin begründet sein, daß einer es als besonders unangemessen empfindet, wenn heute die normativen Fragen des großräumigen Staatengetriebes und der Weltzivilisation zum Anlaß einer großen moralischen Mobilmachung werden.
Werfen wir einen Blick darauf, in welchen Instanzen und Kommunikationen sich die Arbeit der moralbewußten Sittlichkeit für sie selbst dar-

stellt. Die Generalabstraktion des Moralbewußtseins besteht darin, daß ihm die praktisch-interaktiven Gesittungsverhältnisse zwischen den vergesellschafteten Menschen als Verhältnisse der Menschen zu den Normen ihrer Moralität erscheinen. Die abstrakt gefaßte Norm (das Sittengesetz, das Moralprinzip, das Ensemble der Werte) wird zum archimedischen Ort des Bezugsgefüges.

Die moralbewußte Ethik macht immer wieder Ansätze, die obersten Moralprinzipien aufs neue zu formulieren. Der Variationsraum dafür ist naturgemäß nicht groß: Es läuft im wesentlichen auf das hinaus, was schon Kant umrissen hatte, auf ein Prinzip der unbedingten Achtung der menschlichen Personalität, operativ als Prinzip der Verallgemeinerungsfähigkeit (oder Universalisierbarkeit) aller Handlungsvorsätze gefaßt; der pragmatische Akzent sitzt dabei – oft einseitig – auf der gebotenen Achtung für den anderen, den Mitmenschen.

Mehr noch als um zeitgemäße Reformulierungen (manchmal auch bestimmte Ausweitungen) des Moralprinzips hat sich die jüngste philosophische Ethik in einer Atmosphäre des blühenden Szientismus um eine theoretisch-kognitive »Begründung moralischer Normen« bemüht und viele Arbeiten dazu hervorgebracht.

Zu den besagten Moralnormen und »Werten«, jedenfalls zu deren oberster Leitinstanz, dem »Moralprinzip«, finden sich die Menschen in ein wesentlich rezeptives Verhältnis versetzt. Schon bei Kant war ja – trotz der merkwürdig leer gebliebenen Idee einer sittlichen »Selbstgesetzgebung« – alles auf die subalterne »Achtung vor dem Gesetz« (sogar dessen »feierlicher Majestät«) abgestellt, also auf Gesetzesgehorsam von Moral-Untertanen. Heute nennt man das Moralsubjekt gern den »Normadressaten«. Diesem obliegt es, die Norm auf ihre Anwendung hin zu operationalisieren, in soundso viele spezifizierte moralische Grundsätze und Maximen zu übersetzen.

Kommt so den für sich gefaßten Moralprinzipien das Schlüsselamt im Reich des Sittlichen zu, so liegt die kardinale Erschließungsarbeit des moralischen Subjekts darin, ein voll moralbewußtes Subjekt zu werden, im Blick auf die sittlichen Normen und Werte in sich einen unerschütterlichen Fundus moralischer Überzeugungen auszubilden, seine moralische Urteilsfähigkeit zu schärfen, damit es sich in seinem Handeln vom Moralprinzip leiten lassen kann. Moralisches Handeln ist »prinzipiengeleitetes« Handeln. Die sittliche Idee wird zur materiellen, praktischen Kraft, wenn sie den Menschen ergreift. Im Umkreis des Moralbewußtseins macht sich so immer wieder die alte Überzeugung geltend, daß Tugend ein Wissen und somit lehrbar sei. Darum sind so viele Moralphilosophen bemüht, die kognitive (intuitive, reflexive oder diskursive) Gewißheit von Moralnormen zu erweisen, die »Wahrheitsfähigkeit praktischer Fragen« zu bekräftigen.

Für die Bewußtmachung des moralisch Gebotenen haben dem moralischen Subjekt schon immer viele Erfüllungsgehilfen zur Seite gestanden. Die Bewußtwerdung und Bewußtmachung vollzieht sich, wie schon gesagt, in einem breiten öffentlichen Strom und in zahllosen häuslichen Rinnsalen (oder Sturzbächen) sittlich-normativer Rede. Auch die Aufgebote moralischer Rhetorik geschehen sichtlich in der Überzeugung, daß das Bewußtmachen sittlicher Sollbestimmungen einen Beitrag zur Ausbildung der entsprechenden Bereitschaften leiste. Wie auch immer Eigenanteile von Bewußtwerdung und Fremdanteile von Bewußtmachung von Fall zu Fall bemessen sein mögen, an der praktischen Wichtigkeit sprachlich fixierter und übermittelter Einsichten und Direktiven gibt es für die moralbewußte Gesittungspragmatik kaum einen Zweifel. Kant war hierin vorangegangen, indem er in seine *Metaphysik der Sitten* eine »ethische Didaktik« und das »Bruchstück eines ethischen Katechismus« einfügte. Seine Prämisse lautete: »Daß Tugend erworben werden müsse (nicht angeboren sei), liegt [...] schon im Begriffe derselben. [...] Daß sie könne und müsse *gelehrt* werden, folgt schon daraus, daß sie nicht angeboren ist; die Tugendlehre ist also eine *Doktrin.*«[12]

Die Erschließung des moralisch Gesollten kulminiert in einer Entschließung, in der moralischen *Entscheidung*, mit der die »Wahl« der von Fall zu Fall maßgebenden Handlungsgrundsätze abschließt und zur Handlung selbst überleitet. Die moralische Entscheidung ist der Ort der sittlichen Freiheit, deren Begriff Kant bis auf den heutigen Tag nachhaltig geprägt (und radikalisiert) hat. Wenngleich diese Tradition nicht mehr ungebrochen in Kraft geblieben ist, so ist sie doch gerade im Binnenraum der moralbewußten Sittlichkeit noch am stärksten lebendig.

Die rhetorische Hoch- und Sonderkultur des moralischen Bewußtseins hat ihre – allerdings prekäre, ja fatale – Triftigkeit in einer Gesellschaft mit »beschränkter Haftung« und mit einer solchen Gemengelage aus Verbindlichkeiten und Unverbindlichkeiten, wie sie für die modernbürgerliche Formation charakteristisch ist. Die Moralität ist selber eine zum Betriebsethos der bürgerlichen Gesellschaft gehörende Kulturform von unverbindlichen (minderverbindlichen) Verbindlichkeiten, ein Korrelat jener »ungeselligen Geselligkeit«, die keineswegs ein *non plus ultra* darstellt. Die Mitgesellschafter lassen es sich zwar angelegen sein, lassen es sich aber auch nicht allzuviel kosten, ihre Verbindlichkeit auf eine höhere Kultivierungsstufe hinaufzubilden. In dieser dominant

»ökonomischen« Gesellschaftsformation mit ihrer expandierenden Güterproduktion setzen die Mitgesellschafter einander unter Anreize und Anfechtungen, und die »Base Moral« soll zu dem »guten Leben« auch die gute Gesinnung schaffen. Auch hinsichtlich der moralischen Verhaltensregulation gilt: Jeder sehe, wo er bleibe – du kannst, denn du sollst! Die Frage nach den wirklichen Gesittungskräften und ihrer komplexen Genesis bleibt im Kult des sich selbst bestimmenden sittlichen Willens ausgeblendet.

Die für den Bezugsraum Moralität charakteristische Konfiguration von moralischem Subjekt und moralischer Norm hat in sich schon ein unpersönlich-institutionelles Gepräge. Die Zentralstellung der abstrakt gefaßten Norm läßt sich geradezu als ein Fall von »Fetischcharakter« diagnostizieren. Durch das Dazwischentreten der Normabstraktion werden die normativen Beziehungen zwischen den Mitgesellschaftern ebenso vermittelt wie verdunkelt. Man kann das exemplarisch daran sehen, wie sich Kant (wohl entgegen seiner innersten Intention) in der fetischisierten »Achtung vor dem Gesetz« verfangen hat. »Achtung geht jederzeit nur auf Personen« (nicht auf Sachen)[13] – was ist aber ein »Gesetz«? In einer Anmerkung der *Grundlegung zur Metaphysik der Sitten* heißt es jedoch: »Alle Achtung für eine Person ist eigentlich nur Achtung fürs Gesetz (der Rechtschaffenheit etc.), wovon jene uns das Beispiel gibt.«[14] Damit ist nicht nur die kommunikative Faktur der »Selbstgesetzgebung« durcheinandergebracht, sondern auch unversehens eine Mediatisierung des Personstatus verfügt.

Wo alles Augenmerk auf den Formgehalt der Norm gerichtet ist, bleibt nur zu leicht die bestimmte personelle Besetzung der jeweiligen ethisch-praktischen Konstellation und das Materiale der in ihr zu koordinierenden Belange ausgeblendet, dies also, daß die »Normen« nur Chiffren für Anerkennungs- und Zuwendungsverhältnisse zwischen Personen sind. Weil zudem die Normen stets etwas Generell-Schematisches sind, kommt es, daß sie überhaupt nur bei einem Teil der gesittungsrelevanten Regulationen »greifen«. Wenn die oberste Norm die Gesetzes- oder »Verallgemeinerungs«fähigkeit der Handlungsmaximen gebietet, dann ist doch die Frage der *Vereinbarkeit* gerade nichtallgemeiner Handlungsvorhaben oder die relative Zumutbarkeit besonderer Beeinträchtigungen und Einschränkungen, wo oftmals alles auf ein nicht »strategisches«, sondern durchaus gesittungsspezifisches Einsehen und Entgegenkommen abgestellt ist, von einer recht anderen Art. Die Moralität läuft mit ihrem Regel-Schematismus auf eine Verrechtlichung des Sittlichen statt auf eine allgemeine Kultivierung des Ethos hinaus. Das alles kann ein theoretisches und praktisches Interesse begründen, über die Abstraktionen des Moralbewußtseins hinauszugelangen und einen erweiterten Bezugsrahmen für das aktive Ethos-Bewußtsein zu finden – weil auch die Praxis des Ethos immer schon in einem reicher dimensionierten Bezugsraum statthat.

Wie also wäre ein reicher dimensioniertes Grundmodell von der praktischen Konstitution und aktiven Konstituierung von Gesittungsverbindlichkeit anzusetzen? Was die Konstitution von Gesittungsverbindlichkeit überhaupt angeht, so käme es entscheidend darauf an, die Menschen statt sie nur als »Adressaten« der sittlich-normativen Botschaft in Anspruch zu nehmen, sie zuvor als »Absender« dieser Botschaft zu würdigen. Sie kommen dann auch anders in den Blick, wenn sie ebenso als Empfänger figurieren. Mit anderen Worten, dem Inbegriff einer »Selbstgesetzgebung« in den Angelegenheiten menschlicher Gesittungsverbindlichkeit wäre praktische Inhaltlichkeit, Plastizität und Dramatik zu geben. Die Konstituierung von Gesittungsverbindlichkeiten ist als fortlaufender Prozeß zu denken.

Eine Modellbildung, die darauf ausgeht, die Formierungsleistungen im lebendigen Ethos nachzuzeichnen, wird nahezu alle Abstraktionen der moralischen Weltanschauung zurücknehmen und das abstrakt Fixierte reintegrieren: das Sollen im Wollen und beides zusammen im Wirken, die Norm in die erwirkte Anerkennung personal-interpersonaler Verbindlichkeit, die Sollensforderung in das effiziente Können, das spezifisch Sittliche in das Ensemble der Güterverhältnisse und schließlich den Fluß der moralisch-normativen Rede in eine Rechenschaft über die Wirkungen, die von den autochthon praktischen Kapazitäten des gelebten Ethos ausgehen. Nur diesen letzten Konkretionsschritt, die organische Verknüpfung der sittlich-normativen Rede mit der autochthon praktischen Wirksamkeit von Ethos-Kräften, möchte ich jetzt noch ein wenig umschreiben. Im nächsten Abschnitt ist dann die Verhandlung über die Art von Freiheit, die zur Arbeit des Ethos gehört, erneut aufzunehmen.

a) Das erweiterte Modell des normativen Prozesses der Hervorbringung von Gesittungsweisen zeigt eine Zweischichtigkeit der Aktivitätsweisen: Die »Oberströmung« (manchmal nur ein Wellenkräuseln) bildet der moralisch-normative Redefluß im Medium des Moralbewußtseins in allen seinen Äußerungen und Geschäftigkeiten; darunter bewegt sich die »Tiefenströmung« der unmittelbar praktischen Wirkungen, der Wirkimpulse und ihrer Formierungseffekte, die von den reellen Ethos-Kapazitäten ausgehen und die entweder von Worten begleitet sind oder auch wortlos ihr Werk tun – etwas freisetzen oder in Schranken weisen.

b) Ich denke natürlich, daß wir es hier nicht mit zwei normativen Prozessen zu tun haben, die in »Wechselwirkung« oder Interferenz miteinander stünden, sondern mit zwei Facetten eines einzigen Prozesses. Seine Substanz und Kraft hat er ganz und gar in den unmittelbar praktischen Dispositiven, in der synthetischen Einheit aus Interessen, Bereitschaften und Befähigungen, in den effizienten Beziehungskräften der Mitwirkenden. Die für sich »verbalisierten« Normgehalte haben schon deshalb nichts von einer Kraft des Wirkens und Forderns, weil sie nichts Eigensubstantielles sind, sondern genaugenommen Relationsqualitäten und Proportionen mit einem Soll-Index, dessen Energie die der aktuell oder prospektiv involvierten Realpersonen ist. Sittlich-normative Rede erlangt ihre Wirkkraft – so viel oder wenig sie in sich hat – nur aus der personalen Wirklichkeit dessen, der jemandem etwas vorstellig macht, und aus den personalen Wirklichkeiten, die durch die jeweilige normative Botschaft vergegenwärtigt sind, und sofern in der personalen Wirklichkeit des Angesprochenen eine Ansprechbarkeit schon so weit ausgebildet ist, daß sie durch die Ansprache freigesetzt wird. Auf die kürzeste Formel gebracht: Praktisches induziert Praktisches, und die begleitende Rede kann dieses nur indizieren, signalisieren.
Nicht die »sittliche Idee« (das moralische Prinzip) wird zur wirklichen Kraft, wenn sie einen Menschen ergreift. Das sittliche Bewußtsein kann nie etwas anderes sein als das bewußte (auf die eine oder andere Weise bewußtgemachte) sittliche Sein; und das sittliche Sein der Menschen sind die Gesittungskräfte ihrer wirklichen Lebenspraxis. (Das ist die ethische Spezifikation eines Marxschen Hauptsatzes, der so formuliert ist: »Das Bewußtsein kann nie etwas Andres sein als das bewußte Sein, und das Sein der Menschen ist ihr wirklicher Lebensprozeß.«[15] – Die vorausgegangene Sentenz ist ebenfalls eine Marx-Paraphrase, jedoch die Umkehrung einer Formel, die noch von der idealistischen Tradition geprägt ist.)
c) Der alte Einwand, das sittliche Bewußtsein sei damit zum »bloßen Epiphänomen« und die bewußt-praxisbezogene Rede zur »Begleitmusik« einer sprachlosen und bewußtlosen Praxis degradiert, besagt seinerseits nicht viel und gibt nur Anlaß zu einer allgemeinen (und unpolemischen) Reflexion der notorischen Schwierigkeit, das »bewußte Sein« als Tateinheit von Denken und Wirken zu fassen. Die substantivische Wortbildung »das Bewußtsein« dürfte diese Tateinheit eher verfehlen, indem sie ein Zweiheit suggeriert, wo die Einheit zu wahren wäre, und eine autarke Einheit, wo erst im Anderen das Wahre liegt. Es gibt selbstredend kein tätiges Wirken, das nicht auch seinen praktischen

Wirkgehalt innerhalb einer Weise von Bewußtheit, vermittels einer Wahrnehmung, zu Entfaltung brächte. Nur muß das eben nicht der verbale Gehalt der normativen Botschaft sein. Auch ist es tätigem Wirken nicht äußerlich, in welcher Weise von Bewußtheit es sich vor dem Tätigen selbst und vor den anderen darstellt: Jedes tätige Wirken hat seine ihm »entsprechende« Weise von Bewußtheit für den Handelnden, gemäß der in jenem Wirken sich bewährenden praktischen Potenz. Indessen kann diese »Entsprechung« eine sehr drastische kognitive Dissonanz zwischen Sein und Bewußtsein ergeben. Je mühsamer jemand unter den Auspizien moralischen Sollens seine normative Identität aufbaut und aufrechterhält, desto notorischer kommt er in Versuchung, in seinem moralischen Handlungsbewußtsein gewisse Aufbesserungen an seinem »sittlichen Sein« vorzunehmen. Diese Problematik liegt seit jeher über der moralischen und moralistischen Rhetorik im kleinen wie im großen. Nicht zuletzt sie ist es, die jemanden dazu bringen kann, für die Verhandlung der Moralia eine andere Kriterienebene als die des aktiven Moralbewußtseins und seines Deklarationen-Vokabulars aufzusuchen.

d) Hinter den unerschöpflich vielen Einzeldiskrepanzen, die es zwischen den Aktiva der praktischen Gesittungskapazitäten und den Sollbuchungen des Moralbewußtseins zu registrieren gibt, ist eine Generaldiskrepanz zu bemerken, die das Ganze der beiderseitigen Aufgebote betrifft. Sie fällt so vielfältig ins Auge, daß man es geradezu als Regel formulieren kann: Je geringfügiger und diffuser angesichts des Abstandes zwischen »Sein« und »Sollen« das Aufgebot der praktisch sich bewährenden Bindekräfte von Verbindlichkeiten ist, desto massiver und großspuriger gerät das Aufgebot normativer Rhetorik. Diese umgekehrte Proportionalität zeigt sich noch in anderen Hinsichten: Je bescheidener die normative Kraft, desto höher das normative Pathos, die »majestätische Feierlichkeit« der sittlichen Rede, desto höher auch die Abstraktionsstufe der Idealität und Grundsätzlichkeit, auf der das Seinsollende und sein Gegenteil ihre Darstellung finden. Geht es um Vorgriffe auf große geschichtlich-zukünftige Dinge, dann fügt es sich so: Je weniger in ihrer Richtung praktisch und kompetent auf dem Wege ist, desto größer (und näher) steht das »Ziel« vor Augen, desto unverbrüchlicher möchte man der Garantie für das endliche Gelingen gewiß sein. Und umgekehrt: Je potenter die verstreuten oder vereinten Kräfte sind, die eine bestimmte Formation oder Reformation des Ethos betreiben, desto verhaltener kann in der betreffenden Sache der Gestus normativer Rhetorik sein, desto konkreter-distinkt die Benennung von Anlässen, Akteuren, Aktivitäten und erwartbaren Effekten.

Der Überschuß an normativer Imagination und der Überfluß normativer Rede bezeugen und kompensieren einen *Mangel* (einen konstitutionellen oder auch einen episodischen, vorläufigen) an reeller Wirkfähigkeit. Mitunter gilt auch: Wes das Herz leer ist, des fließt der Mund über. Die eben angesetzte Proportionalitätsformel läßt erkennen, daß wir es hier nicht mit einem Entweder-Oder zu tun haben, sondern mit einer Gradation, die verschiedenste Mixturen zuläßt. Alles in allem erweist sich die normative Rede somit ganz und gar nicht als eine wesenlose Begleitmusik, sondern als ein sehr charakteristisches Ausdrucksmedium, als Anzeige und Selbstanzeige der normativen Energien – freilich auf delikat vermittelte und hintergründige Weise. Die normativ bedeutungsträchtigen Termini können entweder schlichte (gleichwohl eindringliche) *Benennungen* (nicht Außenbeschreibungen) von wirklichen normativen Energien und Aktivitäten sein – das macht den Anteil des *Reellen* daran aus. Das Gegenstück dazu kann man als die *ideativen Überhöhungen* der Wirkkräfte bezeichnen – Exaltationen des Wünschens über den derzeitigen Vermögensstand hinaus, die sich in ein um so kräftiger, mitunter aufdringlich intoniertes Sollen umsetzen.

e) Mit dieser Betrachtung über den spezifischen Sprachausdruck des Moral- oder Ethos-Bewußtseins ist eine Eventualität angedeutet, die das Hauptinteresse dieser ganzen Erkundung ausmacht: die Möglichkeit einer Sprache des Ethos jenseits der »moralischen« Formbestimmtheit. Die Ausdrücke dieses Vokabulars sind vorwiegend die Benennungen der diversen (und divergenten) Wirkimpulse und Vermittlungen praktischer Ethos-Bewährung und -Formierung. Das Eingangskapitel mit den »Messungen und Sondierungen« war zugleich eine erste Inventur unter diesen spezifischen Benennungsmöglichkeiten; die Diskussionen des zweiten Teils werden eine Probe aufs Exempel sein, wie es angehen könnte, in dieser Sprache die Angelegenheiten der ethischen Situation heute und auf die Zukunft des Ethos hin zu verhandeln. Nunmehr könne auch deutlich geworden sein, wie eine scheinbar ganz aus der Position des externen Beobachters unternommene Beschreibung, Interpretation und Analytik der Praxis des Ethos ein Moment einer philosophischen Ethik sein kann, die weder zu einer historischen Soziologie der Moral wird noch in die Lage kommt, mittels eines »naturalistischen Fehlschlusses« von deskriptiven Befunden zu präskriptiven Aufstellungen zu gelangen. Die Signatur einer philosophischen Ethik war es stets, daß sie aktiv an der Sache des Ethos engagiert gewesen ist – und dabei bleibt es. Die Frage ist aber, auf welcher Wahrnehmungsebene das Engagement angesetzt ist und wie es sich daraufhin seiner Begrifflichkeit und seinem Habitus/Gestus nach bekundet: als aparte

Manifestation des Sollens oder als *interpretierender Mitvollzug* eines bestimmten Wirkens von jeweils bestimmter normativer Wertigkeit. Das gesprochene Wort verweist auf die »Unterströmung« des Praktischen, in der alle Bestimmtheiten und Entschiedenheiten beschlossen liegen. Eben weil die normativ gesättigte Rede sich nicht in einer aparten Sphäre von Sätzen mit normativer Handlungskonsequenz abspielt, sondern in der Personalunion des Ethisch-Praktischen, kann es mit dem schlichten Benennen sein Genügen haben.

2. Was für eine Freiheit braucht das sittliche Handeln?

Die Ethik auf dem Standpunkt der Moralität hat das Problem der menschlichen Freiheit in eine sehr besondere und auf ihre Art äußerst radikalisierte Form gebracht. Je entschiedener die naturwissenschaftliche Aufklärung den Menschen und sein Wirken, auch die Äußerungen seiner Gesittungsart, bruchlos in die Kette der Natursachen und -wirkungen eingegliedert sehen wollte, desto entschiedener war die moralische Weltanschauung darauf bedacht, den Bereich des sittlichen Sollens von der natürlichen Trieb- und Interessenbestimmtheit menschlichen Strebens und Handelns abgekoppelt zu sehen. Weil die Sache der Sittlichkeit im Bezugsraum der Moralität ja eine entschieden altruistische Wendung erfährt, wird es erst recht dringlich, eine über alle »Selbstliebe« erhabene Bestimmungsmacht des Sittlichen in Anspruch zu nehmen. Dem Interesse der Sittlichkeit gegenüber ist nach Kant jedes natural bestimmte menschliche Interesse eine Quelle von »Heteronomie« und somit die Gegenmacht zu jener Autonomie, in der sich der Wille zu einem sittlichen bestimmt. Die Sache könnte ein ganz anderes Aussehen gewinnen, wenn man im Anfangsgrund einer sittlichen Selbstgesetzgebung ein Interesse an menschlich-persönlicher (und auch gemeinschaftlicher) Autonomie gelten ließe. Das Problem der sittlich-normativen Freiheit nähme dann die Form an, wie die Menschen dazu kommen, ihr Interesse an jener Autonomie – Selbstsein und Selbstzweckhaftigkeit – gemeinschaftlich zu vermitteln. Es gehört indessen zum geschichtlichen Index der bürgerlichen (und hierin eher kleinbürgerlichen) Moralitätspflege, daß der Impetus praktischer Autonomie als gemeinschaftlicher Selbstbestimmung in ihr schwächer ausgebildet ist als die Angst vor ungebändigter Triebhaftigkeit im Untergrund des bürgerlich geordneten Alltagslebens. Die Frage nach der Freiheit stellt sich daher seit Kant mit Nachdruck als Frage nach den Möglichkeitsbedingungen eines Gesetzesgehorsams, der sich von keiner natürlichen Neigung irre machen und auch bei keinem die Ausflucht gelten läßt, er sei doch auch nur »Natur« oder das Resultat diverser Umstände. Das Hauptinteresse des moralisch geprägten Begriffs sittlicher Freiheit liegt in der Deduktion, daß der vernünftige Wille sich selbst dazu bestimmen kann, was er soll, und rein daraus, daß er soll. Aus diesem engen, allzu engen Bezugsrahmen möchte ich das ethische Freiheitsproblem im Interesse einer Ethik des Ethos herauslösen, aber dennoch den – ja auch hier interessierenden – Aspekt beibehalten: In welcher ethischen Kondition ein Individuum von einem gesittungsnormativen Anspruch betroffen wird, der im Gemeinwesen anerkannt Geltung hat. Das Problem nimmt hier noch eine weitere Wendung, die Nietzsche eindringlich bezeichnet hat. Die Frage ist nicht nur, aus welchen Erkenntnisgründen man einen so oder anders gefaßten Begriff sittlicher Freiheit in Ansatz bringen kann. Zu fragen, was für eine Freiheit das sittliche Handeln *»braucht«*, verweist auf mögliche praktische Bestimmungsgründe. Schon bei Kant erscheint seine Lesart von Willensfreiheit als ein »Postulat« der praktischen Vernunft, und man kann weiter fragen, von welcher praktischen Statur diese Vernunft konkret gewesen ist. Es ist nach der einen Seite eine Vernunft, die sich das sittliche Gutsein als eigenes Verdienst anrechnen, das sittliche Schlechtsein aber dem Betreffenden als dessen Schuld zuweisen möchte. Kants praktische Vernunft, die den freien Willen mit dem unerbittlichen Sollen des sittlichen Gesetzes konfrontiert, befindet sich in einer engen Nachbarschaft zur sozialen (und ethischen) Ökonomie. Sein moralischer Rigorismus war bereits eine Antwort auf Vorlagen eines nicht nur naturalistisch aufgeklärten, sondern auch sozial verbindlicheren Konzeptes. Was für eine Freiheit das sittliche Handeln braucht, beansprucht, zuweist oder zugewiesen, zudiktiert erhält, das hängt davon ab, wie in dem betreffenden Umkreis die Verbindlichkeiten und Nicht-Verbindlichkeiten verfügt sind, so auch jene zwischen den Übermittlern und den Adressaten sittlich-normativer Botschaften. Nietzsche, der von jeder Mitleidsmoral frei und für den es nur eine Frage war, was er entschieden für unter seiner Würde hielt, war auch in diesem Punkt sehr direkt: »Die Menschen wurden ›frei‹ gedacht, um gerichtet, um gestraft werden zu können – um *schuldig* werden zu können: folglich *mußte* jede Handlung als gewollt, der Ursprung jeder Handlung als im Bewußtsein liegend gedacht werden (– womit die *grundsätzlichste* Falschmünzerei *in psychologicis* zum Prinzip der Psychologie selbst gemacht war ...).«[16] Ich möchte in dieser Streitsache eine Verhandlungsposition skizzieren, die eine Ethik beziehen könnte, die einem Ethos jenseits der moralischen Formbestimmtheit zugetan ist.

Eine Ethik, die aus der Enge der altruistisch halbierten Moralität und aus der Enge eines subalternen Normengehorsams hinausgelangen will, wird an der Arbeit des Ethos, die sie entschieden als Werk einer »Selbstgesetzgebung« begreift, noch andere Momente von Freiheit zu bedenken haben. Schon die Erschließung jeweils neuer Güterbestände und ihre Verschmelzung mit der eigenen Personalität ist ein Akt normativer Freiheit. Dasselbe ist von den Aufgeboten des sich affirmierenden Selbstseins im Ringen um Anerkennung zu sagen. Das ist ja so etwas wie ein roter Faden unserer gesamten Verhandlung. Vieles ließe sich noch weiter ausloten. Ich möchte unser Problem zuletzt nur noch in den denkbar weitesten Bezugsrahmen stellen, der sich schon aufgetan hat, als wir das Ethos als Geschichte zu betrachten anfingen und die Frage nach einer »Wahrheit des Ganzen« im geschichtlichen Prozeß der Ethos-Formierungen aufnahmen. Das Problem wird uns bis zur letzten Seite nicht loslassen – und danach auch nicht. Ich möchte mit dem letzten Gedankenschritt dieses Abschnitts versuchen, es als ein Problem der normativen Freiheit der Menschengattung zu fassen.

a) Um sich der Ansprechbarkeit von Menschen für normative Ansprüche und Zumutungen zu versichern, bedarf es nicht unbedingt des Einblicks in einen komplizierten Instanzenaufbau der »inneren Person«. Es ist ein Urphänomen, daß Menschen sich – manchmal schon auf eine leise Bitte hin – einem an sie herangebrachten Anliegen öffnen können. Es kann schwerlich der Sinn höherer Theorie sein, das Phänomen aufzulösen, das sie durchsichtig machen will. Eben dies passiert aber in den gängigen Aufstellungen über den freien Willen, sofern sie mittels einer kategorial schiefen Fassung dieser Freiheit eine zweifelhafte Faktur geben. Leicht wird dabei der Wunsch nach Deutlichkeit zum Vater der Mystifikation. Die abstraktive und separatistische Fixierung der Instanzen vereitelt den Gedanken ihrer Vermittlung. Schon das Auftreten des Wortes »Faktor« ist ein kategorial-logisches Gefahrensignal. Menschliches Handeln ist »motiviert« – gut und schön; doch mit dem quasi-korpuskularen »Motiv« beginnt schon das Malheur. Weiter geht es damit, daß der innere Handlungsraum zu einer Szene wird, die abwechselnd zum Tribunal (»Gerichtshof« Gewissen), zum Kampfplatz (der »Motive«), zum Kräfteparallelogramm (der verschieden gerichteten und verschieden starken Antriebsimpulse), zum Entscheidungsgremium und Schiedsorgan (zwischen konkurrierenden und eigenen Interessen) und zum Planungsbüro wird. Ein interessiertes, angestrengtes »Suchen nach etwas« ist in solchen Termini ebensowenig beschreibbar wie das Eingehen auf eine Bitte. In den Begriffen (oder Fetischen) des »Kausalgesetzes« vollends läßt sich so etwas wie die Bewährung einer lebensgeschichtlich erworbenen Identität in fortgesetzten Integrationsleistungen nicht fassen, auch nicht das Sichabarbeiten an neu auftretenden Anforderungen und Widerständen oder das Umbilden einer Identität in der Feldspannung einer multipersonalen Interaktion. Eine »Analytik« des Praktischen ist wohl recht – aber in ihren eigenen kategorialen Dimensionen. Hinter den Fahndungsaktionen der moralistischen Psychologie steht die Absicht, partout etwas »dingfest« zu machen, um daran akkurate, distinkte Zurechnungen vornehmen und danach Sanktionen bemessen zu können. Wenn es aber um die logische Qualität der Denkmittel geht, mit denen innerpersonale und interpersonale »Handlungssituationen« modelliert werden sollen, wäre zu bedenken, ob bei den Instanzen-Fixierungen nicht von vornherein eine »Unschärferelation« in Rechnung zu stellen ist.

b) Betrachten wir zuerst die Modi von Freiheit, die es im Raum des normativ Festgestellten zu bedenken gibt. In welcher Modell-Konfiguration eine postmoralische Ethos-Reflexion die Handlungssituation vor sich aufbaut, dazu ist im vorigen Abschnitt schon einiges skizziert worden. Hauptsächlich ging es darum, die Abstraktionen des »moralischen Standpunktes« aufzuheben, um ein erweitertes Modell zu erhalten. Der Sinngehalt einer normativ bedeutsamen Ansprache wird schon voller, wenn da nicht eine Abstraktivgestalt von Sittengesetz, Wert oder Norm an die Tür des Bewußtseins-Ich klopft, sondern der Vorgang als einer zwischen Personen, als die Übermittlung eines (generalisierten und anerkannten) Anspruchs von relevanten Mitpersonen dechiffriert ist. Der sogenannte Wille muß nicht als ein Vermögen des »ersten Anfangens« amtieren, aller Naturalität, Vorgeschichte und Vorformung enthoben. Ein solcher Aktivbestand an Vorformung muß nicht in ein Reich der »Naturkausalität« abgeschoben werden. Soweit es »Natur« ist, ist es eher noch *Naturspontaneität,* Wirksamkeit aus einem absoluten Impetus von Lebendigkeit; ein vorausgegangener Lebenszustand ist nicht die »Ursache« des nachfolgenden. Vor allem gehört zu dieser Vorformung immer schon Vor-Vergesellschaftung, das sind weiterwirksame Aktivitätsmodi aus vorausgegangenen Interaktionen. Hier kommen wir bereits an eine Stelle, an der sich die besagte »Unschärferelation« geltend macht: Es ist schlechterdings nicht säuberlich auseinanderzusortieren, was von diesem Repertoire an Vorleistungen dem betreffenden Ich und was irgendwelchen Anderen zuzurechnen ist, die mit ihm zu tun hatten (und es mit ihnen); und das wird sich in allen folgenden Problemstationen wiederholen. Zu jener Vor-Vergesellschaftung gehört auch, daß das Ich von den Belangen und Anforderungen der Anderen etwas in sich aufgenommen hat. Alles Neuanfangen ist ein Weiterwirken (nicht von »Ursachen«, sondern von personalen Potenzen) – auch hier ein Fall von »Unschärfe«, sofern das Neue nie streng punktuell eintritt.

Was also spielt sich ab, wenn aus einem Personen-Umfeld eine die Gesittung tangierende Aufforderung an eine Person ergeht, etwas zu tun oder zu unterlassen? Es gibt davon unzählige Varianten von dem simpelsten Zusammentreffen eines Anwalts guter Gesittung mit einem unsicheren Kantonisten bis zu den intellektuell wie moralisch äußerst delikaten Beratungen über die Folgenketten, die man bei einer schwierigen Entscheidung zu bedenken hat. Seit alters her ist der Titelbegriff »Entscheidung«, in dem etwas von einer »Wahl« steckt, hier immer mit Vorliebe eingesetzt worden (mitunter in der fragwürdigen Weise, daß die »moralische Entscheidung« zu einer Wahl zwischen dem Guten und dem Bösen stilisiert ist). Andererseits wird in diesen Dingen die Modellbildung oft stark von den Momenten des Kognitiven, der Situationserkenntnis und Folgenprüfung, überlagert. Bei der weitgetriebenen Intellektualisierung des Moralischen in der moralischen Weltanschauung – die moralische Entscheidung erfolgt danach in der Prüfung von Handlungsmaximen an höheren und obersten »ethischen Grundsätzen« – wird das Wahl- und Entscheidungsmodell beherrschend. Gerade hier setzt indessen der Zweifel an. Das sittlich Bedeutsame liegt im Schalten mit Gütern in bezug auf Personen (die eigene und andere)[17] – was in der intellektualisierten Modellkonstellation gleich wieder zum Begriff einer »Güterabwägung« führt. Meistens heißt es (im Fahrwasser des altruistischen Verständnisses von Sittlichkeit), die Entscheidung gehe darum, ob und wieweit einer nur sein eigenes Wohlbefinden im Auge hat oder auch offen für die Belange der Anderen ist. Bleiben wir zunächst bei diesem einen. Ist das nicht ganz eindeutig eine Situation der Entscheidung: Etwas für mich selbst – etwas für Andere? Läßt es sich aber in dieser Weise modellhaft fixieren, und stellt es sich nicht in der Kontinuität personalen Verhaltens ein wenig anders dar? In dieser Kontinuität ist jede Aufforderung, die an einen Menschen ergeht, ein Versuch, eine bei ihm schon ausgebildete Bereitschaft zu reaktivieren oder auf die Probe zu stellen. Die Aufforderung trifft auf ein bestimmtes, jedoch nicht genau bekanntes Kräfte-Dispositiv, und sie zielt auf eine bemessene Kraftanstrengung. Das »Entweder – Oder« (der Aufforderung folgen oder nicht) stellt sich in dieser Sicht als die Frage nach einem Mehr oder Minder an spezifischer Leistung – Leistungsbereitschaft oder Leistungsvermögen – dar. Welche Kraft läßt sich für die spezifische Anstrengung aktivieren? Welche Bereitschaft ist schon vorgebildet, und welches zusätzliche Maß an Bereitschaft vermag die Anforderung, genauer: die anfordernde Person, beim Geforderten freizusetzen? Muß man einen Unterschied zwischen Leistungsbereitschaft und Leistungsvermögen machen? Wir denken hier selbstredend an einen Fall, in dem es auf die interpersonalen Gesittungskräfte ankommt, also einerseits auf die Ausbildungsstufe personalen Selbstseins (»Ichstärke«), andererseits auf den Fundus an sogenannten Sozialisationsleistungen, der bis dahin zusammengekommen ist; das ist naturgemäß ein vielgliedriger und vielstufiger Komplex – energetisch betrachtet ist es die Anwesenheit der Lebensenergien von Anderen im Handlungsvermögen des betreffenden Selbst. Daß man zwischen dem Leistungsvermögen und der Leistungsbereitschaft einen »prinzipiellen« Unterschied machen muß, halte ich nicht für ausgemacht. Es könnte vielleicht gar nicht so ausschließlich auf den internen Vermögensstand des betreffenden Selbst ankommen, sondern zu einem unbestimmbaren Teil auch darauf, welche Art und welches Maß praktischer, gesittungsnormativer Energie der Übermittler der Aufforderung einzubringen oder mitzurepräsentieren hat – wiederum eine »Unschärfebeziehung«.

Es scheint mir nicht abwegig, sondern von besonderer Ergiebigkeit zu sein, die Konfiguration in den Termini von Kräfte-Dispositiven zu modellieren, wie ich es ja von Anfang an mit dem Augenmerk auf »Potenzen« der Ethos-Formierung vorstrukturiert habe. Das Entscheidende bei der sittlichen »Entscheidung« liegt demnach in einem »stärker« oder »schwächer« (in spezifischer Hinsicht). So gewinnt ein Begriff von Arbeit und Arbeitsvermögen einen sehr bestimmten Sinn für die Reflexion des Ethos. Der gesittungsnormative Prozeß und seine einzelnen Prozeduren bilden eine interaktive Arbeitskonfiguration, in der es manchmal leicht, dann wieder sehr schwer »von der Hand gehen« kann. Sie resultiert meistens in Synthesen aus freigesetzter Selbsttätigkeit (die nie ganz fehlt) und Momenten von Fremdinduktion (die nie das Ganze ausmachen), ohne daß die beiderseitigen Anteile meßbar wären. Manches Ethos, das moralische zumal, ist hier wenn nicht auf Maßgenauigkeit, so doch auf eine Sonderung der Eigen- und Fremdanteile bedacht. Ein Ethos jenseits der moralischen Formbestimmtheit jedoch kann durchaus mit jener »Unschärfe« leben.

c) Angesichts der langen Geschichte von Disputationen, die um den Begriff der inneren Entschließungsfreiheit gingen – Kant blickte auf tausend Jahre zurück, und die zwei Jahrhunderte seitdem brachten nochmals eine enorme Intensivierung –, mag es wie eine Anmaßung aus Blindheit wirken, wenn einer heute eine ganz schlichte, unprätentiöse Beschreibungsformel abseits aller ontologischen Finessen um Determinismus und Indeterminismus in Anschlag bringt. Davon soll später noch die Rede sein, doch nicht mit nennenswerten neuen Aufschlüssen. Weil das Problem der Willensfreiheit wesentlich auch von praktischer Konstitution ist, könnte es durchaus dahin kommen, daß unter veränderten gesittungspraktischen Dispositiven vieles von dem, was den Disput um die moralische Freiheit so sehr umgetrieben hat, an Interesse verliert: die ganze Schwierigkeit einer sozusagen korpuskular-monadologischen Zurechnung von Einzelhandlungen an Einzelpersonen. Fällt dergleichen fort, so bleibt als Wesentliches eine generell bestimmte Freiheit, die zur Bewegungsform der Species Mensch gehört und an der die Individuen in verschiedenem, niemals genau bestimmbarem (und auch nicht bestimmungsbedürftigem) Maße teilhaben.

Freiheit ist dann nicht eine Spontaneität des absoluten Anfangens einer neuen Wirkungskette. Es ist nicht eine Determination, die aus einer ganz anderen, nur metaphysisch bestimmbaren Sphäre in den Naturlauf des Menschlichen interveniert. Sie ist als Eigenart eines Bewegungsmodus in diesem Naturlauf selbst zu fassen, eines Naturlaufs, der durchaus vollumfänglich – jedoch nicht vollinhaltlich – als Kausalprozeß zu denken ist. Die Kategorie der »Kausalität« ist nur dann eine Quelle von Irritationen, wenn man davon einen so ungefügen Begriff des »Kausalgesetzlichen« oder gar »Kausalmechanischen« hat, wie er durch die Disputationen geistert. Eine subtilere Analyse, wie sie N. Hartmann und später M. Bunge unternommen haben[18], führt auf folgendes: Von Kausalität ist sinnvollerweise dort zu sprechen, wo ein Bewegungsimpuls von einer Entität auf eine davon verschiedene andere übergeht und damit diese auf bestimmte Weise modifiziert. So ist auch die Welt menschlichen Lebens und Handelns voll von Wirkungen, die auf eine Verursachung zurückgehen. Mit ebenso viel Nachdruck aber hat Bunge darauf hingewiesen, daß aller solchen kausalen Bewegung und Veränderung eine Weise von »Selbstbewegung« vorausliegt, die in sich nicht kausal konstituiert ist, von der alles kausale Wirken aber seinen Impetus und seine qualitative Bestimmtheit erhält, wie denn auch jeder kausativ verändernde Impuls auf die spezifische Selbstbewegtheit des betreffenden Gebildes trifft und in deren Qualität eine Brechung erfährt. So ist in die Kausalität (in Vorgänge kausalen Bewirkens) selber eine außerkausale Wirkweise eingelagert. Es geht nicht alle Bestimmung und Bestimmtheit in ihr auf. Sie selbst ist eine Vermittlung (Interferenz und Synthesenbildung) zwischen Deputaten von Selbstbewegung. Selbstbewegung ist in allem und jedem gegenwärtig, und wir erfahren sie als nach anorganisch-physischen, organisch-vitalen und human-aktiven Organisationsweisen differenziert.

Der Charakter menschlicher Freiheit gehört zur Grundqualität jener Selbstbewegung, die »bewußte Lebenstätigkeit« heißt. Eben darin, daß Dasein und Bewegung des Menschen in Leben und Tätigkeit bestehen, liegt schon ein hinreichend bestimmter Index von Freiheit, ja selbst – mit dem Kantischen Ausdruck – eine »absolute Spontaneität« des Sich-Fortbestimmens, worin es dem Menschen »um etwas zu tun ist«, um sein Dasein und die Art seines Daseins. Die Kausalitätskategorie verleitet dazu, das Handlungsleben in eine Gliederkette von Ursachen und Wirkungen auseinanderzulegen und die Freiheit als ein Vermögen des absoluten Anfangens statt als einen Vermögensstand im Hinblick auf ein bestimmt-qualifiziertes Weitermachen zu denken. Ist Freiheit so etwas wie ein »punktuelles« Vermögen, oder ginge es nicht eher an, sie als einen akkumulierten Vermögensstand zu verstehen – und zwar als einen, der im Fortgang der Lebenstätigkeit größer werden oder eher kärglich bemessen bleiben kann? Freiheit wäre dann das generelle Vermögen von Menschen, im Laufe ihrer Lebensgeschichte eine Handlungskompetenz aufzubauen, und sie wäre zugleich die Maßbestimmung des auf jeder Stufe erreichten Handlungsvermögens – Freiheit als Maß einer Fähigkeit, einer erworbenen Handlungssouveränität. Die Maßbestimmungen liegen im Dimensionenreichtum gekonnter Selbsttätigkeit, in ihrer Reichweite und integrativen Kraft. Damit ist das Desiderat erfüllt, menschliche Freiheit nicht negativ als »Freiheit wovon?« und als Unbestimmtheit vorzustellen, sondern positiv als »Freiheit wozu?«, als ein Plus an Determination. In einer normativ-anthropologischen Wendung finden wir einen solchen Freiheitsbegriff bei Marx angesetzt und zudem auf eine normativ-moralphilosophische Konsequenz hin bestimmt: Wenn der Mensch, so heißt es, »frei ist, nicht durch die negative Kraft, dies und jenes zu meiden, sondern durch die positive Kraft, seine wahre Individualität geltend zu machen, so muß man nicht das Verbrechen am Einzelnen strafen, sondern die antisozialen Geburtsstätten des Verbrechens zerstören und jedem den sozialen Raum für seine wesentliche Lebensäußerung geben«.[19] In dieser normativen Unmittelbarkeit freilich könnte ich es nicht stehen lassen – wer ist dieses »Man«, das da wegnehmen und geben »muß«? Erst recht verfänglich ist eine Explikation von positiver Freiheit, die der späte F. Engels versucht: Hier erscheint Freiheit als Handlungssouveränität, jedoch ganz auf einen technisch-praktischen Aspekt reduziert, als die »Fähigkeit, mit Sachkenntnis zu entscheiden«.[20]

Festhalten ließe sich indessen, daß Freiheit ein Index eines bemessenen Handlungs- und Integrationsvermögens ist, ein Vermögen, das bei jedem nicht durch Krankheit betroffenen Menschen immer über dem

Grenzwert Null liegt, bei keinem jedoch beliebig weit reicht. Darin ist bei aller »Positivität« eines solchen Begriffs von Freiheit doch auch etwas Negatives darüber beschlossen, welche Art von sittlicher Freiheit *nicht* in Anspruch zu nehmen oder zu verordnen ist: jene des »Du kannst, denn du sollst«.

Uns soll jetzt nur interessieren, wie ein positiv-substantieller, »wohltemperierter«, ja geradezu »quantifizierter« Inbegriff von Freiheit beim Aufbau menschlicher Gesittungsverbindlichkeit in Ansatz kommt. Eine systematische Entfaltung hätte damit zu beginnen, erst einmal die Freiheitsgrade im Leistungsaufbau des qualifizierten Selbstseins auszuloten. Ein *ceterum censeo* unserer ganzen Reflexion lautet ja: Was einer in bezug auf die Anderen sein kann, hängt davon ab, was er an und für sich selbst ist. Die altruistisch verkürzte Moralität sieht indessen ihr Hauptbemühen darin – fast nach Art einer Monokultur –, die Menschen vor allem – unter dem Deckmantel des »Allgemeinen« – stark für die Zuwendung zu den Anderen zu machen. Weil wir darauf wieder zurückkommen werden, belasse ich es fürs erste bei einer mehr summarischen Formel für den Inbegriff »sittlicher Freiheit«. Es ist nicht ein Begriff von Freiheit in bezug auf das Sollen einer Gesittungsnorm, sondern ein Maßbegriff von Souveränität beim Eingehen von Verbindlichkeiten im Felde der personal-interpersonalen Güterverhältnisse menschlichen Lebens. Diese Freiheit ist ein unbestimmt-allgemeiner und praktisch-exemplarisch erwiesener Inbegriff eines »man kann« in den Dimensionen eines »mehr«, »reicher«, höher organisiert und integriert. Doch das (erwiesenermaßen) »Überhaupt-möglich« wird nicht zum normativen Diktat für oder gegen jedermann. Im Konkreten ist jenes »man kann« eine Freiheit, von der ein Mensch mehr, weniger, ja fast nichts, *nicht aber gar nichts* (erworben) haben kann. Was er davon erworben hat, das hat er nicht ohne sein eigenes Zutun und nicht ohne die Mitbeteiligung von Anderen. Der Vermögensstand ist nie so definitiv, daß er nicht noch für Zugewinne offen wäre. Freiheit im engsten Sinne ist das Moment des selbsttätigen Mitwirkens beim kooperativen Eingehen von Gesittungsverbindlichkeiten, von Befähigungen des Selbstseins und des Seins-für-Andere.

d) »Ist die Freiheit, die man aufgewiesen zu haben glaubt, eine Freiheit, die es erlaubt, Personen für ihre Handlungen verantwortlich zu machen und die positiven wie negativen sozialen Reaktionen zu rechtfertigen, die faktisch verhängt werden?« So formuliert U. Pothast eine der Anfragen an diverse zeitgenössische Konzepte von moralischer Freiheit. Verantwortlichkeit, so referiert er weiter das gängige Verständnis, gründet darin, daß jemand eine Handlung frei tat, und das heißt, daß er

sie auch hätte unterlassen können.[21] Um diesen Zentralbegriff von »moralischer Verantwortung« gruppieren sich einige andere. Ihm voraus geht die »Zurechnung« der Handlung an die Willensentscheidung der Person, getroffen im Blick auf die sittliche Soll-Vorgabe. Die Willens- und Gesinnungsqualität der Entscheidung (und ihr folgend der Handlung, von ihr auf die Gesinnungsdisposition zurückgehend womöglich der ganzen Person) bestimmt sich danach als »sittlich gut« oder ungut. Das Gute gereicht zum moralischen Verdienst, das Ungute belastet als Schuld. Der Titel »Verantwortung« verweist – zumal in der Verwendungsart, den der zitierte Text nahelegt – schon auf Reaktionen der Mitmenschen: Jemanden »verantwortlich machen« oder, kräftiger intoniert, »zur Verantwortung ziehen«, das zielt vor allem auf die Antworthandlungen, auf die Sanktionen, die einer Normverletzung folgen. Das »Sich-Verantworten« ist sichtlich ein asymmetrischer Kommunikationsakt, und erst recht gilt das von den negativen Sanktionen einer moralischen Disqualifizierung in dem Falle, daß die Verantwortung für die moralische Fehlhandlung erwiesen ist.
Die Asymmetrie ist aus dem Verarbeitungsprozeß sicher nicht ganz herauszubekommen, und einige Prämissen des Verfahrens sind ganz unstrittig: daß die Handlung der Person als ihrem Urheber zuzurechnen ist, daß die Handlung und die Handlungsdisposition des Betreffenden eine wertende Charakterisierung erfahren, daß die Mitmenschen Vorkehrungen gegen neue Schadensfälle und für eine Korrektur der Fehleinstellungen treffen möchten. Einem aktiven Ethos ist es ferner durchaus gemäß, wenn der Casus auf einer *personalen* Ebene verhandelt wird und nicht in die noch größere Asymmetrie einer medizinischen Patientenbehandlung oder einer Unmündigen-Fürsorge abgeschoben wird. Dann macht es freilich doch einen gewichtigen Unterschied im Ethos aus, in welcher Tonart das Nachspiel aufgeführt wird, wieviel an Wiedergutmachenwollen schon in der Verhandlung und in der Verhandlungssprache angebahnt ist. Die Hauptsache indessen liegt darin beschlossen, wie die Juroren in ihrer Rechenschaftslegung über die Ursprünge des Fehlverhaltens verfahren. Gravierende Vorgaben für die ganze Verhandlungsführung liegen, wie wir sahen, ja bereits in der bestimmten Ausmodellierung des inneren Handlungsraumes, in welchem der sittliche Wille mit dem Sittengesetz sozusagen zusammengesperrt ist, in einer Art Einzelhaft oder in einer Wahlkabine, in der er seine Handlung zu wählen hat. Die konstitutive Mitbeteiligung der Anderen an dem, was einer bis dahin geworden ist und daraufhin tut, bleibt tunlichst ausgeblendet. Damit will man nicht auch noch zu tun haben. Hinter diesem Verfahren muß nicht, wie Nietzsche geargwöhnt

hatte, ein Wille zum Strafen am Werke sein, obgleich es den sicher gibt. Die Stigmatisierung der moralisch minder Guten hat für die Masse der Braven, Harmlosen und Servilen etwas ungemein Erhebendes, weil es sie zu den Guten macht. Der Hauptpunkt dürfte aber sein: Man hat gar nicht genug Zeit und Kraft, sich auch um das alles noch zu kümmern; der Prozeß soll einigermaßen kurz sein. Bei der allfälligen Nacharbeit wird das erneut maßgebend. Die Moral hat ihre eigene Ökonomie, und zu dieser Ökonomie gehört eine Moralbuchhaltung mit schön säuberlichen Rubriken (und mit nicht zu vielen). Denn der Moral-Computer kann nur Ja und Nein sagen, und was darüber ist, ist von Übel.

Die Lehre von der moralischen Willensfreiheit gehört, alles in allem, zur Praxis eines Ethos, das in weiten Bereichen eine recht unverbindliche Art des Verbindlichmachens kultiviert. Die »beschränkte Haftung« des Ganzen schlägt hier um in eine unbegrenzte Haftbarkeit des Einzelnen.

Suchen wir die Eingangsfrage, die U. Pothast formuliert hat, für das Freiheitskonzept einer transmoralischen (und ihrer kategorialen Faktur nach »praxisanalytischen«) Ethik zu beantworten. Die Freiheit, die wir in diesem Rahmen meinen können, ist die generelle und bei jedem Einzelnen unterschiedlich dimensionierte und bemessene, doch im Augenblick des Handelns gegen Eins konvergierende Möglichkeit, die Kapazitäten seines Selbst- und Mitseins im Spannungsfeld der Interaktion mit den Anderen zu bewähren oder zu steigern. Jede Einzelhandlung ist eine Probe darauf und ein Indikator dafür, wie weit dieser Qualifizierungsprozeß gediehen ist. Zeigt sie ein mehr oder weniger beträchtliches Defizit an Ichstärke und Gemeinschaftsfähigkeit an, so ist das für den Einzelnen und die Anderen (oder in der umgekehrten Reihen- und Gewichtsfolge) ein Anlaß, sich symmetrisch-gegenseitig zu befragen und zu verantworten (das Befragen wird vielleicht das Wichtigere sein; denn »ver-antworten« kann man sich leicht in der Weise, wie man sich versieht oder vertut). Oft ist die ethische Situation so komplex, daß es ohnehin nicht anginge, daß der eine »zur Verantwortung zieht« und der andere gezogen wird. Selbst in ziemlich asymmetrischen Fällen ist es so, daß auch die »Ordentlichen« stets einen Grund haben, in sich zu gehen und bei sich und einigen anderen, nicht bloß bei dem defizienten Partner etwas zu ändern.

Die Freiheit, die hier in Anspruch genommen oder zugeteilt wird, ist nicht die Unterstellung, jemand hätte so, wie er gerade beschaffen und ausgerüstet war, in dem bestimmten Moment auch anders handeln können. Der Hauptsinn des Verantwortungsprozesses ist es, die Freiheit zu erlangen, es im nächsten derartigen Fall anders machen zu können. Dabei ist es eine offene Frage, wieviel Beistand von Anderen jemand dafür braucht, wieviel gegebenenfalls die Anderen ihm zu gewähren gewillt und imstande sind und wie weit es ihm voranhelfen kann: Eine letzte »Naturschranke« ist nie ganz auszuschließen.

e) Mit den Positionsbestimmungen der beiden letzten Abschnitte ist ein bestimmter Determinismus umrissen, der jetzt nur noch mit einigen kurzen Sätzen lexikalisch zu fixieren wäre. Auf Realgeschehen bezogen dürfte »Determination« nur diese schlicht tautologische Bedeutung haben: Dieses Bestimmte ist eben dieses Bestimmte. Die Frage nach einer Indetermination, einem »auch-anders-möglich-Sein/Gewesensein« kommt mit den Außenrelationen ins Spiel. Jemand, der nachher überzeugt ist und überzeugt sein darf, daß ihm etwas kein zweites Mal mehr passieren würde, befindet sich bereits in einer Außenrelation, und die Erfahrung einer temporären und okkasionellen Vermögensgrenze mag für ihn zum Vehikel der Vermögenserweiterung geworden sein. So finde ich kein Bedenken dagegen, N. Hartmanns »Realgesetz der Möglichkeit« zu unterschreiben, welches besagt, daß real möglich immer nur das ist (oder gewesen ist), was auch wirklich (geworden) ist, und zwar notwendigerweise.[22] Realmöglichkeit und Realnotwendigkeit gründen sich auf dieselbe vollständige Reihe und denselben vollständigen, singulären, ja streng individuellen Komplex von »Bedingungen« – so finden wir es allgemein-ontologisch formuliert. Diese Formulierungsweise greift nicht selten auf die Formeln über, in denen man auch eine lückenlose Determiniertheit der menschlichen Handlung bekräftigen möchte. In seiner eingehenden Studie spielt U. Pothast auf solche Gebrauchsformeln an, auf die »Vermutung, die Handlungen der Personen gingen gesetzmäßig aus der Gesamtheit vorausliegender Bedingungen hervor«.[23] Das ist jedoch eine unbrauchbare, Verwirrung stiftende Redensart. Die Beschwörung von »Gesetzmäßigem« ist entweder tautologisch oder falsch, je nach der Ausdeutung. (Daß auch die Anrufung der »Kausalität« mehr Verwirrung anrichtet als erhellt, begründete ich oben bereits.) Das Unbrauchbare und Verwirrung Stiftende in der Rede von »Bedingungen« ist darin zu sehen, daß dieses Wort, in welchem ja das »Ding« steckt, ebendamit etwas dem Handeln Gegenüberstehendes bezeichnet und das Handeln in ein Folgeverhältnis zu diesem Dinglichen (den »Umständen«) versetzt. Dagegen ist geltend zu machen, daß der einzig sinnvolle Begriff von Handlungsbestimmtheit nur in Termini von Handlungen konzipiert sein kann; das Bedingende von Dingen ist dem gegenüber peripher.

Für die Belange einer ethischen Handlungstheorie erachtet Pothast zwei Determinismus-Varianten als relevant, einen »physiologischen«

und einen »psychologischen« Determinismus. Der eine verlegt die Handlungsdetermination in die menschliche Körpersubstanz, in der die Partikelbewegungen einander (nach welchen »physikalischen Gesetzen« auch immer) auslösen. Dieser Determinismus, bemerkt Pothast, »nimmt keine Rücksicht darauf, daß Personen etwas zu erleben glauben, was man als ›Suchen einer Entscheidung‹ [...] bezeichnen kann. Prozesse oder Zustände des Bewußtseins sind nach der These des physiologischen Determinismus für die Entstehung von Handlungen irrelevant. Sie bieten allenfalls eine folgenlose Abbildung physiologischer Korrelate in einem Erlebnisfeld (oder wie man sonst sagen mag).«[24] Das Malheur dieses Determinismus ist, daß er eine überreiche Mannigfaltigkeit dessen, was uns im Erleben gegeben und geläufig ist, im Rekurs auf ein Anderes erklären oder wenigstens charakterisieren möchte, von dem wir nur ganz wenig und Grobes wissen. Wir wissen zum Beispiel nicht, was für ein neurophysischer Agentenkomplex am Werk ist, wenn wir das Wort »Determinismus« aussprechen und zu erläutern anfangen. So kann diese physico-ontologische »Vertiefung« des Determinismus auf sich beruhen – gewichtig, aber fast völlig leer –, weil wir eher die uns bekannten (und die vielleicht noch bekannt werdenden) somatischen Komplexionen nach den Namen unserer Erlebniswelt charakterisieren müßten, nicht umgekehrt. – Das Wort hat nach Pothast daher der andere, der psychologische Determinismus: »Die These, alle Handlungen von Personen oder mindestens einige ihrer Charakteristika seien durch vorausliegende psychische Umstände nach psychologischen Gesetzen determiniert.« Diesen Determinismus stellt Pothast nun vor die Anforderung, er müsse »zeigen, wie man Wünsche, Handlungsmotive, Handlungsbegründungen als determinierende Faktoren (die meisten sagen: als Ursachen) auffassen oder ihnen mindestens solche Faktoren zuordnen kann«.[25]

An dieser Diskussionsvorlage möchte ich jetzt Maß nehmen, ohne freilich ihre kategoriale Faktur als maßgebend gelten lassen zu können. Zu protokollieren ist also die Kurzformel eines »praktischen Determinismus« in Termini menschlicher Handlungs- und Interaktionsraumbestimmungen, die sich nicht weiter analytisch reduzieren lassen. Es kommen in dieser Formel keine Gesetze, Ursachen, Determinanten, Bedingungen, Umstände und Faktoren vor, sondern personale (auch gesellschaftlich synthetisierte) Handlungswirkungen von Handlungsvermögen und zwischen solchen. *Maßbestimmungen von Handlungsvermögen* sind das Bestimmte, das durch Bedingendes (in einem buchstäblichen Sinne: in Handeln einbezogene oder in ihm hervorgebrachte Dingbestände) angereichert ist; als ein vom Bestimmten abgehobenes Bestimmendes können gegenüber Personen andere Personen durch ihre Handlungen oder indirekten Wirkungen (namentlich durch Sachen vermittelte oder in ihnen inkorporierte) fungieren; das »Bestimmen« ist wiederum ganz buchstäblich zu nehmen: als Hinzutun eines Stimm- oder Stimmungs-Anteils. Die These könnte lauten: Die Handlung eines Menschen ist die bestimmte »Kontinuante« einer vorausliegenden, bis zu ihr selbst heranführenden Qualifizierungsarbeit in allen Dimensionen menschlicher Lebensäußerung und Kraftentfaltung, einer Arbeit, die an einem mit der Geburt ererbten Fundus an individuierter gattungsspezifischer Lebensimpulsivität und Selbsttätigkeit eine fortlaufende Überformung erbracht hat, einer Arbeit, an der anfänglich die Aktivitäten relevanter Anderer einen überwiegenden, dann tendenziell abnehmenden Anteil hatten, während der Anteil der sich ausbildenden Eigenaktivität sich tendenziell mit der erworbenen Handlungskompetenz erhöht. Die »Determination« (Determiniertheit) des Handelns besteht wesentlich in der *temporären Limitation* der erreichten Handlungskompetenz. Die in jedem Moment geschlossene Grenze kann sich mit jedem nächsten Moment wieder für weitere Qualifizierungen öffnen. Eigen- und Fremdanteile an dieser Qualifizierung sind nicht genau meßbar.

f) Die moralische Weltanschauung kultiviert einen sehr emphatischen, feierlichen Begriff des »Sittlichen«, dessen qualitative Dimension die Polarität des Guten und des Bösen (mit seinen Abschwächungsstufen) ist. Das Prädikat »sittlich« (oder »moralisch«, was in diesem Umkreis dasselbe ist) bezieht sich dabei entweder auf *Personen*, deren Handlungen und Handlungsdispositionen (Haltungen, Gesinnungen), oder es bezieht sich auf die (in diesem Blickfeld augenfällig verselbständigten) Handlungs*normen* (sittliches Gesetz, moralische Grundsätze). Im Vokabular der postmoralischen Ethik kommt es zu einigen Umstellungen. Die besondere Dimension des Sittlichen im Ethos, innerhalb der Gesamtheit der Güterverhältnisse, behält ihre Wichtigkeit und Eigenqualität – meistens allerdings unter dem Namen »Gesittung« und an der Realitätsgestalt von »Gesittungs-Qualifikationen« der Menschen festgemacht und nur in einem mehr »abgeleiteten« Sinne als »Gesittungs-Norm« (und dies mit dem einschränkenden Zusatz, daß nicht alle kardinalen Maßbestimmungen positiver Gesittung den Modus einer »Handlungsnorm« im Sinne einer Soll-Vorgabe haben). Den Ausdruck »moralisch« reserviere ich für die besondere Formtypik, welche die Gesittungs-Angelegenheiten in der »moralischen Weltanschauung« annehmen.

Daß der Titel des »Moralischen« in der moralgebundenen Ethik (die darum in seiner sehr pointierten Weise »Moralphilosophie« ist) so dominant wird, steht wohl in einem mehrfachen Sinnzusammenhang. Im Semantischen, das durchaus einigen Hintersinn hat, hängt es damit zusammen, daß hier die Normen selber für das »Moralbewußtsein« die zentrale Bezugsinstanz bilden und als solche schon den Vornamen »moralisch« tragen. Immer wieder tendiert der moralphilosophische Sprachgebrauch dazu, auf der obligaten Verhandlungsebene der Begründung und *Rechtfertigung* moralischer Normen diesen Normen ihrerseits noch einmal das Prädikat »gut« zuzuschreiben: Die Norm des Guten ist selbst eine gute Norm. Auf der anderen Seite besteht ebensowenig Bedenklichkeit, die moralischen Gütequalitäten in den bewußten Handlungsraum hineinzunehmen. Der intentionale Bezug auf die »moralischen Normen« (Grundsätze) ergibt ein »moralisches Verhalten« als »Verwirklichung moralischer Grundsätze« (oder »moralischer Werte«). Der Begriff des Moralischen, des Sittlichen (und der sittlichen Valenz von Handeln) ist damit wiederum ganz eigentümlich abgeflacht – wenn man bedenkt, wie skrupulös einst Scheler den »sittlichen Wert« der Handlung aus dem Felde des bewußt Intendierbaren entschieden (und durchaus triftig, wie ich meine) ausgeschlossen hatte: der Intentionswert ist nicht der intendierte, ja, er ist prinzipiell nicht intendierbar. Und noch ein Aspekt: Wie sehr die »moralischen Normen« in der gängigen Moralphilosophie zu einem umgänglichen Gebrauchsartikel geworden und damit formal den sonstigen intendierbaren Wertpräferenzen assimiliert sind, es fehlt doch an einer distinkten Verknüpfung des moralischen Normenkomplexes mit dem vielschichtigen Gesamtkomplex von Lebensgütern und Güterverhältnissen. Das, was ich die spezifischen Gesittungs-Valenzen personalen-interpersonalen Wirkens nenne, hat ja, wie an früherer Stelle vermerkt, immer auch seine elementare Güte-Qualität (seinen »Güterwert«, wie er in der Scheler-Hartmannschen Ethik genannt und durchaus gewürdigt ist), die (relative) Güte-Qualität eines material bestimmten personalen Selbstseins und die Güte-Qualität der interpersonalen Akte des qualifizierten Mitseins. Nach diesen Unterscheidungen wird es wichtig (und so erst spruchreif), die Beziehung zwischen dem »einfachen«, elementaren Güte-Index von Qualifikationen und Auswirkungen des Selbstseins und Mitseins und einem eigentlich »sittlichen« Güte-Index zu diskutieren. Nach Scheler (dem ich hierin folge) geschieht das sittlich relevante Handeln *nicht* mit Blick auf den sittlichen Wert der betreffenden Handlung, sondern mit Blick auf die in ihr zu realisierenden »Güterwerte«. Und der sittliche Wert erscheint nicht-intendiert (und nicht intendierbar) »auf dem Rücken« der Handlung. Ihn bekommen eher die Anderen als der Handelnde selbst in den Blick, ja, das sittlich relevante Handeln wird durch den Blick auf den Wert geradezu um seine sittliche Authentizität gebracht. Das hieße, daß in sittlichen Angelegenheiten vom Sittlichen tunlichst gar nicht die Rede sein müßte. (Ich rede deshalb lieber in einer mehr neutralisierten, weniger emphatischen Weise von den »Gesittungs«-Weisen, die ihrer materialen Qualität nach schlicht benannt werden.) Unter welchen Prämissen tritt dann eigentlich der Güte-Index des spezifisch »Sittlichen« so viel stärker hervor, bis zur Aufdringlichkeit? Ich meine dann, wenn a) die »sittliche Norm« in vordringlicher Weise für das Handlungsbewußtsein thematisch-explizit wird; ferner b) dann, wenn das Sittlichsein (und -werden) als Sache einer angestrengten Arbeit von einigem Kostenaufwand figuriert. (Der Extremfall einer »Kostentheorie des sittlich-gut-Seins« ist aus der Kantischen Tradition geläufig.) Und schließlich c) dann, wenn es in einer gegebenen Ethos-Formation von hoher praktischer Wichtigkeit ist, Handlungen nicht einfach nach ihrer elementaren personal-interpersonalen Gütequalität und Ranghöhe zu registrieren, sondern – unter der Prämisse des »Du kannst, denn du sollst« – sie auf ihre Verdienstlichkeit oder Schuldhaftigkeit hin zu bestimmen, also unter der moralischen Differenz von Gut und Böse. Die Stilisierungsform von Gut und Böse fällt in der Ethik eines transmoralischen Ethos weg, indem sie durch mehr differentielle Qualifizierungen abgelöst wird. Die Prädikation des »Sittlichen« verliert in dieser Ethik zwar nicht seine Bedeutung, aber seine praktische Aktualität – sie ist eine Reflexionskategorie, keine Operationskategorie. Dominant wird, anstelle eines Qualitätsbegriffs des Sittlichen/Moralischen, ein Qualifikationsbegriff der Gesittungskräfte.

g) Was für eine Freiheit das sittliche Handeln braucht – diese Frage stellte sich uns bis jetzt innerhalb des eingefriedeten Raumes, in dem wir es mit einer festgestellten und anerkannten normativen Gesittungsordnung zu tun haben, also in der Provinz der *Ethica domestica.* Die Sphäre des Häuslichen und Regionalen ist die angestammte Domäne der Moralität, der gebotenen Gleichachtung aller in ihr zusammenlebenden Menschen. Das Ethos der Gutnachbarlichkeit muß seit Menschengedenken damit leben, daß nicht nur im kleinen immer wieder böse Nachbarn in die Quere kommen – gegen sie ist ja stets das aktive Hauptaufgebot der Moralpflege gerichtet gewesen –, sondern erst recht im Nebeneinander der Völker eine ungute Nachbarschaft eher die Regel als die Ausnahme ist. Dazu kommt, daß in den eingefriedeten Regionen selbst schon etwas anderes die Nachbarlichkeit durchkreuzt, eine oft rohe und rücksichtslose Herrschaftswillkür. Die Gesittungskultur hat sich lange Zeit hindurch auf diese Sachlage als auf etwas Selbstverständliches eingestellt, indem sie die Tapferkeit im Kampf gegen die Feinde zu einer der höchsten Tugenden erhoben hat, mitunter auch den Mannesstolz vor Fürstenthronen, oft aber den untertänigen Gehorsam vor der Obrigkeit, die Gewalt über alle hat.

Wie läßt sich im Hinblick auf dies alles eine ethische Rechtslage statuieren? Die Reflexion ist hier verschiedene Wege gegangen, seitdem jene Sachlage aufgehört hat, als etwas Selbstverständliches und für uns Menschen Unüberschreitbares zu gelten, und die Weltordnung insgesamt unter Kriterien ihrer Bestmöglichkeit kam. Kant bezeichnet den Reflexionsweg, die häuslich-regionalen Anfänge einer Ordnung der Verbindlichkeit unter Gleichwürdigen zum »Prinzip« zu erheben und den Geltungsraum des Moralprinzips – in der Ethik mehr implizit, in der Geschichtsphilosophie ganz explizit – als *universell* anzusetzen. So wird es denn zur höchsten Konsequenz der »Achtung vor dem Gesetz« und des moralischen Gesetzesgehorsams, daß ein ewiger Friede und eine rechtliche Ordnung unter allen Menschen sittliche Pflicht sei.

Der Reflexionsweg, den ich beschritten habe, verläuft anders. Während ich die Freiheit, welche die moralische Weltanschauung für das Handeln unter dem sittlichen Gesetz in Anspruch nimmt, wenn nicht aufgehoben, so doch beträchtlich reduziert habe, ergibt sich eine enorme Steigerung der Potenz sittlicher Freiheit durch die denkbar radikale Bekräftigung, die hier der Gedanke einer »Selbstgesetzgebung« in den menschlichen Gesittungsangelegenheiten erfährt. Damit ist eine gesetzgeberische Freiheit der menschlichen Gattung statuiert, eine Freiheit, an der jeder Mensch substantiell Anteil hat.

Geht das aber an, die eine Freiheit so herabzusetzen, um die andere so sehr zu erhöhen, zu überhöhen? Kann das sittliche Handeln so viel Freiheit brauchen, ist das nicht eine exzessive Selbstherrlichkeit im »Werteschaffen«, unter der unversehens »alles erlaubt« ist?

In der Ethik hat alles seine ethisch-praktische Triftigkeit, so auch der seit Kant immer wieder beschrittene Königsweg der prinzipiengeleiteten Moralität. Es ist mir nicht darum zu tun, diesen Weg für unbegehbar zu erklären oder gar ihn unbegehbar zu machen. Insbesondere geht es mir nicht darum, die Position des ethischen Universalismus zu schwächen – im Gegenteil. Als Implikation eines Moralprinzips, das im häuslich-regionalen Umkreis bereits anerkannt und in Kraft ist, mag die Ausweitung der Gutnachbarlichkeit auf alle Menschen demjenigen, der daran engagiert ist, als eine Sache von höherer ethischer Rechtssicherheit erscheinen und eine Pflicht zum Frieden als etwas normativ Stärkeres neben dem bloßen Interesse am Frieden und der Bereitschaft, die Friedensbedingungen zu erfüllen. Mir ist es darum zu tun, die weltbürgerliche Vereinigung auch anders denken zu können, nicht als Erfüllung einer sittlichen Pflicht, sondern als einen Akt aus sittlich-normativer Freiheit. Nur ist diese Freiheit eben nicht formell, sondern substantiell zu denken. Das Substantielle von Sittlichkeit ist das gelebte Ethos. Die Ausweitung ethischer Verbindlichkeit in die menschheitliche Ökumene gehört selbst substantiell zu einer im Partikularen ansetzenden geschichtlichen Ethos-Formierung, so wie sie auch eine substantielle Vorgeschichte im noch mehr Partikularen und schon einen substantiellen Anfangsgrund im Menschlich-Natürlichen überhaupt hat. Sich aus diesem praktisch-substantiellen Fundus heraus als einer geltend machen, der zur Mitträgerschaft an einer gesamtmenschheitlichen Gemeinschafts- und Friedensordnung disponiert ist (oder disponiert wäre), ist ein bestimmter Akt der normativen Freiheit, von der hier die Rede ist. Er trägt seine Dignität, Evidenz und Ansehnlichkeit in sich, und er bedarf keiner Rechtfertigung *ab alio* und vor Anderen, die es anders halten. Statt einer institutionell bestimmten Rechtssicherheit waltet hier eine Selbstsicherheit und eine Zuversicht auf eine letztliche Bestätigung der praktischen Dignität, die ein Ethos der autonom-kooperativen Kultur schon findet und in erweitertem Umkreis finden wird.

Im Blickfeld einer Ethik des Ethos ist es ein Faktum, daß jedes Individuum mit seinem bestimmten Selbstsein und seinem Modus von Selbsttätigkeit einen mitkonstitutiven Anteil am Gesamtprozeß der Ethos-Formierungen und somit an der normativen Freiheit der Gattung hat (nicht nur haben »soll«). Auch momentan mißachtete Geltungsansprüche sind ein Moment in der ethischen Selbstgesetzgebung, Akte der normativen Freiheit. Das Substantielle des ethischen Universalismus, sein reelles praktisches Substrat, besteht eben in dieser Allheit von Individuen, deren jedes auf seine Weise den legislativen Anteil des eigenen Selbstseins geltend macht. Die eigene Substantialität dieses Universalismus bemißt sich akkurat danach, mit welchen Leistungen des Anerkennens er auf die Totale von Ansprüchen praktisch zu antworten vermag. Redlicherweise ist zu sagen, daß Absichtserklärungen und sehr vorläufige Bereitschaftsbekundungen noch immer überwiegen. Vielleicht kann eine deutliche Rechenschaft über den praktischen Leistungsstand in der Blickrichtung einer universalen Anerkennungs-Synthesis heute mehr bedeuten als die Verteidigung des universalistischen Prinzips.

Auch dort, wo Verbindlichkeit ein Eingehen von Bindungen ist, hat dies den Grundmodus, daß normative Freiheit mit normativer Freiheit in Akten freier Anerkennung und aus erlangter Freiheit heraus in eine

Verbindung eintritt. Wenigstens läßt es sich, wie ich meine, in dieser Weise denken, ohne daß etwas an ethischer Rechtssicherheit verlorengehen müßte.

3. Philosophische Ethik in der Praxis des Ethos

Die Art und Weise, in der eine philosophische Ethik am Leben des Ethos teilhat und darin ihre besonderen Funktionen bestimmt, nenne ich (einen Ausdruck von H. Plessner entlehnend) ihre geistig-praktische »Positionalität«. Die meisten Ethiken haben, indem sie sich denkbar direkt an der Frage engagierten »Was sollen wir tun?« (oder: »Wie können wir gut und richtig leben?«), ihren funktionellen Ort auf einer intellektuellen Oberstufe des aktiven sittlichen Bewußtseins und das Ihre dazu beizutragen gesucht, daß die Gesittungsnormen diesem Bewußtsein in wohlbedachter begrifflicher Prägung möglichst deutlich vor Augen stehen und vermittels eingehender Prüfungen und Begründungen eine höhere Geltungsgewißheit erlangen. Ethik wird so ganz buchstäblich zur »praktischen Philosophie«.
Einer der letzten großen Systematiker philosophischer Ethik, N. Hartmann, deklarierte ganz aus diesem Geiste: »Philosophische Ethik ist die Maieutik des sittlichen Bewußtseins.«[26] W. Kluxen versteht unter Ethik »die normative Lehre von der menschlichen Handlung, sofern diese unter der moralischen Differenz von Gut und Böse steht«.[27] W. Weischedels »Skeptische Ethik« rüttelt ebensowenig daran, daß die philosophische Ethik Anweisungen dafür geben will, »wie Gesinnung, Wollen, Haltung und Verhalten beschaffen sein sollen, was also zu tun und zu lassen ist«.[28] Selbst noch der negative Dialektiker Th. W. Adorno nahm die Ethik, wie schwierig sich ihr Geschäft nun auch anlassen mochte, als die »Lehre vom richtigen Leben«.[29] Aus der »Metaethik«, die mit ihrem Hauptinteresse an der Sprache der Moral zunächst eine gewisse theoretizistische Neutralisierung dieses Feldes betrieben hatte, setzt wieder eine Rückwanderung in die aktiv-normative Ethik ein. Im Begründungsprogramm von J. Habermas organisiert sich Ethik als eine »Logik der moralischen Argumentation«.[30] Im Binnenraum des Moralbewußtseins setzt auch E. Tugendhat die Grundfragen der Ethik an.[31] Philosophisch-ethische Arbeit im Medium des Moralbewußtseins kann ihren praktischen Sinn nur darin haben, daß sie durch eine Höherqualifizierung des Moralbewußtseins auch einen Beitrag zur Höherqualifizierung der Gesittungspraxis leistet – obschon das nicht immer so deutlich und nachdrücklich deklariert ist wie bei

A. Schweitzer: »Alles Nachdenken über Ethik hat eine Hebung und Belebung der ethischen Gesinnung zur Folge.«[32] Im Publikumsverständnis ist der praktische Sinn von Ethik erst recht festgeschrieben.

In der Tat, eine philosophische Ethik steht der Praxis des Ethos nicht als externer Beobachter gegenüber, sondern bewegt sich im Medium aktiver, engagierter Beteiligung. Das gilt auch für das hier vorgestellte Konzept einer »praxisanalytischen« Ethos-Reflexion, die ihren Ort außerhalb der Aktivitäten des Moralbewußtseins (in dem weiter oben eingegrenzten Sinne) bezieht und von jeder lehrhaften Übermittlung sittlicher Sollgehalte zurücktritt, sich ganz auf eine kennzeichnende Interpretation beschränkt. Sie umschreibt eine andere »Positionalität« als die traditionell vorherrschende Ethik, kultiviert einen anderen Habitus und Gestus der praktischen Ethos-Partizipation, und sie reklamiert dafür eine spezifische, kontext-relative Möglichkeit, nicht jedoch allgemeine Verbindlichkeit. Diese eigentümliche »Positionalität«, die im bisherigen Verhandlungsverlauf schon an vielen Stellen sichtbar geworden ist, will ich nun zusammenfassen.

a) Das Paradigma einer die Praxis des Ethos interpretierenden und analytisch aufschließenden Ethik läßt nicht nur das Feld des Sittlichen in einer anderen Perspektive erscheinen, es bedeutet auch einen Ortswechsel hinsichtlich der Selbstlokalisation. Es ergibt sich so eine veränderte Selbstwahrnehmung und, nur dadurch »transzendental« ermöglicht, auch eine veränderte Feldwahrnehmung. In der gewöhnlichen Objektwissenschaft reduziert sich der Erkenntnisbeflissene auf den Status des theoretischen Subjekts. Die traditionelle normative Ethik wird zu einer normativen Disziplin, indem der Ethiker an seinem »Gegenstand«, der normativen Sphäre des Sittlich-Praktischen, durch das affirmative Aussprechen der Gesittungsnormen selber Anteil nimmt, die Affirmationen und Negationen des sittlichen Bewußtseins mitvollzieht. Die Gesittungspraxis ist von diesem Standort gesehen das »Zielgebiet« eines Handelns, das sich von den im Moralbewußtsein ausgebildeten Wertüberzeugungen und Normbejahungen leiten läßt – und eben an der Ausbildung, Bereinigung und Bekräftigung dieser ideell-praktischen Affirmationen wirkt der normative Ethiker mit. Im praxisanalytischen Paradigma lokalisiert sich der Ethiker doppelt, zweistufig: Er nimmt sich, zugleich mit den diversen Identifizierungen auf der Ebene des gesittungsrelevanten Handlungsbewußtseins, als praktisch Mitwirkenden im normativen Prozeß des Ethos auf der Ebene seiner gesittungspraktischen Wirkkapazitäten wahr, welche letztere er nicht als Derivate eines vorgängigen normenbestückten Moralbewußtseins begreift, sondern als etwas Autochthones.

b) Die erste Arbeit der praxisanalytischen Ethik ist die Identifizierung und Benennung der autochthon praktischen Wirkkapazitäten der Ethos-Formierung beim Individuum wie in den gesellschaftlichen Gebilden. Die normative (normbezogene) Selbstidentifizierung geschieht daraufhin nicht mehr in der identifikatorischen Unmittelbarkeit des affirmativen Moralbewußtseins, sondern in einer geradezu unendlich vermittelten, distanzierten Vergegenwärtigung des eigenen praktischen Selbst; die Selbstidentifizierung ist nicht mehr hermetisch, sondern offen für Identifizierungen durch Andere; sie wird damit zum offenen Prozeß.

c) Mit der Zweifach-Lokalisierung des normativen Engagements in Ethos-Bewußtsein und Ethos-Praxis verliert die alte Frage nach dem »normativen« oder »kontemplativen« Charakter der philosophischen Ethik jeglichen Sinn. Die Arbeit an Themen der philosophischen Ethik und die Präsentation der Arbeitsergebnisse in Form von gesprochenen und geschriebenen Texten ist nicht gleichbedeutend mit der Gesamtpraxis des Ethikers. Er ist auf vielfältige Weise durch Wirksamkeiten an normativen Ethos-Prozessen beteiligt, die jenseits des Texts seiner ethischen Verlautbarungen liegen. Die tiefsitzende Überzeugung der dezidiert normativen (Moralbewußtseins-)Ethiker ist es, daß sie justament durch den semantischen Gehalt ihrer Mitteilungen über normative Geltungen eine praktisch-normative, motivierende Wirkung in der expliziten intentionalen Sinnrichtung ihrer Mitteilungen erzielen oder befördern könnten. Der »postmoralische« Ethiker teilt diese Überzeugung (die ihm als eine ideologische Illusion erscheint) entschieden nicht. Soweit sich ein Teil seiner ethos-praktischen Wirksamkeit in der Übermittlung ethischer Gedankenbildungen abspielt, ist deren (infinitesimal-imponderabler) Effekt nicht in den semantischen Gehalt seiner Mitteilungen eingeschlossen und mit diesem nicht thematisch kongruent; dieser praktische Effekt (funktionaler, nicht intentionaler Art) gehört vielmehr der praktisch-kommunikativen »Unterströmung« seines rhetorischen oder didaktischen Wirkens an. Das Lehren von Verbindlichkeiten ist etwas anderes als die Verbindlichkeit eines Lehrens, einer Lehrweise.

d) Der Radikalismus des praxisanalytischen Ethikers besteht darin, daß er ohne jedes kompromißlerische »Sowohl – als auch« die formierenden Leistungen im und am Ethos ausschließlich auf der »Primärebene« des autochthon Praktischen lokalisiert sieht, daß er der rhetorischen Exposition der gesittungsnormativen Essentialien nicht die geringste gesittungspraktische Bedeutung beimißt. Er scheidet damit aus der Sphäre von Ethik als »Sittenlehre« aus. Proklamationen sittlichen Sollens sind die Ausstellungsstücke des moralbewußten Ethos. Wenn sich die transmoralische Ethik aus dieser Betriebsamkeit zurückzieht, tut sie das jedoch nicht aus einem nutzenpragmatischen Kalkül – wegen mangelnder »Effizienz« –, sondern es entspricht einfach ihrem Habitus, ihrer anderen geistig-praktischen »Positionalität«, aus der sie keine allgemeine Empfehlung für jedermann machen kann und will.

e) Entlastet von der Pflicht, moralische Pflichten ins Bewußtsein zu heben, kann die transmoralische Ethik ihr Geschäft praxisimmanent als ein ganz und gar theoretisches betreiben, als eines, das der *Ausbildung eines Wissens* und nicht der *Bildung des sittlichen Willens* zugewandt ist. Nur ist es eben kein »objektives« Wissen über einen Gegenstand, sondern das Reflexionswissen einer Orientierung im Praktischen: Wissen, woran man mit sich selbst und den Anderen praktisch ist. Indem dieses Wissen sich in Benennungen und Modellbildungen artikuliert, wird es zum Medium einer Verständigungs- und Verhandlungssprache und gewinnt damit einen pragmatischen Aspekt. Wenn es einem Ethiker mit seiner Anstrengung (und nicht Überanstrengung) des Begriffs gelingt, Erkennungs- und Verständigungsprozesse in seinem spezifischen Umfeld zu befördern und etwas zur Entstehung einer Sphäre von Gemeinsamkeit beizutragen, kann seine Formulierungs- und Modellierungsarbeit eine praktisch-kommunikative Wirkung erlangen. Sie ist darin freilich auf ein praktisches Substrat angewiesen; das Substrat der transmoralischen Ethik liegt in den Bildungselementen eines Ethos jenseits von Moralität, soweit solche sich in der »Gemengelage« der bestehenden Ethos-Formation bereits schichtspezifisch oder sonstwie regional ausgebildet haben. Für diese Teilregion sucht sie Elemente einer Verkehrssprache zu entwickeln, in der Vermutung, daß die Teilregion sich künftig noch ausweiten könnte, namentlich in den großgesellschaftlichen Ethos-Angelegenheiten. Der »Geltungsanspruch« dieser Ethik ist damit eingeschränkt. Sie will weder eine Propaganda für sich selbst noch eine für das postmoralische Ethos sein, auch kein Programm dieses Ethos. Sie gehört nicht zu dem verbreiteten Genre der programmatischen Ethik (wie die Erörterungen des zweiten Teils zeigen werden).

f) Das Methoden-Repertoire der praxisanalytischen Ethik enthält mehrere Leistungsarten. Unmittelbar praktisch-normative Leistungen sind ausgeschlossen. Der Gegenbegriff dazu, der des Theoretisch-Kognitiven, ist jedoch zu unspezifisch, sogar irreführend, wenn man nicht bedenkt, daß die in Rede stehenden Erkenntnisleistungen im Kontext einer Orientierung im Praktischen stehen; der Ausdruck »Erkennung« würde den funktionellen Ort innerhalb einer praktisch interessierten

Heuristik wohl treffender bezeichnen; auch der Titel »Diagnostik« böte sich an, wenn er nicht schon zu eng mit Expertentum (plus »Therapie«) assoziiert wäre. Der häufig verwendete Ausdruck »Ethos-Reflexion« verweist darauf, daß ethisches Wissen in seinem konstitutiven Kernbestand reflexiv im Rückgang auf den eigenen Ich-Raum erschlossen ist. Die andere Modusbestimmung heißt »Interpretation«. Das Moment des Tentativen ist so allgegenwärtig, daß das Gesamtunternehmen trotz einer ausgeprägt theoretischen (oder quasi-theoretischen) Haltung nicht oder nur in begrenzten Teilen den Anspruch von »Theorie« erhebt. (Diesen Titel möchte ich überhaupt für das reservieren, was M. Horkheimer »traditionelle« Theorie nennt.) Ich mache, alles in allem, einen ganz vorläufigen Versuch, eine hermeneutische Verfahrensweise mit einer analytisch gewonnenen Matrix zur Einheit einer Interpretation zu verbinden, einer begleitenden Interpretation der aktuellen Ethos-Prozesse im Rahmen einer Interpretation von Ethos-Formierung überhaupt.

g) Obwohl dieser Traktat den Titel einer Ethik in Anspruch nimmt, weil sich darin durchaus die systematische Einheit (nur nicht enzyklopädische Vollständigkeit) eines disziplinären Konzepts bekundet, gilt meine Bemühung nicht der Sache der philosophischen Ethik als einer Disziplin der *Philosophia perennis.* Ich neige eher dazu, die Aktualität von Ethik betont situations-relativ zu sehen und ihre geistig-praktische Bedeutsamkeit einzuschränken. Wann nehmen Fragen der Orientierung im Praktischen die disziplinäre Form von Ethik (und den Impetus einer öffentlichen Nachfrage nach »Ethik«) an? Für den gegenwärtigen Fall möchte ich hoffen, daß Ethik die Vorform einer ihrer selbst noch nicht so recht sicheren, nach einer tieferen Fundierung strebenden *Politik* ist. Diesen Übergang ins Politische möchte ich mit diesem *Tractatus ethico-politicus* vorsichtig und nach der Art einer suggestiven Anfrage signalisieren.

III. Reich der sittlichen Vernunft – Welt der Normen

Der höhere Beruf der Philosophie, so scheint es, erfüllt sich in der Logik: nicht in jener subalternen, die es mit den Verknüpfungs- und Folgebeziehungen zwischen Wörtern und Sätzen zu tun hat, sondern in der transzendentalen oder noch höheren Logik des Begriffs, des Wesens und des Seins. So fügt sich auch die philosophische Ethik der Logik eines höheren Logos ein und entfaltet darin ihre eigene Logik, eine Logik der sittlich-normativen Essentialien.

Unsere Bestandsprüfung erreicht damit die dritte der drei Schichten des Sittlich-Normativen, die wir eingangs unterschieden hatten: Das eine war die Praxis des gelebten Ethos, das andere die Sonderkultur der sittlich-normativen (bzw. »moralischen«) Bewußtseinsbildung und Rede; und es schien dabei immer schon dieses Dritte durch, die reine Sinngestalt (Idee) in den sittlichen Sollgehalten. Seit Platon hat man darin das eigentliche Konstitutive, das Prinzipielle und Begründende von Sittlichkeit erblickt (oder »erschaut«). Die Ethiker haben es an verschiedenen Orten und in verschiedenen Gestalten wahrgenommen. Eine seiner Urgestalten war der Wille Gottes, wie er aus seinem innersten Wesen hervorging, als Gebot an die Menschen gerichtet. In festgefügt-seßhaften Frühgesellschaften genügte zur Orientierung im Praktischen ein Inbegriff von »Sitte«, der sich in einen Katalog von »Tugenden« auffächerte. In der Endkrise einer dieser Gesellschaften fand das Denken die oberste Maßgabe des Guten als »Idee in einer anderen Welt«, die als die eigentliche gelten sollte. Dieses Platonische Erbteil beschäftigt uns in der Ethik bis auf den heutigen Tag. In der Neuzeit rückte, als der Fürstenstaat zur herrschenden weltlichen Macht aufstieg, der zur Staatssphäre gehörende Titel des Gesetzes als »Sittengesetz« in jene feierliche Majestätswürde ein, die noch Kant fromm erschaudern ließ. Als im bürgerlichen Jahrhundert das »Ökonomische« zur Schicksalsmacht wurde, zog der in dieser Sphäre beheimatete Begriff der »Werte« in die Direktionsetage der sittlichen Welt ein. Das zwanzigste Jahrhundert, das die vollendete Herrschaft der Technik erlebt, sieht in dieser Beleuchtung das Moralische als Sache von »Normen und Regeln«, in denen Wert und Gesetz sozusagen ihre Ausführungsbestimmungen erhalten. Gesetz, Wert und Norm sind vereinigt in einem Inbegriff von sittlicher oder (sittlich-)praktischer »Vernunft«. Die Vernunft (genauer: das »obere Vernunftvermögen«), heißt es bei Kant, ist das Vermögen der »Ideen« und »Prinzipien«. Die »Werte«, welche die Wertethik des ausgehenden neunzehnten und des beginnenden zwanzigsten Jahrhunderts zum thematischen Nenner der sittlichen Orientierung gemacht hat, haben ihren Platz behauptet und teilen ihn mit den »Normen«, an deren Spitze das meistens im Singular auftretende »Moralprinzip« steht. Die »Werte« umschreiben in mehr allgemeiner Weise ein »Seinsollen«, während von den Prinzipien ein »Tunsollen« ausgeht. Wir wollen jedoch auf die Semantik der diversen Statustitel nicht näher eingehen, sondern halten uns an das, was ihnen gemeinsam ist: die »essentiale« Bestimmtheit der sittlichen Sollwerte.

Die »Ethik ohne Imperativ« ist eine Probe darauf, ob nicht eine Orientierung im Praktischen der Gesittungs-Angelegenheiten auch ohne den Rekurs auf Instanzen der bezeichneten Art möglich ist und ohne daß damit ein Verlust an Orientierungssicherheit eintreten müßte. »Ohne Imperativ« – das heißt nicht nur, ohne das rhetorische Aufgebot von Sollsätzen zur moralischen Willensbildung, es heißt, radikaler, ohne irgendwelche aus sich heraus normativen, allem Handeln absolut vorgeordnete Essenzen des sittlich Guten und Richtigen. Zur These zugespitzt: In Betracht kommt dann nur eine *normative Kraft im Wirklichen*, nicht eine autarke Norm, in deren Licht das Wirkliche sich zu einem Sollen bestimmt fände. Der Disput um diese Denkmöglichkeiten und ihre Implikationen müßte sich, ernstlich geführt, in ebenso weitläufige wie subtile Erörterungen einlassen, die auf nichts Geringeres als eine umfassende »Kritik der normativen Vernunft« hinausliefen. Ob ein solches Unternehmen aktuell wird, dessen bin ich nicht sicher. Fast möchte ich hoffen, daß es nicht mehr so schlimm um uns steht (um es mit einer variierten Redewendung von O. Marquard zu sagen). Denn das Heil des neuerwachten ethischen Interesses sehe ich im Übergang zu einer höher inspirierten Politik, nicht in der Regression auf philosophisch-ethische Systematik.

Die abstrakt gefaßten (oder mit Husserls Ausdruck: eidetisch reduzierten) Sollgehalte sind das Gemeingut des tätigen Moralbewußtseins und der moralisch aktiven philosophischen Ethik. Das Verfahren, in dem das Normative diese besondere Gestalt annimmt, will ich kurz die »Norm-Wert-Abstraktion« nennen und an einigen ausgewählten Textbeispielen diskutieren. Darauf folgt mein Plädoyer für die Suffizienz einer Sichtweise, in der die normativen Valenzen im Medium des »Wirklichen« integriert bleiben, also nicht in einer aparten Bedeutsamkeit hervortreten, wobei von normativer Wertigkeit der wirkenden Kräfte, nicht von normativer Wirkkraft der Werte die Rede ist.

1. Wege der Norm-Wert-Abstraktion

Beim Durchdenken der verschiedenen Bemühungen um eine begriffliche Fassung der sittlichen Norm-Essenzen (»Wesenheiten«) zeigt es sich, daß sie in charakteristischer Weise die verschiedenen Stellen in einer Art Topographie des Problembestandes besetzen und bearbeiten. Es gibt da einen Objekt-Pol, der sich im materialen Gegenstandszusammenhang von güterbezogenen Akten dem Blick darbietet. Ihm gegenüber befindet sich ein Subjekt-Pol im denk-, intentions- und handlungsfähigen, auch ansprechbaren Ich. Und zwischen beiden ist etwas von der Art einer »Beziehung« oder Vermittlung, die bestimmte Vermittlungsart (Relation, Proportion) in und zwischen den Subjekten in bezug auf Güterbestände. Am Objekt-Pol wird der Titelbegriff »Wert« bedeutsam (wie das die »materiale Wertethik« systematisch entfaltet hat). Die »Werte« sind kategorial so gefaßt, daß sie sich wie etwas »Substantielles« ausnehmen – wenigstens in dem Sinne, in dem Aristoteles die »zweiten Substanzen«, die Gattungswesen, von den »ersten«, den Dingsubstanzen, abgehoben hatte. Die Erkenntnisart für Substantielles der einen und der anderen Art ist ein Anschauen; in bezug auf die Wert-Wesenheiten sprach man ja oft von einem »Erschauen«, einer Intuition. Im Erschauen stellt sich eine unmittelbare Gewißheit des Werthaften als eines Seinsollenden ein, ein Appell (»Ruf«) an den sie Wahrnehmenden. Weil sich diese »Werte« auf ihre Weise als faßliche materiale Ganzheiten darstellen, kann man sie nach dem Bekunden ihrer Erschauer auch »wählen« – »Wertewahl« als primärer Akt im normativen Orientierungsgang. Nun zum Subjekt-Pol: Hier gibt es nichts zu sehen und zu hören, sondern das eigene Selbst zu bedenken, das *Cogito agens* auf seine Grundleistungen hin zu befragen. Es ist das Verfahren der Reflexion auf das denkende, erkennende Ich, das zum wollenden Ich und dabei gewahr wird, daß es immer schon auf eine Handlungsverbindlichkeit (eine mit moralischen Implikationen) hingeordnet ist. Und zum dritten das praktische Ich, das die unendliche Vermittlungsarbeit auf sich zu nehmen hat. Sein Erkenntniszugang ist nicht durch »Punktquellen« bestimmt, wie es die Werte und das »Ich denke« sind, sondern durch eine Stellenmannigfaltigkeit dessen, was normativ zu vermitteln ansteht: viele Personen, viele Güter in vielen Dimensionen. Das Erfassen dieser Stellenmannigfaltigkeit geschieht diskursiv, und die prak-

tisch-normative Erschließung des Vermittelnden geschieht im Diskurs.
Vergegenwärtigen wir uns diese drei Grundmodelle an einigen wenigen Äußerungen aus der neueren Diskussion – der darin enthaltenen Referenzen wegen in einer abgewandelten Reihenfolge.
a) Normengewißheit durch Reflexion zu erlangen ist das Begründungsprogramm von K. O. Apel, der dafür mit dem Stichwort »Letztbegründung« noch einen besonderen Akzent gesetzt hat. Noch vor allen »moralischen Normen« trifft man nach Apel auf die Regeln, unter denen das erkennende Denken steht, indem es sich innerhalb der Institution »Sprache« bewegt: Diese ist ihrer Bestimmung nach ein Medium der »Kommunikation« zwischen Menschen, »Kommunikationsgemeinschaft«. Die Kommunikationsgemeinschaft hat ein »Apriori« (wie es mit dem Kantianer-Ausdruck heißt), ein Immer-schon-Vorausgesetztes. Dieses »Apriori« macht sich in Aussagen über beliebige Sachverhalte geltend, sofern diese mit einem Anspruch auf Wahrheit vorgebracht werden. Damit befindet man sich bereits in einem Raum von »Argumentation«. Wie sich in diesem Raum eine Normativität erschließt, die bis zu moralischen Normierungen geht, das hat W. Kuhlmann schulgerecht in einem mehrstufigen Normen-Aufbau demonstriert. Die erste Norm besagt, daß wir uns, wenn wir ernstlich an der Lösung eines Erkenntnisproblems interessiert sind, »vernünftig argumentierend um die richtige Lösung bemühen« müssen. »Diese Norm ist nichts anderes als der Ausdruck des für uns als Argumentierende unhintergehbaren Willens zur rationalen Argumentation, der als Norm oder Imperativ in der Form ›Argumentiere rational!‹ gegen uns gewendet werden kann.« So wendet sich der Ausdruck meines eigenen unhintergehbaren Willens als Imperativ auf mich zurück. Und niemand kann die Geltung dieser Norm ohne Selbstwiderspruch bestreiten, es besteht also eine logische Nötigung.
Aus dieser ersten und obersten, weil allgemeineren und umfassenderen Norm sollen sich die weiteren Normen gewinnen lassen. Dabei geht es freilich nicht um weitere Inhaltsbestimmungen, sondern allein um den prozeduralen Modus als einen sozusagen auto-normativen. Wie führt nun die reflexive Ausweitung des Bedeutungsfeldes zu ausdrücklich ethischen Normen? Dadurch, daß schlechthin alle Belange zur Argumantationssache werden, sich als solche offenbaren. In der Formulierung von W. Kuhlmann lautet die Universalnorm der Kommunikationsethik dann so: »Wenn wir an der Lösung eines praktischen Problems ernsthaft interessiert sind, eines Problems, in dem es um die Berechtigung von Handlungsnormen, Zielen, Bedürfnissen, Interessen

geht, und dies insbesondere im Falle des Konflikts zwischen Ansprüchen verschiedener Beteiligter, dann müssen wir uns um eine Lösung bemühen, der jeder irgendwie Betroffene zustimmen könnte: wir müssen uns um einen vernünftigen Konsens bemühen.« Die Vernünftigkeit des Konsensus steht wiederum unter einem Müssen: Es darf »kein Zwang außer dem des besseren Arguments ausgeübt werden«.[33]

Wir haben in dieser Modellbildung (die sich weiter fortsetzt) eine eigentümliche Logisierung des Praktischen vor uns, eine subjektive, in die Ich-Akte eingezeichnete Logisierung des Ethischen, in einem buchstäblichen Sinn: »Logos« kommt ja von »Reden«. Die Reflexion ist eine Vertiefung in den Sinngehalt und die Sinnprämissen von Sprechakten. Und alle praktischen Angelegenheiten figurieren, in Sprechakte gekleidet, als Sache von Argumentationen. Die Kommunikationsgemeinschaft ist eine Argumentationsgemeinschaft.

Das ethisch Bedeutsame ist nun, daß die Kommunikationsgemeinschaft, in der nur im Konsens aller Beteiligten und Betroffenen über Erlaubtes, Gebotenes und Unzulässiges befunden werden kann, aus ihrem »Apriori«, ihren Grundanerkenntnissen heraus eine schlechthin unbegrenzte, tendenziell alle Menschen (auch die künftigen) umfassende ist. Das macht den Inbegriff der »idealen Kommunikationsgemeinschaft« aus, die in Differenz zu allen realen Kommunikationsgemeinschaften steht und ihnen gegenüber eine prinzipiell-normative, programmatische Bedeutung erlangt. Die Ethos-Geschichte bewegt sich so im Spannungsfeld zwischen der Idee der idealen Kommunikationsgemeinschaft und den geschichtlich-faktischen Annäherungen an sie bzw. Abweichungen von ihr.

Auf die erste Begründungsstufe, die »Letztbegründung« der »moralischen Grundnorm der kommunikativen Ethik«, folgt eine zweite Stufe, die der aktuellen, okkasionellen und programmatischen Umsetzungen. Das verweist auf die weitläufige Praxis der materialen Normfindung im Rahmen der Verfahrensordnung, die mit der Grundnorm gesetzt ist: alles unter der Pflicht zur vernünftigen Konsensbildung ohne Zwang, Ausschließungen und andere Beengungen. Zunächst als *Ethica domestica* fungierend, öffnet sich die kommunikative Ethik ins Weltweite, indem sie den vielen nicht-kommunikativ funktionierenden Handlungsräumen, denen der Politik und Weltpolitik zumal, als eine »moralische Strategie« zur Überwindung des Strategischen durch das Moralische entgegentritt. In einem Beitrag zum Ethik-Funkkolleg hat Apel diese Umsetzung die »strategisch ergänzte Kommunikationsethik als zukunftsbezogene Verantwortungsethik« vorgestellt.[34] Es ist ja einzuräumen: »Zumindest in allen politisch relevanten Handlungssituationen kann und darf nicht mit der *Realität* der im Argumentieren kontrafaktisch antizipierten idealen Kommunikationsgemeinschaft gerechnet werden. Und dieses Spannungsverhältnis zwischen Realität und Ideal ist für den Standpunkt der Verantwortungsethik offenbar wesentlich; denn es geht jetzt nicht um die Begründung der idealen Norm (die sich zu Recht auf die Notwendigkeit der kontrafaktischen Antizipation der idealen Kommunikationsgemeinschaft berufen konnte), sondern um die verantwortbare Anwendung der idealen Norm unter realen Bedingungen.« Die Frage lautet dann: »Wie also soll sich der verantwortliche Einzelne, etwa der Politiker, angesichts dieser Problemlage verhalten – gesetzt, daß er in bester Absicht nach einer ethischen Orientierung sucht?«[35] Dafür formuliert Apel einen Grundsatz: »Die Grundnorm der Kommunikationsethik selbst muß noch zum regulativen Prinzip der Vermittlung, und das heißt: zum Prinzip einer moralischen Strategie, werden.«[36]

»Was ist damit gewonnen?«, fragt Apels Argumentationsbegleiter W. Kuhlmann nach seinem Durchgang durch die drei Stufen der moralphilosophischen Grundnorm-Erschließung. Ich möchte dazu meine eigene Antwort vorbringen. Vorab möchte ich (wie viele andere auch) dafür plädieren, daß man tunlichst nicht so viel verlangen möge: nämlich, daß die reflexive Vertiefung ins eigene Ich, in die Sprachgestalt des »Ich denke«, bereits eine logisch nötigende und ineins damit praktisch bindende Handlungsnormativität freilegen soll. Sodann: Der Weg über die Kommunikationsbrücken kooperativer Erkenntnisgewinnung könnte sich wenn nicht als ein Umweg, so doch als ein schmaler, allzu schmaler Nebenweg erweisen, als einer zudem, den man nur in stark gebückter Haltung passieren kann. Die Stärke einer Verfahrensnormativität, die schon in jeder Sacherkenntnis waltet, erwächst aus einer »schlechthinnigen« Autorität des Sachverhalts in bezug auf jede Aussage über ihn. In einer dem Sachverhalt geltenden Argumentation kommt als das »bessere Argument« zweierlei (in wechselnder Mischung) ins Spiel: einmal die Autorität der Sache, zum anderen die überlegene Einsichtsfähigkeit eines Erkenntnisbeflissenen gegenüber der des anderen. Durch beides kommt eher ein Moment von Störung in den kommunikativen Sinngehalt der Prozedur. Gerade in der Argumentation verschränken sich die Geltungsansprüche für den sachadäquaten Aussagegehalt mit denen für die überlegen-einsichtige Person in einer Weise, daß das Ethos einer gemeinschaftlichen Erkenntnisarbeit von solcher Überlagerung erst freigemacht werden muß, wenn aus dem Ethos der Geltungsrivalität das Ethos eines solidarischen Umgangs zwischen Erkenntnispartnern werden will. Aus jener Überlagerung kommt wohl auch der penetrante Normdruck, den die oben zitierten Formeln erkennen lassen. Der strenge Parallelismus zwischen Argumentationen über Theoretisches und Argumentationen über Praktisches führt, wie wir sehen, an einen Punkt, wo über die »Berechtigung von Handlungsnormen, Zielen, Bedürfnissen, Interessen« argumentiert werden muß – gemeint ist wohl: über den Rahmen ihrer zuträglichen Befriedigung und Durchsetzung. Das *thema probandum* kann hier doch wohl nur die Vereinbarkeit oder Zumutbarkeit einer Bedürfnisbefriedigung mit der gleichrangigen eines anderen sein. »Argument« für die Begrenzung einer Bedürfnisbefriedigung ist, daß jener andere ein entgegenstehendes Interesse hat, und nötigenfalls wird man noch andere hinzurufen, um zu bekunden, ob sie aus ihrer Bedürfnislage heraus Verständnis für das eine und das andere Bedürfnis haben und welche Befriedigungs-Proportion sie für billig erachten. Im praktischen Kern der Sache entscheiden Respekt, Takt und Feingefühl.

Warum dieser Umweg über das argumentierende Bereden und Verhandeln von existierenden Sachverhalten? Das »Apriori«, das sich hier aufweisen läßt, ist für eine Abstimmung in praktischen Fragen unzulänglich und überflüssig zugleich. In unseren Breiten kann man natürlich fast bei jedermann bestimmte, immer schon vollzogene sozial-praktische Anerkenntnisse reflexiv aktivieren, im Verbalen sogar ziemlich weitreichende. Kaum einer partizipierte nicht an einem Fundus vorgängiger Verbindlichkeit zwischen Menschen. Nennen wir dies ein Kommunikations-Apriori, so ist hinzuzusetzen: Es ist nicht an die Sprachlichkeit gebunden – die Sprache ist genauso kommunikativ wie die Gemeinschaft, in der sie Verständigung vermittelt, und wie die Nicht-Gemeinschaft, in der sie zum Austausch von Gemeinheiten dient. Das »Apriori« läßt sich schlichter als »Vorleistung« übersetzen – es bezeichnet einen geschichtlich (oder schon prähistorisch) erworbenen und praktisch tradierten Fundus; die primären Anerkenntnisse sind nicht logisch konstituiert, sondern dialogisch evoziert. Schließlich haben wir es stets mit einem begrenzt-bemessenen Fundus »mit beschränkter Haftung« zu tun. Nur über die Eselsbrücke der auf Gegenstandserkenntnis bezogenen Argumentationen kommt sogleich ein Index von menschheitlicher Universalität ins Spiel. Die »Letztbegründung« fördert eine Erstbegründung zutage, etwas schon hinreichend Wohlgegründetes von allerdings begrenzter Reichweite. Das praktisch aktuelle und schwierig zu lösende Problem ist jedoch die Überschreitung der Grenzen, die Erhöhung der Reichweite von Verbindlichkeiten. Diese ist abermals nicht logisch induziert, sondern dialogisch, praktisch-kommunikativ evoziert. Dafür, daß alle Menschen Brüder zu werden haben, und darüber, was das alles einschließt, gibt es wohl keine Argumentation mehr. Jede logische Nötigung dürfte hier eher von Übel sein und das genuin Praktische um seine Authentizität bringen.

b) Als Logik der moralischen Argumentation, so klang es bereits an, hat J. Habermas die von ihm programmatisch skizzierte »Diskursethik« tituliert. (Aus dem Text dieser Abhandlung, die in dem Sammelband *Moralbewußtsein und kommunikatives Handeln*[37] veröffentlicht ist, werde ich zitieren und jeweils die Seitenzahl in Klammern angeben.) Habermas neigt ebenso wie Apel einem »kognitivistischen« Verständnis moralischer Normativität zu, sucht die Evidenz jedoch nicht in einem Verfahren reflexiver »Letztbegründung«, sondern mehr in den Vermittlungen, die sich in der Ordnung des normenerzeugenden praktischen Diskurses herstellen. Gleichwohl präsentiert sie sich als eine *Logik* – eine informelle freilich, nicht eine formalisierte Deontologie. Das Element von Argumentation kommt im Medium des Diskurses noch gewichtiger ins Spiel als bei der »Letztbegründung«. Im Gesamtunternehmen der »Transzendentalpragmatik« richtet Apel ein gleichgewichtiges Interesse auf das »Transzendentale« der Möglichkeitsbedingungen im Subjekt, sozusagen auf die normative Innerlichkeit, während es sich bei Habermas sichtlich mehr auf das Prozedurale der nachgeordneten Normenbildung konzentriert, auf die normative Öffentlichkeit. Die »Logik der moralischen Argumentation« (der praktischen Diskurse) ist nicht nur keine formale, sie ist auch keine transzendentale, sondern eine sprachpragmatische. Die Diskussion ihrer Denkschritte geschieht allerdings auch hier in durchgängiger Parallelisierung von Verfahren der Sachenerkenntnis und Verfahren der moralischen Richtigkeitsprüfung an Handlungen und Normen.

Die Diskursethik will eine »kognitivistische« sein, die der ethischen Skepsis ebenso den Weg abschneidet wie dem »Dezisionismus«, der nur willentliche Setzungen und Kompromisse zwischen solchen gelten läßt. »Dezisionismus *ante portas!*« – das ist der Warnruf der ethischen Kognitivisten. (Die »rekognitivistische« Möglichkeit, Entschiedenheit ohne »Entscheidung« zwischen Prinzipien zu denken, führte auf einen anderen Weg.) Die Kognitivisten haben indessen beträchtliche Mühe, die besondere »moralische Wahrheit« von der gewöhnlichen Erkenntniswahrheit abzuheben – Analogie ohne volle Kongruenz: Normative Geltungsansprüche haben einen kognitiven Sinn und können »wie« theoretische Wahrheitsansprüche behandelt werden. Sie sind einer Begründung, einer »Rechtfertigung« zugänglich und bedürftig. Die Rechtfertigung vollzieht sich im Medium von (moralischer) Argumen-

tation. Die Diskursethik, die zunächst die Gestalt eines »Begründungsprogramms« (eines Ethikdiskurses) angenommen hat, ist eine Ethik innerhalb des Sprachspiels der Argumentation. Sie steht damit unter der Dominanz des Logischen, des Rede-Geschäfts. Der letzte Begründungs- und Rechtfertigungsschritt führt auf die Linie des Apelschen Verfahrens, auf ihr jedoch nicht bis zu der Station »Letztbegründung«.
Vom Gang seiner Begründungs-Argumentation gibt Habermas selbst eine Kurzskizze von einigem dramaturgischen Reiz, indem er das Argumentationsdrama sich in sieben Diskussionsrunden zwischen dem Kognitivisten und seinem skeptischen Widerpart (und dessen Nutznießern) entfalten läßt. (86 f.) Wir werden uns damit begnügen, die drei konstruktiven Hauptzüge nachzuzeichnen, um dann einige Betrachtungen über die logische Qualität des gesamten Verfahrens anzustellen.
Den ersten Schritt bildet die tentative Einführung eines »Moralprinzips«, das zunächst einfach auf eine »Intuition« zurückgeht; es ist der (mit Kants »Kategorischem Imperativ« verwandte) »Universalisierungsgrundsatz«, der im weiteren als »Argumentationsregel« fungiert. Das engere Operationsgebiet ist mit dem nächsten Schritt, der Aufstellung des »diskursethischen Grundsatzes« erreicht, der das Verfahren zur Begründung und Affirmation moralischer Normen regelt. Drittens ist dann noch die Begründung des zuvor eingeführten »Universalisierungsgrundsatzes« zu leisten.
So wie in einem theoretischen Diskurs die Lücke zwischen Einzelbeobachtungen und Allgemeinsätzen durch Regeln der Induktion überbrückt werden muß, so braucht der praktische Diskurs ein »Brückenprinzip«. »Deshalb führen alle Untersuchungen zur Logik der moralischen Argumentation alsbald zu der Notwendigkeit, ein Moralprinzip einzuführen, das als Argumentationsregel eine äquivalente Rolle spielt wie das Induktionsprinzip im erfahrungswissenschaftlichen Diskurs.« (73) Das Moralprinzip deckt sich annähernd mit der »Intuition«, die Kant in die Formel des Kategorischen Imperativs gebracht hatte. Als gültig kommen danach nur allgemein-gesetzestaugliche Handlungsvorsätze in Betracht, solche, die einen »allgemeinen Willen« ausdrücken. Oder zeitgemäß und negativ formuliert: Als ungültig sind Normen auszuschließen, »die nicht die qualifizierte Zustimmung aller möglicherweise Betroffenen finden könnten«. (73) Argumentationspragmatisch funktioniert dieses Moralprinzip, kurz »Universalisierungsgrundsatz« genannt, als »Verallgemeinerungstest«. Es wird dann angerufen, wenn es gilt, Handlungskonflikte konsensuell beizulegen, salopp gesagt, wenn Reparaturarbeiten am gestörten Konsens fällig werden. (77)

Zum eigentlichen Diskursprinzip leitet die Ausführungsbestimmung über, daß der allgemeine Wille wirklich ein gemeinsamer sein muß, nicht einer, der sich im inneren Monolog von Einzelnen repräsentativ bilden könnte. »Erforderlich ist vielmehr eine ›reale‹ Argumentation, an der die Betroffenen kooperativ teilnehmen. Nur ein intersubjektiver Verständigungsprozeß kann zu einem Einverständnis führen, das reflexiver Natur ist: nur dann können die Beteiligten wissen, daß sie sich gemeinsam von etwas überzeugt haben.« (77) Einen Einwand von E. Tugendhat, der sich gegen den kognitiven Sinn eines praktischen Diskurses wendet, sucht Habermas zu entkräften; sein Fazit lautet: »Tugendhat verwechselt die Bedingungen für die diskursive Erzielung eines rational motivierten Einverständnisses mit den Bedingungen für das Aushandeln eines fairen Kompromisses.« (44) Unter solchen Prämissen wäre es nicht möglich, gerechtfertigte von ungerechtfertigten Normen zu unterscheiden. (83) »Wenn man die Dimension der Gültigkeit der Normen, über die sich Proponenten und Opponenten mit Gründen streiten können, mit der sozialen Geltung von faktisch in Kraft gesetzten Normen zusammenwirft, wird die Sollgeltung ihres autonomen Sinnes beraubt. [...] Tatsächlich spricht sich aber in der Sollgeltung die Autorität eines *allgemeinen*, von allen Betroffenen *geteilten* Willens aus, der jede imperativische Qualität abstreift und moralische Qualität angenommen hat, weil er sich auf ein *diskursiv* feststellbares, also *kognitiv* greifbares, auf ein aus der Teilnehmerperspektive einsehbar allgemeines Interesse beruft.« (84)
Dadurch, daß Habermas dem Moralprinzip (dem Universalisierungsgrundsatz) eine Fassung gibt, die keine innen-monologische, sondern nur eine real kooperative Anwendung gestattet, berührt sich das Prinzip, das als Argumentationsregel fungiert, eng mit dem logisch davon verschiedenen »Grundsatz der Diskursethik«, der kurz verfügt, »daß nur die Normen Geltung beanspruchen können, die die Zustimmung aller Betroffenen als Teilnehmer eines praktischen Diskurses finden (oder finden könnten)«. (103) Die Qualitätsbestimmung »Diskurs« ist dann erfüllt, wenn die Teilnahme jedem sprach- und handlungsfähigen Subjekt offensteht, jeder jede Behauptung einführen oder in Zweifel ziehen darf, jeder seine »Einstellungen, Wünsche und Bedürfnisse« äußern und durch keinen Zwang an der Wahrnehmung aller dieser Rechte gehindert werden kann. (99)
Nun unterliegt das Moralprinzip einer Begründungspflicht, zu deren Erfüllung Habermas die bei Apel vorgezeichnete »transzendentalpragmatische« Vergewisserung (ohne den Letztbegründungsanspruch) für den aussichtsreichsten Weg hält. (104) Eine recht weitläufige Diskus-

sion dreht sich um die möglichen und wirklich vorgebrachten Anfechtungen der Zweifler, und diese Diskussion gibt Gelegenheit zu mancherlei Klarstellungen und Zusätzen. Von besonderem Interesse scheint mir zu sein, wie der »lebensweltlichen« Einbettung des »Moralprinzips« und der Diskursprozedur Rechnung zu tragen ist. Kommunikatives Handeln hat ja in lebensweltlichen Zusammenhang, wenngleich nicht unangefochten und von vielen Seiten bedrängt, durchaus seinen realen Wirkraum. Die Menschen, sagt Habermas, haben gar nicht generell die freie Wahl, aus »Kontexten verständigungsorientierten Handelns« auszusteigen. (112) »Vergesellschaftete Individuen können sich nicht zu der Lebensform oder zu der Lebensgeschichte, in der sich ihre eigene Identität gebildet hat, hypothetisch verhalten.« (114) Noch einen Schritt weiter, und wir stehen auf dem Boden von Hegels »substantieller Sittlichkeit«. Habermas sieht das – in geradezu militärischen Termini – als eine Gefahrensituation vor sich auftauchen: der Skeptiker, der »sein Pulver noch nicht ganz verschossen« hat, kann sich nunmehr in eine »aus politischen Motiven wiederbelebte Front« von Neuaristotelikern und Neuhegelianern einreihen. (108) Neuhegelianer sind hier jene, die das Sittliche als ein geschichtlich-substantiell Wirkliches verstehen. Die Erörterung, wie diese »Sphäre der Sittlichkeit« mit dem Recht der »Moralität« zusammenbestehen könnte, ist in dem Moment, da ich diese Arbeit abschließe, noch in Gang, und Habermas hat einen weiteren »Vorschlag zur Güte« unterbreitet, wie man das Hegelsche Erbe in ein Konzept prinzipiengeleiteter Moralität einbringen könne.[38] Es bleibt vorerst anscheinend bei einem Dualismus subordinierter Sphären: oben das Prinzip, unter ihm die Domäne seiner »Anwendungen«. Die Möglichkeiten einer »historisch-hermeneutischen« Explikation dessen, was die gelebte »substantielle Sittlichkeit« – über Hegels geschichtliche Schranken und Schwankungen hinweg – für eine heutige Ethik bedeuten könnte, sind auch noch längst nicht erschöpft. Die Konkordanzformel lautet bei Habermas vorerst, daß die universalistische Moral auf geschichtlich ausgebildete Lebensformen »angewiesen« ist, die ihr »entgegenkommen«, indem sie »die kluge Applikation allgemeiner moralischer Einsichten ermöglichen und Motivationen für die Umsetzung von Einsichten in moralisches Handeln fördern«. (119) Es scheint, wie die geschichtlichen Dinge liegen, nicht anzugehen, die »transzendierenden Ansprüche und Interessen der Vernunft« hermeneutisch-reflexiv als etwas wahrzunehmen, das als ein gelebtes Ethos von hoher prospektiver Potenz ist und kraft einer »immanenten Transzendenz« selber etwas von der »Macht der Geschichte« hat. Die Macht der Geschichte bringt sich vielmehr den transzendierenden Ansprü-

chen der Vernunft *»gegenüber«* zur Geltung. Jene praktischen Diskurse, in denen verständigungsorientiertes Handeln sich entfalten kann, gleichen noch immer »von Überschwemmung bedrohten Inseln im Meer einer Praxis, in dem das Muster der konsensuellen Beilegung von Handlungskonflikten keineswegs dominiert«. (118)
Ich sehe die ethische Situation nicht viel anders, und ich bin ebenso vital daran interessiert, daß im Ethos der modernen Welt die Schranken des Partikularen überwunden werden. Die Linien müssen keineswegs so verlaufen, daß ein historisch-hermeneutisches Ethos-Verständnis uns an eine »normative Kraft des Faktischen«, an die bestehenden Institutionen und »Üblichkeiten« bände; eine normative Potenz im *Wirklichen* ist etwas entschieden anderes. Es mag sein, muß aber nicht sein, daß sich hinter Hegel nur die Unwilligkeit verschanzt, über den *Status quo* hinauszugehen. Für meinen Teil bemühe ich mich, den »ethischen Universalismus« aus der Prinzipienform in die Wirklichkeit des gelebten Ethos zu übersetzen. Darum lege ich kein Gewicht auf diverse »Abstraktionsleistungen [...], denen universalistische Moralen ihre Überlegenheit über alle konventionellen Moralen verdanken«, sondern schaue eher nach *Konkretions*leistungen aus, die es ja durchaus gibt. Es scheint, daß viele den »normativen Boden« der Ethos-Wirklichkeit nicht tragfähig genug finden, um sich ganz auf ihn zu stellen und sich auf ihre eigene normative Energie und Dignität (und die von ihresgleichen in der Welt) verlassen. »Die transzendierende Kraft eines *frontal verstandenen* Geltungsanspruchs«, meint Habermas, »ist auch empirisch wirksam und kann durch die reflexive Einsicht des Hermeneutikers *nicht überholt* werden.« (115) An der empirischen Wirksamkeit läßt sich zweifeln. Auf ein »Überholen« aber muß es gar nicht ankommen – gleiche Reichweite möchte schon genügen. Zu fragen wäre auch umgekehrt, ob der »frontale« Geltungsanspruch für das Prinzip menschheitlicher Universalität die hermeneutisch-selbstreflexive Einsicht in die prospektiven Potenzen derjenigen lebendigen Ethos-Aufgebote überholen kann, die den geschichtlichen Prozeß der Universalisierung von Verbindlichkeiten auf den jetzigen Stand gebracht haben und weiterhin zu bringen im Begriffe sind – so begrenzt sie sich nach wie vor ausnehmen mögen. Der »unnachsichtig moralisierende Blick des Diskursteilnehmers« dürfte, alles in allem, nicht die letzte aller möglichen Sichtweisen vom Werden einer alle Menschen umschließenden Verbindlichkeit sein.
Kurz und gut, für das Vermittlungsproblem »Normen und Geschichte« muß es doch noch andere Wege geben. Einen solchen Vermittlungsweg zeigt A. Wellmer an, wenn er die universalistische Moral

ihrerseits historisch-hermeneutisch einholt. Er bemerkt, »daß formale Begründungsversuche immer schon Gebrauch machen müssen von Voraussetzungen, die dem Bildungsprozeß der Sprecher entstammen und die sich in sprachanalytische Argumente nicht vollständig auflösen lassen«. »Es könnte daher sein, daß in die Rechtfertigung universalistischer Prinzipien die Geschichte ihrer Herausarbeitung – im Sinne der Geschichte der Institutionen und Revolutionen ebenso wie in dem der Entwicklung des moralischen Bewußtseins und der Ich-Identität – mit eingeht.«[39] Nicht nur die Beschränkungen, sondern auch die Entgrenzungen und Eingemeindungen sind als Werke einer »substantiellen Sittlichkeit« etwas von der »Macht der Geschichte«.

c) Ein Prinzip, genannt »sittliche Vernunft«, wollen fundamentalistische Kritiker der Diskursethik als den noch tiefer liegenden Grund gewürdigt wissen, als einen Grund, an den auch die Apelsche »Letztbegründung« nicht heranreicht. Was für die »Transzendentalpragmatik« in den Grenzen von Sprachphilosophie das »Letzte« ist, steht jetzt noch einmal zur »Befragung« an. In diese Richtung zielte die Anfrage, die H. Krings an die sprachanalytisch orientierten Kommunikationsphilosophien richtete: Der Kommunikation muß etwas Konstitutives vorausgehen, das nicht selbst schon allgemeine (und anzuerkennende oder schon anerkannte) Regel der Kommunikation ist: »Was muß als die Bedingung der Möglichkeit der Anerkennung universeller Regeln gedacht werden?« Und die erste Antwort lautet: »Sofern gesprochen oder in einem anderen Modus kommunikativ gehandelt wird, muß der Sprechende sich ursprünglich einem Anderen gegenüber eröffnen, sich entschließen. Es muß ihn je als potentiellen Hörer anerkennen, und zwar als einen Hörer, der wiederum ihn selbst als Sprechenden überhaupt anerkennt. Diese nicht schlechthin vorsprachliche, aber primäre – und damit meine ich präuniverselle – Anerkennung ist die Bedingung der Möglichkeit der Anerkennung von Regeln.« Sie allerdings ist ein »Akt der Freiheit«.[40]

Von diesem Reflexionspunkt aus hat H. M. Baumgartner zu einer Kritik des diskursethischen Programms angesetzt[41], die uns als Leitfaden dienen kann. Auf einer Hauptlinie der nachkantischen Transzendentalphilosophie, in Husserls »transzendentaler Phänomenologie«, vollzog sich eine bewußte Rückwendung zum Platonischen Erbe, das »bewußtseinsphilosophische« Paradigma hat sich so mit einem »wesensphilosophischen« verbunden, und auf diesem Boden hat sich die »materiale Wertethik« ausgeformt. In dieser Tradition steht auch Baumgartner, der bewußt auf Platon zurückverweist: »Seit Platon, aber nicht nur in der im engeren Sinne platonischen Tradition wird unter sittlicher

Vernunft eine unmittelbare, nicht diskursive Einsicht in das Gute, d. h. in das, was *ist, und* zugleich sein soll, wie es ist, verstanden. Diese Einsicht ist charakterisiert durch Notwendigkeit eines letztbegründenden und aus sich selbst begründeten Anspruchs, der die Zustimmung des Einsehenden *hervorbringt* und *damit* Verbindlichkeit für alle Einsehenden, d. h. Allgemeingültigkeit und Legitimität. Da dieser Anspruch erfahren wird als eine Nötigung, die dem Einsehenden nicht fremd ist, *wird* dieser Einsehende als ein der Vernunft teilhaftiges Wesen durch die Affirmation des Anspruchs *allererst der,* der er ist: ein Selbst. Die Einsicht bringt daher unmittelbar mit der Zustimmung den Entschluß zu ihr hervor. Erst durch diese Doppelung von Einsicht und Entschluß in der sittlichen Vernunft ist die Freiheit des Vernunftwesens begründet. Zugleich ist mit der Freiheit Unabhängigkeit von der Faktizität, von Gesetzen der Gegenstandswelt, vom Wesen des Seienden überhaupt gesetzt. Ursprüngliche Einsicht, Anspruch, Unbedingtheit, Notwendigkeit, Selbsthaftigkeit, Freiheit, Allgemeingültigkeit und Unabhängigkeit sind die traditionellen Explikationsbegriffe der praktischen Vernunft.«[42]

Unter solchen Auspizien stellt Baumgartner die Frage, ob der »argumentative Diskurs« im Begründungs- und Vergewisserungsgang dem, was »sittliche Vernunft« heißt, vor- oder nachgeordnet ist. (Ist er *»principium«* oder *»principiatum«*?) Die Prüfung ergibt, daß das Eintreten in eine Argumentation selbst noch keine Sphäre des sittlich Vernünftigen erschließt, wenn nicht unter vorgeordneten Kriterien die Argumentation als eine vernünftige ausgezeichnet ist; nur eine bereits »idealisierte« Argumentation, wie sie sein *soll,* käme als Zwischenstation auf dem Begründungsweg in Betracht. Auch hätte das Apelsche Verfahren einer »Überführung« des Zweifelnden oder Widerstreitenden nur jeweils einen Beweiseffekt *ad personam.* Wenn eine Kommunikation oder ein Kommunikatives den gesuchten Begründungs-(Fundierungs-) sinn erlangen soll, dann könnte das nur ein Phänomen sein, »von dem man wissen kann, daß *alle* Menschen als solche es implizite in allem Tun bejahen«, etwas von raum-, zeit- und kulturinvarianter Realität. Etwas von dieser Art ist die kulturinvariante »Praxis des miteinander Redens«.[43]

An Texten von J. Habermas und O. Schwemmer demonstriert Baumgartner, wie die Diskursethik immer wieder den Blick auf die autochthonen Vernunft-Prämissen des Diskurses freigibt und das dort zu Erblickende in Anspruch nimmt, ohne jedoch den ontisch-logischen Ort angemessen zu bestimmen. Die Ideen »Wahrheit«, »Gerechtigkeit«, »Freiheit« haben eine andere Einsichtsquelle und sind nicht

»Geltungsansprüche«, die im Diskurs und durch den Diskurs »eingelöst«, in Geltungen umgesetzt werden. »Vielmehr muß in einem strengen Sinne ein Vernunftvermögen, ein ›Vernehmen können‹ dieser Ideen [...] sowie eine unmittelbare Einsicht in das Sittengesetz als notwendig gedacht werden. [...] Obgleich ›sittliche Vernunft‹ [...] durch eine Analyse der Diskursbedingungen nachgewiesen werden kann, ist sie nicht nur in Diskursen und in Kommunikation wirksam. [...] Praktische Diskurse können ein Vermögen sittlicher Einsicht nicht ersetzen, sie setzen vielmehr sittliche Vernunft notwendig voraus; sie können Normen nicht letztlich begründen, sondern deren Begründetsein lediglich verfahrensmäßig explizieren.«[44]

Sittliche Vernunfteinsicht ist unmittelbares Einleuchten nichtverwerfbarer Ideen, die sich denen, die ihrer teilhaftig sind, in Selbstreflexion als etwas »Prä-Reflexives« erschließen. Nur die Konkretionsgestalten von Wahrheit, Gerechtigkeit und Freiheit bestimmen sich in geschichtlichen Verständigungsprozessen.

Baumgartners »wesenslogisch« orientierte Kritik berührt sich mit den kritischen Überlegungen, die ich bei der Besprechung der Apelschen und Habermasschen Positionen anzustellen begann, in einigen Punkten: darin, daß der primäre Ort der Vergewisserung in einem »lebensweltlichen« Raum vor allem Diskurs liegen muß, zumal wenn dieser als Diskurs über Normengeltungsansprüche angesetzt ist; darin, daß es beim »Subjekt« zuallererst auf bestimmte ursprüngliche »Vermögen« ankommt; und darin, daß zuletzt alles in einem ebenso ursprünglichen Teilhaber-Status von Menschen an essentiellen Gehalten ihrer Gesittung beschlossen liegt. Baumgartner bewegt sich mit seiner Kritik ganz im »bewußtseinsphilosophischen Paradigma, jedoch auf der ganz elementaren, primären Stufe der Konstitution von Bedeutungen eines »Was-seins«, von »Wesenheiten«. »Sittliche Vernunft« ist der Traditionsname für ein ursprüngliches Vermögen der Einsicht in Ideen, die im Praktischen die Bedeutung von »Prinzipien« gewinnen. Die Einsicht in das unmittelbar Einleuchtende ist zugleich Angesprochensein und Entschluß. In die Erfahrung des Praktischen der Menschenwelt ist die Spur dieser Einsicht, die etwas »Ewiges im Menschen« bewußtmacht und aktiviert, stets eingezeichnet. (Dies ist im wesentlichen auch die Sichtweise der materiellen Wertethik.)

Wir befinden uns mit den ethisch-logischen Gedankengängen, die wir eben mitvollzogen haben, im Betätigungsfeld einer sittlich-normativen Vernunft, zu deren Kritik wohl noch vieles zu sagen wäre. Man kann indessen fragen, was an einer solchen Kritik gelegen ist und welchen

Sinn sie haben kann, ob sie heute als ein theoretisches Großunternehmen fällig ist. Gegen dergleichen spricht die Überlegung, daß die kardinalen Theoriefragen der philosophischen Ethik selber ethisch-praktische Fragen und die Antworten auf sie Expositionen eines bestimmten Ethos sind. Man kommt immer wieder auf den Punkt, daß bei den theoretischen Allokationen der philosophischen Ethik bestimmte praktische Postulationen (oder Prohibitionen) ins Spiel kommen. Kant hielt es nicht nur für scheinhaft, sondern akkurat für *verwerflich*, wenn die Reflexion des Sittlichen sich an ein Medium von Erfahrung bindet. Das Verlangen nach ethischer Rechtssicherheit macht sich allenthalben bemerkbar. Das sittliche Gesetz zeigt sich in einer Aura des Majestätischen, die »Werte« bilden ein »Reich«. Die Verbindlichkeit des Sittlichen darf nicht menschlicher »Setzung« überantwortet sein, sondern muß eine eigene Institutionalität behaupten. Normen und Werte sind die Institutionen im Reich des sittlichen Geistes. Der postulatorische Impetus, der die philosophische Ethik weithin durchwaltet, ist nicht durch Kritik umzulenken. Ich kann selbst nicht einmal bis zum letzten davon Rechenschaft geben, warum ich soundso viele Besorgnisse der Moralphilosophen nicht teile. Ich bewege mich damit in einem Raum des Prä-Institutionellen und verzichte bereitwillig auf gewisse Sicherheiten – von denen ich allerdings meine, daß ich sie auf die moralphilosophisch gängige Weise auch nicht erlangen werde.
So kann der Sinn theoretischer Kritik in der Auseinandersetzung um Kardinalpositionen philosophischer Ethik wohl nur sein, »argumentationsfrei« die Differenzen zu benennen. (Ich lasse mir andererseits auch von einem Prinzipien-Aprioristen nicht vorschreiben, was für vorgängige Maßstäbe ich angeblich brauche.) So gibt es über der Ethik des Ethos und den Ethiken anderer Provenienz noch einmal ein eigenes Ethos der Ethik. Das Ethos einer Ethik des Ethos finde ich angemessen in der Reflexion 44 (»Für Nach-Sokratiker«) von Th. W. Adornos *Minima Moralia* umschrieben. Sie beginnt so: »Nichts ist dem Intellektuellen, der zu leisten sich vornimmt, was früher Philosophie hieß, unangemessener, als in der Diskussion, und fast möchte man sagen, in der Beweisführung, recht behalten zu wollen.« Und er endet mit dem Satz: »Zu den Aufgaben der dialektischen Logik gehört es, die letzten Spuren des deduktiven Systems zusammen mit der letzten advokatorischen Gebärde des Gedankens zu beseitigen.« (Und die allerletzte Spur davon ist es, so wäre hinzuzusetzen, dies wiederum als eine »Aufgabe« zu verkünden ...)
Wie ließen sich also die Divergenzen benennen, die zwischen den Wegen ethisch-logischer Reflexion bestehen? Es scheint zentral um eine

Differenz der Abstraktion bzw. Konkretion zu gehen: Wie weit (oder: wie viel weiter) komme ich, wenn ich in einem von keiner Erfahrung des Realen getrübten Bewußtsein des Sittlichen einen wie auch immer lokalisierten Umkreis von Akten und Gehalten namhaft mache, an und in welchem einsichtig wird, was sittlich richtig und falsch ist? Das Entscheidende, Maßbestimmende liegt auf der Abstraktions- und Reduktionsstufe des sittlichen Bewußtseins immer in Relationen von Qualitativem. Da es im gängigen Verständnis des Sittlichen vordringlich um das zu tun ist, was jemand den anderen schuldet, ist die maßbestimmende Relationsqualität die einer Proportion von Berechtigungen und Verpflichtungen. Die neuzeitliche Moralphilosophie findet – sofern sie am bürgerlich-neuzeitlichen Ethos partizipiert – die Gleichproportionalität von Grundberechtigungen und -verpflichtungen normativ ausgezeichnet – aus welchem ersten Logos, darin divergieren die wesensintuitiven, *cogito*-reflexiven und diskursiven Vergewisserungsweisen. Als ein origineller Vergewisserungsweg wäre noch der von J. Rawls zu bedenken, der mittels einer hypothetisch irrealen Versuchsanordnung – man versetze einen normal eigeninteressierten Menschen in Unkenntnis über den sozialen Ort, den er einnehmen wird – eine »natürliche« Option für möglichst weitgehende Rechts- und Chancengleichheit plausibel macht. (Zu vermuten ist allerdings, daß nur gestandene Zivilisten so optieren werden.)

Mir liegt nicht viel an einer Argumentation, wie weit diese autogene Aktivierung von Einsicht trägt und ob sie wirklich auf ein bindendes »Prinzip« führt. Was wie eine *petitio principii* wirken mag, ist vielleicht eher eine *repetitio principii* in dem Sinne, daß damit nur eine Anfangsleistung *wiederholt*, nachgezeichnet wird, die im Praktischen je schon vollbracht ist: daß man in eine »Praxis des miteinander Redens« eingelebt ist – in eine »kulturinvariante«, allerdings auch kulturspezifisch begrenzte. H. M. Baumgartner verweist durchaus triftig darauf, daß sich der Sinngehalt des Sittlichen nur in Akten einer ursprünglichen, jeglichem Geltungsdiskurs vorausliegenden Einsicht erschließt. Es fragt sich indessen, wieviel das »in praktischer Absicht« bedeutet. Was für ein »Vernunftvermögen« der »sittlichen Einsicht« setzt einen Anfang für Gesittungsverbindlichkeit?

Rund um den Titel »Vernunft« rankt sich eine blühende Metaphorik. In der substantivischen Sprachgestalt figuriert sie oft wie eine Über-Person und Über-Institution, als Lenkerin, Richterin oder auch Göttin, als Gesetzeskanon oder Appellationsinstanz. Es hat daher seinen guten Sinn, sie nicht nur beiläufig mit dem »Vernehmen« zusammenzubringen. In den Akten des Vernehmens (und des Sich-vernehmlich-

Machens) liegt möglicherweise das primär Konstitutive, das in Sekundärgestalten von Vernunft zu einer Synthesis oder Institutionalisierung gelangt. Der Diskurs bewegt sich innerhalb konstituierter Vernunft, und hier wäre nach einem ursprünglichen, konstituierenden Vermögen zu fragen. Wenn wir uns überhaupt mit der ethischen Logik innerhalb der Vernunft-Kategorialität bewegen, fände ich es angemessen, in dem Titel Vernunft weder eine Punktquelle noch ein vollendetes Totum von Vermittlungen zu sehen, sondern einen gestuften, von einer Minimalbasis ansetzenden und nach oben offenen Leistungsaufbau, der aus spezifischen Leistungsvermögen erwächst und jeweils einen bestimmten Vermögensstand zeigt. Schauen wir uns die wichtigsten Explikationsbegriffe an, die Krings und Baumgartner anführen: Selbsthaftigkeit, Anspruch, Freiheit, ursprüngliche Einsicht, sich entschließen, »sich ursprünglich einem Anderen gegenüber eröffnen« – damit wären Aktqualitäten oder »Leistungsarten« benannt. Baumgartner setzt auf dieselbe Linie auch Relationsbestimmungen wie Unbedingtheit und »Allgemeingültigkeit«. Die Essenz von »sittlicher Einsicht« wiederum expliziert Baumgartner ebenfalls schon auf Regel- und Gesetzartiges hin: Es ist eine »unmittelbare Einsicht in das Sittengesetz«. Da gerade Baumgartner, wie wir sahen, den Stufenunterschied von *principium* und *principiatum* wichtig nimmt, wäre im Hinblick auf seine Explikationsbegriffe zu bedenken, ob sie nicht in eben jenem Sinne zweistufig anzusetzen sind, wie es bei Krings ja ganz nachdrücklich geltend gemacht ist: daß ein Ursprünglich-Aktuales von »präuniverseller Anerkennung« der Möglichkeit einer »Anerkennung von Regeln« *vorausgeht.* Das betrifft dann auch Baumgartners andere Formulierung sittlicher Einsicht – daß sie ein »Vernehmenkönnen« *der Ideen* Wahrheit, Gerechtigkeit, Freiheit sei. Hier nun stellt sich die Frage, was genau die Sache einer ursprünglichen Einsicht und des Vernehmens sein kann, und von wo an die Einsicht ein bereits Konstituiertes einholt. Diese Stufe sehe ich zwischen dem ursprünglichen Vermögensstand aktiver Selbsthaftigkeit und einem Sich-Öffnen und »ein Einsehen haben« für andere einerseits und der interpersonal vollzogenen Anerkennungs-Synthesis andererseits. Und danach tut sich noch einmal eine Stufenfolge von konstitutiven Leistungen des Sich-vernehmlich-Machens und Vernehmen-Könnens auf, sofern die Anerkennungs-Synthesis nicht von Anbeginn eine universale sein kann. Das bedeutet: Alles, was Regel, Gesetz oder hochsynthetische Idee ist (wie Gerechtigkeit), wäre danach *nicht* Sache einer schlechthin ursprünglichen Einsicht, sondern fällt in den Leistungsbereich des Diskursiven, der konstituierten Vermittlungen. Was die ursprüngliche Einsicht als ursprünglich vernimmt, das sind die essentiellen Bestimmtheiten der konstitutiven, »urstiftenden« Akte von Anspruch auf Vernommenwerden und Vernehmen von Ansprüchen sowie die Bestimmtheit der zwischen ihnen vermittelnden Akte des Sich-Öffnens und Anerkennens. Nur diese ursprünglichen Leistungs*arten* dürften als *a priori* einsichtig gelten. Der Leistungs*umfang* der Anerkennungs-Synthesis, der mit dem Titel »Gesetz« entweder abgesteckt ist (Regionalgesetz) oder entgrenzt wird (Universalgesetz), ist in jenes Ursprüngliche nicht notwendig schon eingeschlossen und miteingesehen.

Nun fragt man in Dingen der ethisch-logischen Fundierung immer, was jeweils an Geltungssicherheit für Gesittungs-Verbindlichkeiten gewonnen ist. Vielleicht geht es aber, wo »Verbindlichkeiten« in Rede stehen, gar nicht so sehr um einen Gewinn an Geltungsgewißheit auf etwas hin, das ich einsichtigerweise »tun soll«. Die Frage könnte auch sein, was jemand auf sich nimmt, welchem normativen Anspruch er sich ausgesetzt sieht, wenn er sich in den offenen Prozeß geschichtlicher Ethos-Formierung einläßt.

2. Die Logisierung des Ethischen und die materiale Ethos-Reflexion

Die drei kurzen Inspektionsgänge in der »Welt der Normen«, auf dreien unter den vielen Vergewisserungswegen, waren Kontrollgänge unter einem skeptischen Vorbehalt: Was für ein Mehr an »sicherem Gang« erbringt es, wenn die Ethik sich in die Höhenlage streng gefaßter »Logismen« begibt, wenn sie ihren Halt in der unumstößlichen Gewißheit einer Wesenseinsicht findet, wenn sie für das Gelten der moralischen Grundnormen eine logisch zwingende Letztbegründung erreicht oder wenigstens sich als eine Logik der moralischen Argumentation streng durchdiszipliniert? Für meinen Teil hatte ich es bei dem Versuch, in ganz anderen Lineaturen ein Grundmodell des normativen Ethos-Prozesses zu gewinnen, erst einmal darauf ankommen lassen, wie weit es führt und ob es vielleicht genügen könnte, wenn eine philosophische Ethik als eine *differentielle Interpretation des Ethos,* seiner formativen Leistungen im ganzen und im einzelnen, für sich einen weitaus bescheideneren Part übernimmt. Ob das »genügen könnte« – das heißt nicht, daß es so auch für jedermann genügen *müßte;* das Maß des Genügens oder Nichtgenügens mag wiederum relativ auf die ethisch-praktische Konstitution des jeweiligen Subjekts und seines Kontexts sein. Daß es weiterhin eine Ethik auf dem Boden des normativen Mo-

ralbewußtseins gibt, hat ebenso seine Triftigkeit innerhalb der »ethischen Situation der Zeit«, wie es seine Triftigkeit hat, wenn hin und wieder einer versucht, die moralische Formbestimmtheit des gesittungspraktischen Diskurses hinter sich zu lassen und die Ethos-Reflexion »jenseits von Gut und Böse« wiederaufzunehmen. Es ist selber eine praktische Frage und nicht argumentativ zu entscheiden, was für eine Art und welches Maß von Geltungsgewißheit eine Ethik für ihre Moral oder für ihr Ethos braucht. Wo man sich um kognitive Begründungen für das Gelten moralischer Normen bemüht, scheint ein starkes Sekuritätsverlangen am Werke zu sein, und eben darum soll das Begründungsgeschäft die höhere Stringenz des Logischen erhalten. Eben dies habe ich vor Augen, wenn ich, aus kritischer Distanz, von einer »Logisierung des Ethischen« spreche. Nun hat fraglos jede Ethik auch ihre bestimmte »Logik«, ihre grundbegriffliche Matrix und Organisation. Manche Ethiken können ausgesprochen logizistisch sein. Sie werden es dadurch, daß überhaupt der *Logos der Rede* zum zentralen ethisch-logischen Bezugsraum wird, und daß es in diesem Bezugsraum entscheidend aufs Begründen, aufs Folgern (die Konkretisierung und Anwendung von Prinzipien) und aufs Argumentieren ankommt.
Eine Ethik, die sich auf einem Reflexionspunkt außerhalb (oder »unterhalb«) des aktiven Moralbewußtseins ansiedelt, verhält sich weder in eigener Sache (es sei denn bei der Abwehr von Mißverständnissen) noch in Sachen des Ethos selbst und seiner normativen Belange *argumentativ*. Ihr ist es nicht darum zu tun, etwas »mit guten Gründen« (logisch zwingend) nachzuweisen, sie will nur an den Materiaturen des Ethos und der Redeveranstaltungen, die es begleiten, etwas *aufweisen*. So möchte ich zum Abschluß dieses ersten Hauptteils versuchen, noch einmal zusammenfassend die wichtigsten ethisch-logischen Transformationen zu benennen, die sich mir ergeben haben. Es sind diese vier: Erstens die Übersetzung des Normativen aus der abstrakten Normgestalt in seine Wirklichkeitsgestalt. Zweitens die Dechiffrierung der für Normen erhobenen Geltungsansprüche in das Substantielle der Achtungsansprüche von und für Personen. Drittens die Umdeutung der obersten Prinzipien gesittungsnormativer Geltungsbestände in die je schon gemachten Anfänge von oder Vorleistungen für Gesittungsverbindlichkeiten; daran schließt sich eine These von der Begründungsunbedürftigkeit des praktisch Wohlgegründeten, während die Problemaktualität statt bei den Prinzipien bei den Extensionen, den Reichweitenbestimmungen, Grenzziehungen und Grenzverschiebungen liegt. Viertens geht es darum, den als Prinzipienkomplex gefaßten ethischen

Universalismus in die (nicht vom Prinzip deduzierte oder induzierte) Aktualität einer geschichtlichen Ethos-Arbeit zu transformieren.

a) Die Einheit der ethischen Apperzeption. Die »Ethik des Ethos« erlangt ihre besondere Signatur dadurch, daß sie die Instanzen-Dreiheit von normativen Essentialien des Sittlichen (1), von Akten einer Bewußtwerdung und Bewußtmachung des Sittlichen (2) und von gesittungspraktischen Wirksamkeiten strikt als eine »Dreieinigkeit« unter dem Primat des Praktischen denkt. Die »Wirklichkeit des Sittlichen« ist nicht das Zielgebiet vorgängiger sittlicher Einsichten, die sich im Blick auf essentielle Sollbestände des Sittlichen ausbilden. Die Praxis des Ethos ist als ein Inbegriff von Wirksamkeiten lebendiger Kräfte die konkrete Totalität, innerhalb deren die aktive Bewußtmachung des normativ Ausgezeichneten keine eigene Wirkmacht entfaltet, sondern nur symbolisch die Wirkung der praktischen Energien des gelebten Ethos *signalisieren* kann.

Die Logik des Ethos ist also dreistufig ausgelegt. Die Mittelstufe, die Logik des sittlichen Bewußtseins, steht in einem zweifachen Bezug, einmal (sozusagen »nach oben«) zu den Logismen der sittlichen Ideenbildungen rund um die Essentialien des Sittlichen (Gesetz, Wert, Norm), zum anderen (nach »unten«) zu den gesittungspraktischen Wirkvermögen, Wirksamkeiten und Werken, wie sie sich der ethischen Erfahrung (und Selbsterfahrung – nicht in gegenständlicher Empirie) darbieten. Die Gliederungen des Feldes möglicher ethischer Erfahrung erschließen sich in der »ethischen Analytik«, deren Grundlinien ich zu skizzieren versucht habe und von der sich die Signatur einer »praxisanalytischen« Ethik herleitet. Die Titel des Sittlich-Normativen sind hier auf die Benennungen der gesittungspraktischen Vermögen und der Wege ihrer Aktualisierung und Synthesisbildung zurückgeführt. Die in der anderen Blickrichtung, im Blick nach oben sich ausbildenden Gestalten des sittlichen Bewußtseins, das ein Bewußtwerden und Bewußtmachen von »sittlichen Ideen« ist, sind *sub specie* der ethischen Analytik das Problemfeld einer »ethischen Dialektik«. Im Rückblick auf Kant ließe sich sagen, daß sich, anders als bei ihm, für die Kritik der theoretischen und die der praktischen Vernunft nicht mehr eine »doppelte Buchführung« mit entgegengesetzten Vorzeichen ergibt. Auch für die Ethik muß die Verankerung im Feld möglicher Erfahrung nicht die »Mutter des Scheins« sein, weil es hier nicht um gegenständliche Erfahrung geht. Umgekehrt tut sich eine ethische »Logik des Scheins« auf, wenn das sittliche Bewußtsein den (Selbst-)Erfahrungsbezug abschneidet und sich nur in einen konstitutiven Bezug zu den Normgehalten des Sittlichen versetzt und den Erfahrungsraum des Praktischen

zur »Anwendung« moralischer Prinzipien oder der »Verwirklichung« sittlicher Werte reduziert – das sittliche Bewußtsein wird *ideologisch*.
Die Ethik des Ethos ist der (tentative) Aufweis und die begriffliche Fixierung eines Modus der praktischen Ethos-Teilhabe, die sich innerhalb der Grenzen möglicher Erfahrung bewegt. Sie bewegt sich darin als eine Heuristik, als Versuch einer Vergewisserung der je eigenen und der fremden gesittungsnormativen Impulse und Kapazitäten (praktischen Affirmationen, Negationen und Limitationen). Die Selbstwahrnehmung der eigenen praktischen Ethos-Identität wie auch die im Prisma des praktischen Mitbetroffenseins erfolgende Fremdwahrnehmung der Ethos-Aufgebote, der Zumutungen oder der Anforderungen seitens anderer, die Akte der gemeinschaftlichen Einstimmung und Verständigung ebenso wie jene der Abgrenzung und Ausschließung – das alles ist Sache einer differentiellen Logik, einer Logik der Apperzeption des Gesittungspraktischen, die sich weiter explizieren ließe. Die Einheit dieser praktischen Apperzeption spricht sich aus als ein »Ich wirke mit« (und bin von Wirkungen mitbetroffen), das all mein Tun und Lassen muß begleiten können. Indem sich das Augenmerk auf die reellen Wirkbeiträge richtet, ist die Selbstvergewisserung immer auch Selbstprüfung. Nur weniges nimmt hier die Form starker Behauptungen und Bestreitungen an.
b) Die normativen Geltungsansprüche und ihre Normwürdigkeit. Die Analytik der praktischen Gesittungsleistungen führt auf ein Gegenüber und ein Ineinander von gesittungsnormativ bedeutsamen Ansprüchen und Bereitschaften (oder Nicht-Bereitschaften) des Entsprechens sowie auf die zwischen beiden hergestellten Anerkennungsverhältnisse. Im Konstituierten der Norm ist das Konstitutive des normativen Prozesses, der Vermittlung von geltend gemachten Ansprüchen (im Modus von Lizenz, Gebot oder Verbot) fixiert, schematisiert, auf Dauer gestellt, enthistorisiert und entpersonalisiert, »aufgehoben« und in einer Art von Quasi-Gegenständlichkeit operabel gemacht. Die Norm läßt sich wie ein allgemeiner »Maßstab« an einzelne Handlungskonfigurationen anlegen. Normen sind sozusagen die Institutionen im Reiche des sittlichen Geistes. Ein erstes Interesse der praxiszentrierten Ethos-Wahrnehmung ist es, daß die Abbreviatur des Normtitels nicht zu einer Verkürzung gerät. So wird es zur Devise, für jeden Normbestand den praktisch-konstitutiven Kontext mitzusehen und mitzubedenken.
Auf die beschriebene Art läßt sich nun aber die Installierung jeder beliebigen Gesittungsnorm deuten, und wir haben damit noch kein Kriterium ihrer sittlichen Würdigkeit. Der ethische Aphorismus macht an dieser Problemstelle geltend, daß es allererst auf die sittliche Normwür-

digkeit von Gesittungsnormen ankomme, und er sieht diese Normwürdigkeit in ihrer Gesetzesfähigkeit beschlossen. Es muß möglich sein, gerechtfertigte von ungerechtfertigten Normen zu unterscheiden; Normen, so heißt es, sind dann gerechtfertigt, wenn sie die qualifizierte Zustimmung aller möglicherweise Betroffenen finden können. Setzt man dies aber nicht historisch-(auto)hermeneutisch im Stande aktiver Teilhaberschaft als Fazit (und *faceat*) eines geschichtlichen Formierungsprozesses voraus, sondern sucht es (kognitivistisch) argumentativ mit »guten Gründen« zu bekräftigen, so gerät man in eine Aporie. Daß normative Geltungsansprüche nur dann als normwürdig anzuerkennen seien, wenn sie allgemein akzeptabel, mit allen anderen Geltungsansprüchen kompatibel sind, das ist selbst wieder Sache eines geschichtlich aktualisierten Geltungsanspruchs.

Ich finde, hier gibt es keine rein verfahrensrechtliche Entscheidung, bei der die Verhandlungssache sozusagen gegenständlich auf dem Verhandlungstisch läge und argumentativ zu erfassen wäre. Die Bekräftigung eines »Moralprinzips« der besagten Art kann doch wohl nur die Exposition eines praktisch affirmierten Ethos und seiner materialen (oder positionalen) Anerkennungsleistungen sein, einer Synthesis aus den Nichtbereitschaften derer, die es nicht dulden, daß ihre Daseins- und Geltungsansprüche unberücksichtigt bleiben, und aus den Bereitschaften derer, sie von sich aus auf Ansprüche anderer Rücksicht nehmen oder denen es »guter Grund« genug ist, daß andere ebensowenig wie sie selbst bereit sind, andere rücksichtsfrei über sich verfügen zu lassen. Präsentiert man das Problem nicht formalistisch, sondern in materialer und personeller Besetzung, so löst sich auf dieser Stufe die ganze Frage der Normwürdigkeit und Rechtfertigungsbedürftigkeit auf, weil es weder einer Begründung bedarf, wenn man auf Verfügungsansprüche über andere verzichtet, noch einer Begründung (allenfalls einer praktischen Bekräftigung und Durchsetzung) des Anspruchs, eigene Daseins- und Geltungsansprüche zu haben und nicht für Ansprüche anderer verfügbar zu sein. Dergleichen ist auch nicht Sache einer »Entscheidung« für das eine oder das andere Arrangement, sondern der spontanen Selbstaffirmation einer praktischen Ethos-Identität, die sich nicht ausweisen muß, der es genügt, daß sie sich sehen lassen und aus ihrer inneren Kraft heraus Achtung verschaffen kann. Das Veto gegen Mitgesellschafter, die mit ihren Ansprüchen auf die personalen Daseins- und Geltungsansprüche anderer übergreifen, ist eine geschichtlich-praktische Konfrontation von Ethos mit Ethos, deren praktischen Gehalt deutlich zu benennen für jeden hinreichend ist, der es reflexiv mit seiner eigenen ethisch-praktischen Identität vermitteln kann.

Das so umschriebene ethos-praktische Grundverhältnis ist weder als ein »formales« noch als ein »materiales« angemessen charakterisiert. Sofern es in der »absoluten Position« des einzelnen Daseins als eines Für-sich-selbst-Seins seinen Angelpunkt hat, könnte man es ein »positionales« nennen. Es wird im folgenden noch darüber zu sprechen sein, daß die materialen Erfüllungen des positional Anerkannten Sache originärer Anerkennungsleistungen sind.

An dieser Stelle wird eine weitere ethisch-logische Generaldisposition zu besprechen sein, die für den Gesamtcharakter einer Ethik und eines Ethos bestimmend ist: die Grundrelation, in der sich das Selbstsein und Mitsein ihnen darstellt.

c) Der ethisch-logische Primat des Selbstseins. Die moralbewußte Ethik ist eine Hochkultur des Altruismus: Die sittliche Bedeutung von Handeln beginnt erst dort, wo Belange von Mitmenschen auf dem Spiel stehen. Die traditionelle Moralität zeigt sich damit in einer Konstellation befangen, die geschichtlich überschreitbar ist: Sie ist die hilflose Antwort auf die große Mühe und Not, die leidlich (eben nur leidlich) befriedete Regionalgesellschaften mit der Zurückdrängung diverser Egoismen haben. Wir sahen schon, wie Kant gegen seine eigene Absicht gelegentlich darauf verfiel, die Achtung vor der Person statt auf deren absolute Selbstaffirmation darauf zu gründen, daß sie in ihrem Verhalten ein Beispiel der Achtung vor dem Sittengesetz gebe. Achtung vor der Person bestehe nur kraft deren Achtung für das Gesetz. Die altruistische Verbiegung der Sittlichkeit ist auch heute gang und gäbe. Das eine »ethische Grundgesetz«, lesen wir in der Ethik-Grundlegung von F. v. Kutschera, gebietet, bei jeder Entscheidung auf die davon Betroffenen Rücksicht zu nehmen und die Menschenwürde aller anderen zu achten.[45] Von den beiden Moral-Grundnormen, die M. Riedel formuliert, ist die erste das Gebot der Selbstachtung. Diese ist indessen nicht an dem Substantiell-Absoluten des Selbstseins festgemacht, sondern (wie bei Kant auch schon) »mediatisiert«: »Handle so, daß du durch die Bestimmungsgründe deines Wollens dich jederzeit selbst als Person achten kannst.« In die »personale Grundnorm« ist denn auch die »soziale Grundnorm« eingeschlossen: Beachte, daß der andere Person ist wie du selbst, und handle demgemäß.[46] Hier ist eine normenlogische Lücke zu bemerken: Es fehlt die pränormative Selbstaffirmation des Selbstseins als der normative (normstiftende) Bestimmungsgrund für das *Einfordern von Achtung*.

Wenn eine Ethik die »Nächstenliebe« (heute: Solidarität) ins Zentrum rückt, gerät das Gegenstück, die »Selbstliebe«, leicht zum Gegenpol des Moralischen. (Nietzsche bemerkte scharfsichtig, daß die gängige Nächstenliebe die Kehrseite einer schlechten Liebe zu sich selbst sei.) Treten hingegen Achtungsverhältnisse ins Zentrum, so gehen personale Selbstaffirmation, Selbstachtung und Achtung für Mitmenschen eine feste Konjunktion ein. Die Abkehr vom moralischen Altruismus geschieht eben auf dem Grunde des ethischen Primats der Achtungsverhältnisse zwischen Menschen, und sie führt hier zu einer gleichgewichtigen Würdigung der Leistungen des Selbstseins und des Mitseins. Das Einfordern von Achtung ist überhaupt das Aktiv-Element in der Ausbildung von Gesittungsverbindlichkeiten; Leistungen des mitmenschlichen Wohlwollens kommen wie ein Geschenk hinzu. Auf der Stufe der Achtungsverhältnisse entsteht Verpflichtung daraus, daß ein vorgängiges eigeninteressiertes Einfordern von Achtung seine Anerkennung gefunden hat. Das Geltendmachen eines Achtungsanspruchs ist also das Primäre.

Indessen ist mit dieser rechtsanalogen Konstitution des Ethos als eines Achtungsverhältnisses nur diejenige Ethos-Leistung bezeichnet, die das »Positionale« der sozialen Beziehung von Personen zu Mitpersonen betrifft, wie es aus dem Interesse am eigenen Selbstseinkönnen erwächst. Der Primat des Selbstseins in der Formierung des Ethos reicht indessen weit darüber hinaus, sofern Menschen immer auch die verschiedensten Güterbestände, die sie sich erschließen, sehr fest mit ihrer Personalität verschmelzen können. Es sind dies namentlich die Befriedigungen, die aus den vielerlei Arten von frei gestaltender Selbstbetätigung und aus der Teilhabe an deren Werken hervorgehen. Aber auch so elementare Freiheiten wie die, öffentlich die Muttersprache gebrauchen zu können, haben, weil persönlichkeitskulturell bedeutsam, ethisch-praktischen Gehalt. Über dem Interesse an der »Verallgemeinerungsfähigkeit« von Güterbezügen hat die moralbewußte, an Gesetz und Prinzip fixierte Ethik die »materialen« Güterbestände ebenso aus dem Reich ihrer Sittlichkeit ausgeschieden wie alles, was Sache eines aktiven Interesses ist. Der weiter gefaßte Titel des Ethos hat sich nicht zuletzt deshalb empfohlen, weil er Raum für alles läßt, was in einem außermoralischen, aber durchaus ethischen Sinne »gutes Leben« heißt. Jeder (besonderen oder allgemeinen) Normierung von Anspruchsmaßen eines erfüllten und kultivierten Lebens geht die originäre, aktiv interessierte Erschließung solchen Reichtums voraus. Vieles gewinnt seine Spannung aus dem Ringen darum, wie weit zum Allgemeingut werden kann, was zunächst als Sondergut erschlossen worden ist.

d) Prinzipien: Die schon gemachten Anfangsschritte. Das Wort »Prinzip« hat sich in der philosophischen Begriffsgeschichte immer in der Nähe des *princeps* gehalten; dessen Willkür ist allerdings außer Kraft gesetzt, sie kommt an anderer Stelle wieder ins Spiel. Obwohl von einer »feierlichen Majestät« des Sittengesetzes kaum noch die Rede ist, übt sein Nachfolger, das »Moralprinzip«, nach wie vor eine gewichtige Leitungsfunktion aus – im reifen moralischen als einem »prinzipiengeleiteten« Handeln. (Dem kritischen Zuhörer fällt auf, wie leicht die Rede vom »Moralprinzip«, ebenso die vom »Sittengesetz«, über die Lippen kommt, ohne daß man sich um die nähere Ausformulierung viel zu kümmern braucht.) Man mag es hinnehmen, daß in der Betriebssprache des Ethos der Titel »Prinzip« eben als eine Abbreviatur (wie »Norm«) fungiert. Im Sichtfeld der praxisanalytischen Kritik des moralischen Bewußtseins und seiner Rhetorik stellt sich der Titel »Prinzip« als eine Chiffre dar, die zur Entschlüsselung ansteht. Was ist das »Moralprinzip« in der Wirklichkeit des Ethos? Bei dieser Entschlüsselung kommt mir die andere Etymologie von »Prinzip« gelegen, *principium* als der Anfang, als Akt einer Grundlegung im geschichtlichen Formierungsprozeß des Ethos, als ein Fundus von Grundleistungen. Die ethospraktische Grundleistung, daß überhaupt in Menschengesellschaften bestimmte Verbindlichkeiten als anerkannte Ansprüche und anerkannte Verpflichtungen in Kraft gesetzt sind, ist, bei aller Enge der Rahmenbestimmung und bei aller Variabilität in der näheren Inhaltsbestimmung, so allgegenwärtig und selbstverständlich, daß man, soweit es um elementare Maßgaben mitmenschlicher Anteil- und Rücksichtnahme geht, es mit etwas so Wohlgegründetem, sogar auf breiter gesellschaftlicher Basis praktisch Eingeübtem zu tun hat, daß ein Begründungs- als Rechtfertigungsproblem im Hinblick darauf sich gar nicht stellt. Kain fragt bekanntlich nicht: Warum darf ich meinen Bruder nicht umbringen? Die ersten Prinzipien von Gesittungsverbindlichkeit können somit der Sache nach als hinreichend unproblematisch gelten; das Problematische beginnt bei den Inhalts- und Maßbestimmungen, den Reichweitenbestimmungen von Verbindlichkeiten, die »im Prinzip« unstrittig sind und wo nur ein »Aber ...« auf dem Fuße folgt. (Hier kann dann die Willkür des *princeps* wiederkehren.) »Du sollst nicht töten« – aber es gibt Konstellationen, in denen du es nicht nur darfst, sondern sogar sollst ...

In welchem ethisch-logischen Verhältnis nun aber die Anfänge von Elementarverbindlichkeiten zu den möglichen inhaltlichen Konkretionen, namentlich zu den Reichweitenbestimmungen, Reichweitenbegrenzungen, Grenzüberschreitungen und Grenzverschiebungen zwischen Verbindlichem und Nichtverbindlichem stehen, ob hier die »Prinzipien« wirklich eine Leitfunktion ausüben, das bedarf einer gesonderten Diskussion. Einen Rahmen dafür steckt J. Rawls' *Theorie der Gerechtigkeit* ab, indem sie zwei Rubriken aufmacht, diejenige mit den Grundrechten und Grundgütern, die allen Mitgesellschaftern gleichermaßen (und im größten für alle möglichen Umfang) zukommen, und die andere Rubrik mit den Gütern, die ungleich verteilt sind, es sein müssen und unter bestimmten Kriterien auch sein dürfen. Es stellt sich die Frage, was hier Sache eines quasi-mathematischen Kalküls, was Sache einer logischen Prinzipien-Implikation und was Sache einer originären Gesetzgebung im Modus des *sic volo, sic jubeo* ist, sein muß und unter bestimmten Prämissen sein darf.

e) Fortführungen über die Anfänge hinaus: Die Ausweitung von Gesittungsverbindlichkeiten. Ein Moralprinzip wie der von Kant formulierte Imperativ erfreut sich wohl deshalb eines so hohen Ansehens, weil es eine »normative Brücke« über alle Wechselfälle, Partikularismen und Brutalitäten der Geschichte hinweg geschlagen und »prinzipiell« die Einheit des Menschengeschlechts statuiert hat. Für die Moralfrommen ist es das im sittlichen Bewußtsein verankerte Prinzip, das die Durchbrechung der Verbindlichkeitsschranken und die Eingemeindungen von weiterem und immer weiterem inspiriert und so auf einen Weg führt, auf dem »alle Menschen Brüder« werden. Betrachten wir zuerst den Mechanismus der Erweiterungsschritte über die schon gemachten Anfänge hinaus. Es sind sozusagen drei Hauptfronten, an denen sich die »Grenzstreitigkeiten« abspielen: Da ist erstens der allgegenwärtige »Partisanenkrieg« der Ordentlichen und der Ordnungskräfte gegen das Ordnungswidrige, zweitens der latente oder offene Bürgerkrieg um die besonderen oder allgemeinen Geltungsansprüche der Stände, Klassen und Schichten, dazu kommt drittens die Berührung zwischen Einheimischem und Fremdem mit den Eventualitäten von Kollision (Vernichtung, Verdrängung, Unterwerfung) oder Vereinigung. Die Frage ist nun, wieviel praktisch am Moralprinzip gelegen ist, das die Unguten auf das Gute hinlenkt, die Machthaber zu Mitbürgern und die Feinde zu guten Nachbarn bestimmt. Die ethos-formierende Hauptaktivität bestünde dann darin, die Geltung des Prinzips zu bezeugen und ihm Anerkennung im sittlichen Bewußtsein derer zu verschaffen, die sich ihm noch nicht geöffnet haben.

Nun kann man sich dieser Pragmatik des Prinzips gegenüber prinzipiell verhalten und bestreiten, daß es überhaupt eine solche ideo-physische Induktion oder Kausalität gebe. Man kann die Sache aber auch pragmatisch weiterführen und sich, zur Frage nach der Korrespondenz von Idee, Interesse und praktischer Energie übergehend, der Empirie des gesagten Dreifrontenkampfes zuwenden, dem nachgehen, in welchen Handlungskonstellationen und durch welche Handlungsantriebe im praktizierten Ethos die Menschen immer wieder einmal dazu gekommen sind, neue Verbindlichkeiten zu stiften. Der Rekurs auf das Prinzip ist hier eine übermäßige Reduktion von Komplexität. Das Moralprinzip ist eine Tatsache des sittlichen Bewußtseins, eine Option, Ausdruck von »Wünschbarkeiten«, Ausdruck auch von reellen praktischen Befähigungen und Bereitschaften in partikularen Umkreisen, Ausdruck auch des Leidens an dieser Partikularität. Die praktische Dynamik der geschichtlichen Grenzziehungen und Grenzüberschreitungen, Trennungs- und Verbindungsschritte bedeutet mir alles, die Logik des Moralprinzips hingegen sehr wenig: Die Erweiterungen sind ursprünglich-synthetisch, nicht analytisch stringent, nicht als normenlogische Implikation und nicht als Handlungskonsequenz; wer A sagt, muß nicht B sagen. Es ist eine Sache praktischer Gesetzgebung, was in Rawls' Schema auf die Seite der Generalien und was auf die der Partikularien rückt.

f) Ethischer Universalismus – Universalisierung im Ethos. Das universell gefaßte Moralprinzip, alle Handlungsgrundsätze müßten allgemein gesetzestauglich sein, ist die ethische Formel für die geschichtsphilosophisch, geschichtsperspektivisch formulierte »weltbürgerliche Absicht«; diese wiederum ist die rhetorisch-deklarative Formel für einen weltgeschichtlichen Vorgang, für das »Alle Menschen werden Brüder«, dessen hypothetisch gesetzte Vorbedingung der Dichter in poetischer Metaphorik umschrieben hat. Wenn man sich nicht in nationalem Partikularismus versteift, sondern mit dem eigenen Ethos an der Sache menschheitlicher Vereinigung engagiert ist, stellt sich indessen die Frage, wie dies als ein praktischer Prozeß zu denken ist. Mit dem Moralprinzip ist diese Sache ebenso schlicht wie kühn in den Stand des sittlichen Sollens erhoben, um dessen kognitive Rechtfertigung man sich fast genauso abmühen müßte wie um die Sache selbst. Da mir jedoch an einer Pragmatik des Moralprinzips nicht gelegen ist, sondern nur am Prinzip seiner Pragmatik, gebe ich dem Problem diese Wendung: Es gilt, die ethische Situation zu interpretieren, in der wir uns seit den Tagen von Kant und bis heute mit dem Universalismus der Menschheit befinden, aus welcher ethisch-praktischen Substanz die ideellen Manifestationen dieses Universalismus – als Moralprinzip, Geschichtsperspektive und dichterische Vision – erwachsen sind und kraft welcher praktischen Konfiguration ein Prozeß der Universalisierung über die heute bestehenden Grenzziehungen hinaus zu gelangen vermöchte. Die Sache nimmt auf diese Weise eine *heuristische* Wendung, und es geht darum, die lebendigen Kräfte der Ethos-Formierung zu orten (und sich selbst inmitten ihrer), in denen die Möglichkeitsbedingung einer vereinigten Menschheit (oder zunächst schon eine Überwindung unmittelbar vor uns befindlicher Schranken) beschlossen liegen könnte. Dies wird zur Verfahrensdevise in den großräumigen Perspektivbildungen, mit denen sich die Ethik heute von der *Ethica domestica* zur *Ethica mundana* erheben möchte: Es ist die Transformation ethisch-normativer Programmatik in ethische Heuristik. Diesen Perspektivenwechsel möchte ich im folgenden zweiten Hauptteil erproben.

Der »Anfang« der Prinzipien-Universalität steckt nicht im Prinzip, sondern im Medium des Wirklichen, in einem Ensemble praktischer Ethos-Kapazitäten. Die stärksten Anfangsgründe findet man wohl nicht so sehr dort, wo der Menschheits-Universalismus zur Idee und zum Prinzip wird, sondern sie sind allgegenwärtig über die gesamte Ökumene ausgebreitet: Wo immer Menschen leben, da lebt in ihnen (wohl nur wenige ausgenommen) ein Anspruch, in ihren Lebensbelangen nicht übergangen, sondern berücksichtigt zu werden. Diese »rezeptive Kraft« einer Anforderung, die potentiell an die gesamte Mitwelt ergeht, ist unabhängig von der Bereitschaft, dieser Anforderung in allen Fällen zu entsprechen. Auch die ideelle Proklamation des Menschheits-Universalismus ist noch nicht unzweifelhaft der Ausdruck einer aktiven Kraft des Entsprechens – die Option einer befriedeten »Menschenfamilie« mag oft nur eine Reflexion aus dem beschädigten Leben, aus dem Leiden am Unfrieden sein. Immerhin geht diese Option oft mit wirklichen Bereitschaftsanteilen, Befähigungen und praktisch-aktiven Energien einher. Doch das kräftigste »normative Fundament« kommt eben doch der besagten rezeptiven Kraft des absoluten, unbedingten universellen Für-sich-Einforderns zu. Ihre Universalität gründet in der substantiellen Verbundenheit der Individuen.

g) Die Norm als Proportion – das Normative als Substantielles. Auf die Frage nach der »Normwürdigkeit« von Normen muß ich noch einmal zurückkommen, um Aufschluß über eine bestimmte ethisch-logische Schwierigkeit zu gewinnen, auf die man hier stößt. Sie liegt wohl darin, daß alles, was man sinnvollerweise eine *Norm* nennen kann, den Status eines »Verhältnisses« hat, und zwar den einer Proportion zwischen etwas und etwas anderem. Eine Norm ist – analog zu dem, was man »Sachverhalt« nennt – ein *Normverhalt.* Die Grundnorm der universalistischen Moral und Ethik besteht in der Proportionsbestimmung der *Gleichheit,* der Gleichwürdigkeit von Mensch zu Mensch. Muß nicht diese Relationsqualität als die absolute Prämisse aller Grundnormsetzungen gelten?

Es ließe sich nach Art einer ethisch-logischen Robinsonade durchspielen, was hier in Ansatz kommt. Die Konfiguration wäre damit allerdings sehr künstlich arrangiert, denn nirgends hat die Regelung des Personen-Grundverhältnisses an einem Nullpunkt begonnen. Die Grund-Normativität ist nur die »Fortschreibung«, Explikation und Fixierung einer *Normalität,* wie sie in gewachsenen Gemeinwesen besteht, allenfalls von außen, von Feindlich-Fremdem angefochten. Die Gleichheitsrelation als Normmaß ist aus gemischten Innen-Außen-Verhältnissen in den primären Verbindlichkeiten-Fundus hineinprojiziert. Sie erscheint sozusagen als eine genealogisch spätere Mathematisierung einer maßfreien Gegenseitigkeit. Die maßfreie Gegenseitigkeit, die von der Gleichheit als einer Proportionalität zu unterscheiden wäre, ist ein schlichtes »Du auch« zu einem »Ich auch« in einem »Wir alle«. Wer es in dieser Weise erfahren hat, der hält es fest; erst in der Abwehr von Störungen wird eine Norm aus der affirmierten absolut-positionalen Identität. Das potentiell Normative ist darum nicht in der Proportionsqualität der Norm, sondern in der Positionsqualität des sich selbst Affirmierenden beschlossen, also im menschlichen Selbstsein. Es ist der absolute Anspruch, der nur ebenso absolut anerkannt oder absolut nicht anerkannt werden kann. Der Modus ist der einer Synthesis *a priori,* deren *prius* die absolute Position des seienden Selbst für sich ist. Damit ist noch einmal dessen ethisch-logischer Primat bekräftigt.

h) Ethisch-praktische Identität: Benennen und Bekennen. Die Kritik und Selbstkritik an den Aufgeboten sittlichen Bewußtseins und Bewußtmachens führte zu dem Beschluß, daß als reell daran nur gelten darf, was der redliche Ausdruck (nicht die redselige Ausschmückung) des wirklichen ethisch-praktischen Vermögensstandes ist, des eigenen insbesondere. Ich habe diesen sprachlichen Ausdruck verschiedentlich als *Interpretation* bezeichnet oder schlicht von einem *Benennen* der Konstituentien gesittungsrelevanter Wirksamkeiten gesprochen. Es geht selbstredend nicht um empirisch-gegenständliche Deskription; dem Vorwurf des »naturalistischen Fehlschlusses« hoffe ich zu entgehen. Die »Erkenntnis« eigener und fremder ethisch-praktischer Identität wirft fraglos sehr delikate Probleme auf.

Die Sprachwerdung des Ethos ist nur zum geringsten Teil die Sache einer philosophischen Ethik. Daß ich zunächst ganz vorwiegend restriktive Bestimmungen vorbringe, ist aus der Situation zu verstehen, als Kontrapunkt zu der üppigen moralistischen Rhetorik und den vielen unseriösen moral-ideologischen Selbst- und Fremdidentifikationen. Die traditionellen Hauptprädikate für die Grundqualitäten des Sittlichen, »Gut und Böse«, sind eliminiert und durch mehr deskriptive, genauere Charakterisierungen der Gesittungsqualitäten von

Handlungen und von Personen ersetzt – Worte wie »brutal«, »subaltern«, »achtungsvoll« oder »kooperativ« sind nicht eliminiert und tun das Ihre. Das Benennen muß nur in Ausnahmefällen ein Belehren sein; meistens ist es ein Erinnern und Wachrufen von Bedeutungen, die jedem gegenwärtig sind. Wofür und wogegen jemand ist – wofür und wogegen ich selbst bin –, das offenzulegen bedarf es keiner gesonderten Bekenntnisformeln, es fließt unaufdringlich, jedoch nicht »versteckt« in alle Situationsbeschreibungen mit ein und sagt, wie ich meine, auch so genug. Schließlich ist zu bedenken, daß der vorliegende Versuch kein Organon für alle relevanten Felder des gesittungspraktischen Diskurses sein will (z. B. keine Handreichung für das Training in »ethischer Urteilsbildung« im schulischen Ethikunterricht), sondern speziell den aktuellen Angelegenheiten der forensischen, politischen Ethik zugewandt ist, sogar zu Lasten der engeren philosophischen Grundlagenproblematik.

i) Jenseits des »kategorischen Imperativs«. Nach den hier besprochenen Transformationen der Begrifflichkeit, in der die Belange des Ethos zu verhandeln sind, anders zu verhandeln sein könnten als im Kanon der moralbewußten Ethik, kam ich auch auf die mehr äußerliche und ohne jeden doktrinalen Eifer aufgenommene Frage, wie der *Deklarationsmodus* zu benennen wäre, in dem man »ohne Imperativ« sein gesittungsnormatives Engagement sprachlich zu erkennen geben kann. Das sollte nicht der Titel für ein aktiv bekräftigtes Ethos sein (das der Höherpotenzierung von Autonomie und Kooperation); die Überlegung zielt vielmehr auf eine formale rhetorische Qualität für den Ausdruck beliebig lokalisierter Affirmationen oder Negationen. Es sollte kein auffordernder Zuspruch an die anderen sein, sondern eine Form der Kundgabe in eigener Sache: eine *Anzeige.* Es trifft sich gut, daß eine Gegenmodalität zum Imperativ der Indikativ ist, der genau dies ist: schlichtes Anzeigen. Gegen das Attribut des »Kategorischen« spräche zwar nichts, aber im semantischen Umfeld gibt es noch den Modus des »Apodiktischen«, und die Urbedeutung des Wortes (*apódeixis*) besagt ein »Aufzeigen« (oder Aufweisen) und es stünde für die obligate Umschreibung des praktischen Gesamtkontexts, in dem eine gesittungsnormativ bedeutsame Angelegenheit steht. Noch etwas anderes Wichtiges hat es gerade in solchen Angelegenheiten beim Anzeigen mit dem »Zeigen« auf sich, noch etwas anderes als beim Anzeigen durch An- und Aussprechen. Das Kernstück einer »praxisanalytischen« Betrachtungsweise ist ja, daß sich im Ethos die Hauptsache nicht im Sprechen, sondern im Wirken mitteilt und fortpflanzt. Die »ethische Apperzeption« ist das Wahrnehmen einer Unterströmung gesittungspraktischer

Valenzen im Agieren und Reden (im »Wie«, nicht nur im »Was«). Im Aufweisen einer ethischen Situation, der involvierten Personen und ihrer Belange zeigt sich immer auch etwas vom ethisch-praktischen Habitus dessen, der darüber spricht. Das Ethische steht eher zwischen den Zeilen als im ethischen Text. So kommt, nach den »Logismen« des Diskurses über Normen, im normativen Diskurs das Element des Sensualen wieder zu seinem Recht: eine Weise des »Empfindens« für etwas, das »sich zeigt«. Soweit es in Worten faßbar ist, könnte der »apodiktische Indikativ« eine hinreichende Mitteilungsart in Belangen des Ethos sein.

ZWEITER TEIL

ETHIK DER ZUKUNFT – ZUKUNFT DES ETHOS

Wir begeben uns jetzt nach den weitläufigen Vororientierungen, die der Allgemeindynamik und dem Geschichtlichen von Ethos-Formierungen galten, in die gegenwärtige Konstellation zurück, wo das Ringen um den Fortbestand oder die Überwindung überkommener Ethos-Bestände, um die Eröffnung oder die Abwehr weiterführender Formierungsschritte stattfindet.

Was sich da im Vordergrund abspielt, sind beachtliche Aufgebote moralisch-normativer Rede- und Überredungskunst, wortreiche Plädoyers für oder gegen Ordnungen und Institutionen, Gewohnheiten und Aktivitäten, die man als bedeutsam für die sittliche Verfassung unseres heutigen und künftigen Lebens ansehen kann. In diesen Vordergrund drängen sich mehr und mehr solche Aufgebote, die auf eine tiefgehende und weitreichende Neuorientierung im Ethos der modernen Gesellschaft und ihrer Industriezivilisation drängen. Wir wollen sie im folgenden als die Aufgebote *programmatischer Ethik* oder *ethischer Programmatik* bezeichnen. Das erste wird sein, daß wir einige der wichtigsten Beispiele zur Sprache bringen und selbst zu Wort kommen lassen.

Wir wollen das Programmatisch-Werden der Ethik zurückverfolgen bis in die geschichtliche Konstellation, in der sich der »normative Horizont« über die Maßverhältnisse der *Ethica domestica* hinaus geweitet hat, als sich – zunächst im Rahmen einer geschichtsphilosophischen Perspektivbildung – das Projekt einer »weltbürgerlichen Vereinigung« der gesamten Menschheit auf die Tagesordnung einer fortzuführenden Ethos-Geschichte setzte, in enger Zeitnachbarschaft zu jener Umwälzung, die unter den Losungsworten »Freiheit – Gleichheit – Brüderlichkeit« angetreten ist. Die Wesensqualitäten gesellschaftlicher Lebensordnung, staatlich-rechtlicher Verfassung und des Zusammenlebens der Völker sind seitdem zu Themen ethischer Orientierung und Reflexion geworden.

Das zunächst bürgerlich geprägte Ethos-Programm von »Freiheit – Gleichheit – Brüderlichkeit« wurde bald von der weitergehenden Programmatik des *Sozialismus* überboten, der zu einer eminent praktischen, geschichtsmächtigen Massenbewegung wurde, in seiner weltweiten Verzweigung ebenso weitreichende Transformationen erfuhr und sich heute in einen »real existierenden« und einen ideal antizipierten Sozialismus polarisiert hat. Beiden tritt nun erneut eine politische Ethik des Liberalismus gegenüber, die sich nicht als bürgerlich borniert abqualifizieren lassen will, sondern auf allgemeine Bedeutsamkeit Anspruch erhebt. Dieses Gegenüber von gesellschaftsprogrammatischen Orientierungen, die bei uns die geistige (und ethische) Atmosphäre der Nachkriegszeit bestimmt haben, wird heute jedoch zunehmend durchkreuzt von neuen Richtlinien ganz anderer Herkunft und Thematik: einer ethischen Neubesinnung angesichts andrängender Lebensfragen und Lebensgefährdungen aus unserer industriell-technischen Zivilisation und – teils im Verbund damit – einer ethischen Mobilisation angesichts der akuten Lebensgefahr, die aus dem Wettrüsten der Großmächte erwächst. Und schließlich ist das Betriebs-Ethos unserer Industriezivilisation noch dadurch in zunehmende (nicht nur moralische) Anfechtung geraten, daß die Kluft zwischen den reichen und den armen Weltgegenden sich nicht schließen will. – Ethischer Sozialismus und sozialistische Ethik, politische Ethik des modernen Liberalismus (nebst Liberal-Konservatismus), ökologische Ethik und Ethik der menschlichen Zukunftsverantwortung, ökumenische Ethik und Ethik des Friedens haben inzwischen ein weitläufiges und dichtes Netz von allgemein normativen und spezifisch moralischen (oder »ethischen«) Sollbestimmungen für unseren künftigen Weg markiert.

Diese programmatisch-appellativen Mobilisierungs-Ethiken veranlassen mich dazu, in eine weitläufige Verhandlung vor Ort einzutreten, in der es vor allem um eines geht: um die bestimmte normative Form, den Sollens-Modus und -Gestus, in dem wir hier mit allerlei höheren und höchsten, dringlichen und dringlichsten Aufgaben und Pflichten konfrontiert werden. Im Rückgang auf Fragen des Grundverständnisses dessen, was es überhaupt mit dem Sollen in der Welt der Menschen auf sich hat, komme ich zu einer kritischen Auseinandersetzung mit den Aktivitäten dieser neuen ethischen Aufklärung. Die deutsche Aufklärung ist durch Immanuel Kant in ganz besonderer Weise als eine moralische Aufklärung geprägt gewesen. Klar werden sollte nach Kant namentlich, daß das moralische Sollen seinen eigenen, reinen Ursprung hat, daß man sich angesichts der Frage, was sein soll und was wir tun sollen, in nichts von der Erfahrung irremachen lassen dürfe, was gängigerweise getan wird. Eine aufgeklärte Ethik kann indessen vielerlei Gründe haben, sich auf einen Erfahrungsbegriff davon einzulassen, was gängigerweise im Ethos von Menschengesellschaften geschieht, wenn

es unter Anfechtung gerät und neue Impulse auf ein anderes, ein erneuertes Ethos hindrängen. Eben das ist es ja, was sich in unseren Tagen lebhaft ankündigt, so daß es den Anschein haben kann, eine große »Stunde der Ethik« sei angebrochen. Einen Erfahrungsbegriff gilt es zumal von der bestimmten geschichtlichen Bewegung zu gewinnen, die das Ethos unserer »modernen Gesellschaft« im allgemeinen und in unserer mitteleuropäischen Region im besonderen während unseres Jahrhunderts durchgemacht hat.
So werden die Verhandlungen dieses zweiten Hauptteils mit einem skizzenhaften Versuch beginnen, einen Durchblick durch die »ethische Situation unserer Zeit« zu erzeugen. Während nämlich Kant gemeint hatte, die Freiheit des Sittlichen bestehe darin, daß der Wille, an dem orientiert, was getan werden soll, eine absolut neue Reihe von Ursachen und Wirkungen anfängt, kann es sehr wohl ebenso wichtig werden, dessen eingedenk zu sein, welche »Sittengeschichte« wir fortzusetzen im Begriffe sind und wie aus der geschichtlichen Herkunft die Konfiguration der lebendigen Kräfte vorgebildet ist, die jetzt auf alten und auf neuen Bahnen ihre Wirksamkeit entfalten, möglicherweise in veränderten Proportionen.
Die Verfahrensweise, mit der ich die Rechenschaft vom Früheren, Bisherigen und Gegenwärtigen mit einer Erkundung von Zukünftig-Möglichem im Blickwinkel von Optionen und Befürchtungen verknüpfe, nenne ich eine *Heuristik;* sofern es um die Wirksamkeiten von Kräften geht, in denen die Grundverhältnisse und Maßbestimmungen des Ethos, der menschlichen Gesittungsweisen sich darstellen und bewähren, spreche ich von einer »ethischen Heuristik«. Darum wird die Hauptverhandlung sich drehen: Wie anders als in den Proklamationen und Imperativen der programmatisch-normativen Mobilisierungs- oder Erweckungs-Ethiken sich die normative Arbeit am zeitgenössischen Ethos in der Sichtweise dieser ethischen Heuristik zeigt. Es soll indessen nicht so herauskommen, als träte ich den Appellen der neuen ethischen Aufklärung schroff mit Absagen, Zurückweisungen und Belehrungen entgegen. Ich halte durchaus die Anlässe für triftig, die ein gründliches Neubedenken gerade der ethischen Qualifikationen der »modernen Industriegesellschaft« herausgefordert haben, und ich verbinde meine eigenen Erwartungen und Hoffnungen mit einem produktiven Fortgang dieses Prozesses der Umorientierung. Ja, ich halte es auch für triftig, sogar für unausweichlich, daß das Neubedenken der »normativen Grundlagen« (und Antriebskräfte) in den moralischen und oft moralistischen Bewußtseinsformen seinen Anfang nimmt. Jedoch: Der Anfang ist eines, der Fortgang etwas anderes. Die eigentüm-

liche moralisch-appellative und imperativische Form, dieser ganze Überhang an Sollens- und Müssens-Rhetorik und »Bewußtseins«-Bearbeitung gehört einer ethisch-praktischen Konstellation an, in der die reellen Kräfte einer eben erst einsetzenden reformatorischen Arbeit noch nicht den »sicheren Gang« einer kompetenten Praxis gefunden haben. In dem Maße, wie die Kräfte an Profil, Kompetenz, Zusammenhalt und Verhaltenssicherheit gewinnen, ja überhaupt erst ihre angemessene Aktionsebene finden, verändert sich mit dem geistig-praktischen Bezugsrahmen auch der spezifische rhetorische Gestus, die Sprache der öffentlichen Bekundung und der internen Verständigung. Ich kann natürlich nicht leugnen, daß ich, wenn ich einen solchen Fortgang vor Augen habe und in kritische Distanz zu der heute vorherrschenden Mobilisierungs-Rhetorik trete, auch von einer leichten Ungeduld beflügelt bin, den anvisierten Stilwandel bald erleben, ihn auch ein wenig mit vorbereiten helfen zu wollen.
Für die Sichtweise der ethischen Heuristik, mit der ich die »ethische Situation der Zeit« und die Perspektiven einer Neuformierung im Ethos unserer Industriezivilisation beurteile, ist eine grundbegriffliche Disposition zentral bestimmend, die auch schon in der vorausgegangenen allgemeinen Orientierung im Ethos in die Mitte gerückt war: das Hauptaugenmerk auf die Maßbestimmungen, die Potenzierungen oder Depotenzierungen der »lebendigen Kräfte« des Ethos zu richten. Welches die »Ethos-Potenzen« sind, mit denen ich meine Option verbinde, ist rasch gesagt: Es sind der Grundqualität nach noch immer diejenigen, auf die schon Kant »in weltbürgerlicher Absicht« gesetzt hatte, die Kräfte einer qualifizierten »Selbsttätigkeit«, die sich zugleich als Kräfte einer zivilen, befriedeten Vereinigung der Menschen im weitestmöglichen, letztlich planetaren Umfang bewähren können. »Heuristik« meint im Hinblick auf die Kräfte einer Höherbildung des Ethos autonom-kooperativer Vergesellschaftung: Man kann sie nicht durch das Aufrichten von Imperativen »produzieren«, nicht einmal wecken, sondern alles hängt daran, daß man sie zuerst sucht und – je länger desto mehr – findet, genauer, daß sie selbst sich finden und zusammenfinden. Während die Mobilisierungsethik ihre Hauptsache in einer Vor-Vergegenwärtigung eines Zukünftigen beschlossen sieht, zumal einer drohenden Gefahr, die dringend abzuwenden sei, ergibt sich für die Heuristik der lebendigen Kräfte einer Reform im Ethos ein anderer Zeithorizont, eine mehr »herkunft-orientierte« Sicht mit einer Konzentration auf Probleme, die nicht erst auf uns zukommen, die wir vielmehr größtenteils schon lange mit uns führen und deren Intensivierungen den Anstoß zu Neudispositionen geben. Anders als die ethische

Programmatik formuliert die Heuristik auch keine »Aufgaben«, sondern sie sieht sich auf autochthon und spontan sich aktivierende Qualifikationen, Interessen und Bereitschaften verwiesen, die sich an den Herausforderungen selber verstärken. Als Mittelfeld einer solchen Selbstaktivierung von Energien, die eine höhere Verbindlichkeit in den inneren wie den äußeren Verhältnissen der modernen Industrienationen erwirken könnten, habe ich eine neuartige Assoziierung und Selbstorganisierung von human-sozialer und technisch-organisatorischer Intelligenz vor Augen. Was ich dazu zu sagen weiß, das suche ich im letzten Kapitel, dem über die Zukunft des Ethos, vorsichtig zu umreißen. Die Zugänge zu einer solchen Hypothese über prospektive Potenzen im Ethos unserer Zeit ergeben sich indessen aus einem längeren Inspektionsgang durch verschiedene Versuche, die Zukunft des Ethos vermittels einer normativen Ethik der Zukunft aktiv zu gestalten.

I. »Zur ethischen Situation der Zeit«

Bevor wir zu einer Sichtung der verschiedenen Ansprüche, Zusprüche und Einsprüche kommen, die sich an das Ethos der Zeitgenossen richten, will ich versuchen, mit einigen Strichen das Ethos dieser Zeitlage selbst zu skizzieren, wie es sich als Resultat aus dem neuzeitlichen Prozeß von Ethos-Formierungen ergeben hat. Wir schließen damit an die Ermittlungen des Ersten Teils an, an die Messungen und Sondierungen, die bis in die Epoche der großen Kriege und Umwälzungen des 20. Jahrhunderts hineinführten. Auszuloten sind jetzt die Ethos-Kapazitäten der Nachkriegszeit, die uns vor die Frage stellt, ob davon eine neue Epoche der Weltgeschichte ihren Anfang genommen hat. Die zurückliegende Zeitspanne ist fraglos eine der großen Sturm- und Drangperioden der Weltgeschichte gewesen. Gewaltige Mobilisationen und Explosionen haben auf unermeßlich weiten Flächen eine Folge von Kämpfen verschiedenster Art ausgelöst, für die es zunächst gar keinen gemeinsamen Nenner zu geben scheint: imperialistische Hegemonialkriege, Kämpfe der »nationalen Verteidigung«, soziale und nationale Revolutionen, der Vernichtungskrieg gegen eine über ganz Europa verstreute »Rasse«, Kriege zur Behauptung kolonialer Herrschaft und zur Befreiung von ihr. Dennoch ist unschwer zu erkennen, daß jede dieser Mobilisationen etwas mit dem Basisprozeß der Neuzeit zu tun hat, mit der weltweiten Ausbreitung und Steigerung der Industriezivilisation und der dadurch fortlaufend in ein Ungleichgewicht geratenden Verteilung von Mühen der Arbeit und Genüssen an Lebensgütern. Das macht den Ethos-Kern dieser ganzen Geschichte aus: Ringen um ein »gutes Leben«.

Das Kriegsende wurde insbesondere für die Bewohner des westlichen Europa zu einer grandiosen geschichtlichen Wende. Die machtvollen und noch mächtiger werdenden industriellen Energien, die sich in einem Weltkrieg entladen hatten – in einem erbitterten Kampf um die Plätze an der Sonne –, warfen sich nunmehr auf friedliche Produktionen zur Befriedigung von immer umfänglicher und vielfältiger werdenden Lebensbedürfnissen. Der Frieden wurde zu einer Fortsetzung des Krieges mit anderen Mitteln, die massenhafte Mobilisierung »zur

Sonne, zur Freiheit« schien sich ungehemmt in einem anderen Medium zu entfalten, und es trat eine fühlbare Entspannung in den sozialen Druckverhältnissen dieser Großregion ein. Nationen mit Kolonialbesitz, um den zuvor erbittert gerungen worden war, sahen sich in den Nachkriegsjahren – unter Druck, oft mit Widerstreben, doch ohne einschneidende Verlustfolgen – dazu gedrängt, die einstigen Hauptrequisiten ihrer »Weltgeltung« mit manchen Folgelasten der Kolonialzeit in staatliche Unabhängigkeit zu entlassen, in der sie zu »Entwicklungsländern« arrivierten. Indessen nahm eine besondere »Erblast« aus der ersten Jahrhunderthälfte für viele Nachkriegsjahre ein ganz enormes und sogar hochmoralisch aufgeladenes Interesse gefangen: die Präsenz und weltpolitische Wirksamkeit der nachrevolutionären Sowjetgesellschaft unter dem terroristisch-diktatorischen Regiment von Stalin, die als alliierte Siegermacht die Großregion bis in die Mitte Deutschlands unter ihre Kontrolle nahm und einem Prozeß struktureller Assimilierung an den eigenen Prototyp von »Sozialismus« unterwarf. Gleichzeitig setzte sich eine mehr autochthone Sozialrevolution in China und einigen anderen ostasiatischen Regionen, später auch anderswo in Asien, Afrika und Amerika, bis zur siegreichen Etablierung von »Volksrepubliken« fort. In manchen zeitgenössischen ideologischen Stilisierungen stellte sich die ordnungspolitische Alternative von Demokratie und Kommunismus als die für das künftige Schicksal der Menschheit schlechthin entscheidende dar. Inzwischen tritt deutlicher hervor, daß dieser »Ost-West-Konflikt« (als »Kalter Krieg« ausgefochten) nur eine historisch besondere Verdichtung einer allgemeinen Spannungs- und Konfliktlage sein dürfte, die im bestehenden Zivilisationsgefälle zwischen hochentwickelten Industrienationen und den Nachdrängenden beschlossen liegt. Nach wie vor strittig sind die Güter dieser Erde und die Wege, auf denen man zu ihnen gelangt: materielle Daseinsausstattung, die Allokation der Arbeiten, die sozial gehobenen Positionen, die Modalitäten sozialer Rangordnung, die Verteilung und Bemessung von Freiheiten.

1. Das Betriebsethos der »modernen Industriegesellschaft«

Die weltweiten Verknüpfungen, Verspannungen und Verwerfungen vor Augen – wir haben auf vielerlei Weise an ihnen teil –, wollen wir uns jetzt auf unsere engere Region konzentrieren, und hier nicht auf einen generalisierten Typus »moderner Industriegesellschaft«, sondern gleich auf den besonders gelagerten Fall unseres eigenen (Teil-)Staats-

wesens, das aus der Zertrümmerung des Deutschen Reiches hervorgegangen ist. Es ist dadurch für uns nicht nur eine besondere ordnungspolitische Lage gegeben, indem im anderen Landesteil der »real existierende Sozialismus« etabliert und zur gesamtnationalen Erfahrung geworden ist. Noch gewichtiger womöglich ist, daß der jämmerliche Zusammenbruch des zuvor so grandios aufgebauten und aufgeblähten Welt-Großmacht-Potentials besondere Folgeprobleme hinterlassen hat. Was ist aus all diesen höchstgespannten Energien und Ambitionen geworden, die dieser Volkskörper bei breitester Massenbeteiligung im Kampf um die Herrenstellung in einem neu zu ordnenden Europa an den Tag gelegt hat, was aus den inneren sozialen Konfliktenergien, die gegen das Jahr 1933 hin so vehement aufeinandergestoßen waren, was aus den ungeheueren Zerstörungskräften, die sich im Krieg, in der Besatzungsherrschaft, bei der Vernichtung der europäischen Juden ausgewirkt hatten? War das alles eine durch die äußere Konstellation begünstigte, momentane, künstlich forcierte Überanstrengung, die danach zu einem Nichts zusammenfällt?
Gegen den Argwohn derer, die (mit Brecht) immer wieder darauf bestehen, daß der Schoß noch fruchtbar sei, »aus dem das kroch«, stehen immerhin gewichtige, in Jahrzehnten gefestigte Befunde. Denkt man daran, daß sich die 1918 militärisch besiegten Deutschen nur eine knapp bemessene Nachkriegszeit von weniger als anderthalb Jahrzehnten gegönnt haben (mit grimmigem Zähneknirschen gegen Versailles und die parlamentarische Republik), um dann wieder eine Vorkriegszeit zu eröffnen, so wirkt es erstaunlich, was für ein Betriebs-Ethos die 1945 Abgeschlagenen und Abgewrackten nach kurzer Zeit angenommen haben, in ihrem von Ruinen übersäten, geteilten und amputierten, mit Flüchtlingen, Vertriebenen und Ausgewiesenen angefüllten Staatsgebiet unter der Hoheit der Siegermächte. An sehr viel geistigen und sittlichen Wandel muß man da nicht glauben; es dürfte sich daran eher zeigen, daß es in den Ethos-Kapazitäten von Großgesellschaften beträchtliche »lose Massen« gibt, die bei annähernd gleichen Kräften der profilierteren und dezidierteren Volksteile unversehens »umgepolt« werden können. Vor allem wird daran eine weitgehende Fungibilität der güterbezogenen Betätigungsimpulse erkennbar. Sie zeigte sich in der »Umfunktionierung« der vormals politisch-militärisch eingefaßten »Zur-Sonne-und-Freiheit«-Bestrebungen in einen unpolitisch-zivilen Betätigungs- und Befriedigungshabitus, der nunmehr hohe Daseins- und Sinnansprüche zu erfüllen erlaubt. Soziale Befriedung durch käufliche und zunehmend reichliche Bedürfnisbefriedigung – das scheint die Generalformel des Ethos des »Wohlstands für alle« zu sein.

Manche haben unsere Gesellschaft eine »Konsumgesellschaft« getauft. Es dürfte indessen eine Täuschung sein, daß alles an den käuflichen Dingen, Dienstleistungen und Vergnügungen hinge. Hohe Bedeutung kommt jedenfalls auch – und nicht nur als Tor zu reichlicherem Warensegen – der breiten Mobilisierung von Jungen und Erwachsenen zu sozialem Aufstieg zu; hier bewährt sich, was einer *ist* und *vorstellt* (nicht nur, was er hat – im Sinne von Schopenhauers Lebensweisheit). Im Hinblick auf die massenhaften Aufstiegseffekte hat man die Gesellschaft gleich eine »nivellierte Mittelstandsgesellschaft« titulieren wollen. Es ist jedoch augenfällig, daß wir weiterhin eine Oben-unten-Schichtung von beträchtlicher Spannweite haben. Anders als noch in der ersten Nachkriegsrepublik sind in der zweiten aus der sozialen Ungleichheit (und speziell der Klassen-Ungleichheit zwischen Eigentümern von Produktionsmitteln und eigentumslosen Lohnarbeitern) keine Konflikte von nennenswerter Schärfe oder gar revolutionärer Brisanz erwachsen. Alle Jahre wieder gab es eine »Runde« in einem ritualisierten Verteilungskonflikt und nur episodisch gelegentlich einen Konflikt um Differenzen im Sozialstatus. Die bereitwillige Hinnahme der Positions- und Einkommensunterschiede dürfte dadurch erleichtert werden, daß wenigstens die energisch Weiterstrebenden innerhalb ihrer Reichweite immer wieder Chancen zum Weiterkommen finden, ihr Impetus sich darum nicht oppositionell politisiert. Ob das ein Reich der unbegrenzten Möglichkeiten bleibt, eben das ist eines der Systemprobleme der »Wachstumsgesellschaft« (wie sie ja auch heißt). Außer den natur-ökologischen sind bereits die »sozialen Grenzen des Wachstums« signalisiert worden, und wir haben gewisse Staustellen der sozialen Aufstiegsmobilität erreicht.
Nicht ohne Zusammenhang mit der Aufstiegsmobilität ist es, daß auf den unteren Stufen des Beschäftigungssystems ein Zuzug ausländischer Arbeiter eingesetzt hat und ethnische (und zu einem gewichtigen Teil auch ethische) Heterogenität mit sich bringt. Etwas von den weltweiten Problematiken des Zivilisationsstufengefälles wird so für uns zur inneren Angelegenheit, die das Ethos jetzt schon auf die Toleranzprobe stellt, künftig wohl noch mehr.
Lassen sich innerhalb dieses Betriebs-Ethos eventuell noch typen-, klassen- und schichtspezifische Formationsteile ausmachen? In der Zwischenkriegszeit waren in dieser Hinsicht recht markante Unterschiede und Gegensätze hervorgetreten, solche zwischen militanten und kompromißlerischen, republikanischen und autoritären, kosmopolitischen und nationalistischen Strebungen. Diese und andere Konturen haben sich in der Nachkriegszeit sehr abgeschwächt, sind in

Latenz zurückgesunken. Innerhalb eines weitreichenden moralisch-politischen Konsensus macht sich lediglich immer wieder bei den einen die Präferenz für ein strenger disziplinierendes Regiment mit deutlichen Grenzziehungen, bei den anderen eine größere Permissivität bemerkbar (Sozialstaat, Schulpolitik, Kulturförderung, § 218, Radikalenabwehr, Kriegsdienstverweigerung).
Eine für die künftige Ausformung des Ethos durchaus bedeutsame Divergenz hat sich an einer Generationsschwelle aufgetan. Selbststilisierung und die Irritation bei Außenstehenden haben bereits das »Image« einer heraufkommenden »alternativen«, »post-materiellen« Lebensweise produziert, das Image eines Ethos jenseits der industriellen Wachstumszivilisation und ihrer Fetische, Bornierungen, Zwänge, Risiken und Gefahren. Was hier schon als Ethos verbucht werden kann, und was nur als ideologische Option, also, welchen praktischen Tiefgang all dieses »Alternative« hat (oder noch bekommen kann) und welche Breitenwirkung, ist natürlich nicht ausgemacht. Viele Anzeichen und Erfahrungsanalogien sprechen dafür, daß sich hierin vorerst eher bestimmte Grenzen der bestehenden Formation als die Anfänge einer neuen offenbaren. Es gehört noch zum Vorfeld ernstlicher Umorientierungen.

2. *Zur Physiologie des Ethos*

Wo es keine starken Ausschläge in der Metrik des Ethos gibt, durch kraftvolle und massenhafte Aktivierungen bewirkt, da wird man die Zustandsqualitäten aus den molekularen Bewegungsabläufen herauszulesen haben. Der Lebensgüter-Haushalt der industriellen Hochzivilisation hat eine Durchschnitts-Komposition, die sowohl Felder einer Verdichtung als auch solche der Verdünnung zeigt. Imponierend ist die Massierung von Angeboten käuflicher Güter und Dienstleistungen und die Basisbreite ihrer Verteilung, ungeachtet der nach wir vor bestehenden Wohlstandsgefälle. Unübersehbar, daß eine tiefgestaffelte Phalanx von Betreibern und Erfüllungsgehilfen der Güterproduktionsmaschinerie eifrig damit befaßt ist, das Ethos eines *Homo consumens* zu pflegen – so erfolgreich, daß man anderswo schon den Verlust von Leistungsbereitschaften unter der Herrschaft des Lustprinzips beklagt. Doch das ist trotz des moralistischen Pathos, das mitunter aufgeboten wird, nur eine innere Betriebsspannung der Wachstumsdynamik.
Ein delikates Problem ist die Vermittlung der käuflichen Güter und ihres Befriedigungswertes mit den anderen Güterdimensionen, denen

der Tätigkeit und der sozialen Produktions-, Geltungs- und Kommunikationsbilanz. Es ist eigentlich gar nicht angemessen, dieses Andere (unter der Suggestion des derzeitigen Zustandes) an zweiter und dritter Stelle nach den »materiellen« Ausstattungsgütern aufzuführen. Darin steckt wohl schon ein Hinweis darauf, daß der erweiterte Güterkonsum oft gravierende Defizite oder gar Verluste in den anderen Bereichen »guten Lebens« kompensieren muß.

Bei den *Befriedigungen aus Tätigkeitscharakteren* ist es noch um einiges wichtiger als auf dem Markt der käuflichen Genüsse, die Sondierung klassen- und schichtspezifisch anzusetzen. Die Sozialstatistik kennt ja die Grobgliederung nach Selbständigen und Nichtselbständigen (was einen »Klassen«unterschied bezeichnet), nicht weniger gewichtig sind jedoch die Ausdifferenzierungen bei den einen wie den anderen. Die unternehmerische »Selbständigkeit« zeigt ein weites Spektrum und eine je unterschiedliche Ausprägung von Selbständigkeits- und Unselbständigkeits-, Abhängigkeits- und Fremdbestimmtheitsbezügen; und auf gehobenen Stufen der »Nichtselbständigen« gibt es oft mehr Selbständigkeit als bei professionellen »Selbständigen«; insgesamt haben wir also auf beiden Seiten eine analoge Verteilungsskala – innerhalb der Grundbestimmung, daß sich alles in einer umfassenden Interdependenz bewegt.

Der Unterschied zwischen selbstbestimmten und fremdbestimmten Tätigkeitsbezügen ist von besonders hoher ethischer Bedeutung, weil hier Personalität und Interpersonalität unmittelbar im Spiel sind. (In Kants praktischer Philosophie bilden Autonomie und Heteronomie das Mittelstück, und sie traten bei ihm als soziale Beziehungscharaktere sehr deutlich hervor, als er sie noch nicht in die Zwangsjacke seiner späteren Vernunft-Systematik gesteckt hatte.[46]) In der Güterordnung kommen dazu noch die Momente von »Kreativität«, die Komposition aus Manuellem und Geistigem, die Komplexitätsgrade von Tätigkeiten und ihre Reichweitenbestimmung.

Wir brauchen uns jetzt nicht in der Topographie dieser Tätigkeitscharaktere auszubreiten, es mag genügen, die für die Dynamik des Ethos vermutlich bedeutsameren Kollisionspunkte von Autonomie und Heteronomie herauszustellen; einige der Heteronomien sind in gesellschaftliche Personenbeziehungen eingelagert, eine andere – schwieriger faßbare – hat ein eher anonym-apersonales Gegenüber.

Die moderne Arbeitswelt mit ihren hierarchischen Arbeitsteilungen ist notorisch voll von Beziehungen der Über- und Unterordnung, im privatwirtschaftlichen wie in den anders korporierten Bereichen. (Von der unpersönlichen Autonomie und Autorität technischer Apparaturen oder Marktbewegungen ganz abgesehen.) Nun gibt es sehr wohl von Fall zu Fall Konditionen, die solche Unterordnung für den Betreffenden annehmbar machen. Kritisch wird es in Fällen und von Maßgrenzen an, wo ein vitaler Autonomieanspruch mit der verfügten Fremdbestimmung in Widerstreit gerät. Das ist dann ein substantieller Konflikt im Ethos, wenn in den fremdverfügten Anteilen etwas von Willkür steckt, und besonders, wenn Fremde etwas verfügen, das durchaus in der eigenen Kompetenz läge. In solchen Spannungszonen haben sich die Geltungskonflikte zwischen Bürgertum und Adel ebenso wie die zwischen Arbeitern und Unternehmern abgespielt; und die Frage ist, ob es in den heutigen Mixturen aus Autonomie und Heteronomie eine Fortsetzung dieser Linie gibt. Die Fabrikarbeiter haben nicht, wie es Marx erwartet hatte, die gesamte Existenzform der Lohnarbeit von Grund auf angefochten, sondern nur vieles an ihren Arbeitsbedingungen. Lohnarbeit wird kaum noch als »Lohnsklaverei« radikal-ethisch verworfen. Es hat jedoch – im Zuge der sozialen Aufstiegs-Mobilisation – eine Massenflucht aus den Niederungen der Fabrikwelt stattgefunden, und darin geblieben zu sein ist eine Belastung.

Im übrigen ist da noch die andere, die anonym-apersonale Art von »Fremdherrschaft«, die in der »Naturwüchsigkeit« der Marktproduktion angelegt ist und in der Wahrnehmung der frühen Sozialisten (z. B. F. Engels) ein wohl ebenso schwerwiegendes ethisches Defizit bedeutet wie die Lohnarbeit der Massen. Denn hier erweist sich die Menschenwelt insgesamt als ohnmächtig gegenüber der Sachenwelt der Kapitalien und Warenströme. Dieses Problem hat heute eine noch höhere Größenordnung als damals. Es wird heute durch die Kategorie »Sachzwänge« signalisiert, und Kabarettisten singen: »Wir können gar nichts machen, uns zwingt der Zwang der Sachen.« Zum Programm des Sozialismus gehörte es, daß diese Art von Fremdherrschaft, in der eine »unmenschliche Macht« herrscht, zu überwinden sei. Verstaatlichung und zentralisierte Planwirtschaft haben sich jedoch nicht als »die Lösung« empfohlen. Wo nun zu erwarten steht, daß künftighin eher noch gravierendere Anomalien und Kollisionen aus dem Mangel an Koordination nach menschlichem Maß erwachsen, wird sich die »ethische Herausforderung« stellen, wo und aus welchen Anlässen sich ein für das Ethos der Zukunft bedeutsames Streben und Vermögen ausbildet, gegenüber diesem verwickelten Komplex eine höhere menschliche Handlungssouveränität und substantielle Autonomie zu entfalten.

Die modern-bürgerliche Gestalt menschlicher Freiheit war stets mit der Trennung von Privatsphären verbunden, mit der Auflösung vormaliger Gemeinschaftsbindungen. Dieser Verlust wurde schmerzhaft empfunden, auch in unseren Tagen. Im Gegenzug zu den atomisierenden Wirkungen der Erwerbs- und Konkurrenzgesellschaft hat es immer wieder in Phasen der Verunsicherung teils angestrengt-vergebliche, teils rührend-seltsame, aber auch ungestüme und folgenschwere Versuche gegeben, Formen von Gemeinschaftlichkeit ins Leben zu rufen, archaische oder der modernen Kultur zugewandte, auf »Geborgenheit« oder auf Anregung zielende. Nichtfunktionalisierte Geselligkeit in nichtkommerzialisierten Rahmen ist weiterhin von Agenturen des Zivilisationsbetriebs verdrängt oder eingefaßt. Daß die Physiologie der menschlichen Lebensbefriedigungen vielfältig gestört ist, wird man kaum bezweifeln können. Bewährungen in der forcierten, konkurrenzhaltigen, am Aufstieg orientierten Berufsarbeit werden durch Gütergenüsse honoriert, deren Befriedigungswert von gewissen Saturierungsgrenzen an problematisch wird, und die zugleich Mängel an soziokultureller Sinnerfüllung kompensieren müssen, was sie jedoch immer weniger können.

Die an augenfälligen Phänomenen gemachten Beobachtungen werden triftiger, sobald man die soziale Schichtenspezifik mitbedenkt. Das nach wie vor Imponierende ist der Erfolg, mit dem die entfesselte Wirtschaftswachstumsgesellschaft gerade in den unteren Volksschichten als das große »Wirtschaftswunder« ausgekostet werden konnte, in einer Folge von Konsumier-»Wellen« – vom Kulinarischen über Textiles, Möblierung, Motorisierung bis zum Hauseigentum und zu expansiven Urlaubsreisen. Daß sich die gehobenen Sozialschichten nur der Größenordnung nach herausheben, nicht aber der (Lebens-)Art nach, hat die These von der »nivellierten Mittelstandsgesellschaft« inspiriert. Dies wurde zu einem gewichtigen Moment soziokultureller Hegemonie, wie die Herren des gehobenen Konsums den kleinen Leuten das Bild guten Lebens für Leute von heute vor Augen führen. Die kulturelle Distinktion, die es vormals auf den gehobenen Stufen zu pflegen gab, wurde zu einer Konsumpräferenz mit Exklusivität, nicht aber entstand um sie herum nach den Zerstörungen und Verwerfungen der Nazizeit aufs neue eine eigene »Sphäre«. Die Massenkultur ist die Domäne einer »Kulturindustrie«, und für die Anspruchsvollen gibt es den »Kulturbetrieb‹, zu dem der »Wissenschaftsbetrieb« zählt.

3. Zum politischen Lebensprozeß im Nachkriegsdeutschland

Das Jahr 1945 bedeutet im landläufigen Verständnis (und mit Recht) den »Zusammenbruch«. Eine krampfhaft aufgebaute Machtapparatur aus Gescheiterten, Deklassierten und Empordrängenden ist in sich zusammengefallen und hat dabei offenbart, daß hinter dem hohlen ideologischen Pathos – wie sollte es auch anders sein – nichts von einem auch nur kraftvollen Ethos steckte (von »hohem« Ethos ganz zu schweigen). Damit wurden die versprengten und niedergedrückten Überlebenden der vorhitlerschen politischen Kultur republikanischer und halbrepublikanischer Provenienz zu neuer Wirksamkeit freigesetzt. Von einer tiefergreifenden »moralischen Umkehr« konnte auf diesem Erschöpfungspunkt nur »die Rede sein«, aber nicht viel mehr. Es waren schlicht und einfach andere Konditionen und Selektionsmechanismen für das Nachwachsen neuer Bildungselemente des Politischen gesetzt. Der Generationswechsel ist inzwischen vollzogen.

Eine politische Formation – mit entsprechendem Ethos – hat sich aufgebaut, die nicht so sehr der Ausdruck eines impulsiven Gestaltungswillens ist (wie in der Umbruchkonstellation des östlichen Landesteils), sondern eine Fortsetzung der wirtschaftsgesellschaftlichen Dynamismen mit weitgehend denselben Mitteln, lediglich in einem anderen institutionellen Medium. Die gleich nach dem Zusammenbruch zu vernehmenden Ideen von einer gründlichen gesellschaftlichen Neuordnung (»Sozialismus als Tagesaufgabe«) hatten in der Bevölkerung keine wirkliche Wurzel. Politik wurde zur Organisierung und Konditionierung des gesellschaftlichen Alltags, vor allem des wirtschaftlichen Wieder- und Weiteraufbaus. In diesem Aufgabenfeld profilierte sich eine politische Klasse von »Pragmatikern«, gegliedert in Parteien, die bei geringen programmatischen Divergenzen mit Erfolg danach trachteten, zu »Volksparteien« zu werden. Nur ganz episodisch boten sich Gelegenheiten, in denen Impulse zu »geistig-moralischer Führung« eine mäßige Lebendigkeit erreichten (etwa beim Start zu einer deutschen »Wiederbewaffnung«, bei der Normalisierung der Nachbarschaftsbeziehungen zur DDR). Die politische Klasse ist nicht das Initiativzentrum gesellschaftspolitischer Innovationen, sondern sie ratifiziert mit einiger Verzögerung, was in den Initiativdiskussionen der unabhängigen Publizistik zur Spruchreife gediehen ist. Dorthin hat die Lebendigkeit sich verlagert. Der Politikbetrieb selbst ist zum gut terrassierten Bewährungsterrain für Aufstiegsinteressenten mit entsprechender Eignung geworden. Zunächst war die Reformpartei so etwas wie der »zweite Elitenbildungsweg«, im weiteren hat auch die Ordnungspartei (mit dem Schrumpfen ihrer »Honoratioren«-Substanz) diesen Typus angenommen. Umgekehrt hat die zunächst stärker programmatisch profilierte Reformpartei ihre »ideologische« Pointen zurückgenommen und ihren höheren Beruf in einer »Trendverstärkung«

gefunden: Prozesse des sozialen Aufstiegs zu fördern, wo die Ordnungspartei relativ restriktiv verfährt (nur relativ, denn auch sie ist Volkspartei, die im gleichen soziodynamischen Medium konkurriert). Die sozialethische Hauptdifferenz ist wohl eine des Akzents, mit dem die einen mehr die Aufstiegsprozesse im Lager der »Nichtselbständigen«, die anderen die im Lager der »Selbständigen« fördern.

In diesen wohltemperierten Politikbetrieb hinein ereignete sich ohne ersichtlichen Zusammenhang mit der allgemeinen Klimalage, allerdings synchron in mehreren Staaten mit verwandter Problematik, ein ungestümer Aufbruch an den Hochschulen und in deren Vorfeld. Er geriet alsbald auf die Bahn einer revolutionär-sozialistischen und -kommunistischen Politisierung mit entsprechenden Aktionsformen und ideologischen Überbauungen. Zum ideologischen Überbau gehörte nicht zuletzt eine stark moralisch getönte Verurteilung des »etablierten Systems«. Dieses, so hieß es, gebe sich nur »zu Hause«, in den industriellen Metropolen, halbwegs human und offenbare seine unverminderte, tiefsitzende Inhumanität weit draußen in der asiatischen, südamerikanischen und afrikanischen Peripherie, an den »Verdammten dieser Erde«.

Die momentane Einheit der »Studentenbewegung« löste sich ebenso rasch wieder auf. Ihre substantiellen Kerne wirken in den neu inaugurierten »Bewegungen« weiter, ebenso einige der ethisch-reformatorischen Vorsätze. Was dieser Aufbruch zu bedeuten hat, ist jedoch nur abseits der ideologischen Selbstdarstellungen zu ergründen und tunlichst in verschiedenen Rubriken.

In einer Rubrik wäre zu verzeichnen, was sich da in der Dynamik politischer »Elitenbildung« abgespielt hat. Sichtlich sind durch die Selektionsmechanismen der etablierten politischen Klasse manche andersprofilierten, vom favorisierten Typus abweichende politischen Nachwuchstalente zurückgestaut, auf Seitenwege abgedrängt. In einem Moment, in dem sich der etablierte Apparat verunsichert sah, konnten die Ausgeschlossenen eine Chance wahrnehmen, womöglich übergroß – da baute sich mancher »kommende Lenin« auf, auch ein Nachfahr von Thomas Müntzer hatte seine Resonanz. Ebenso bot die postnationalsozialistische Universitätshierarchie dem drängenden Nachwuchs ebensoviel Ausschließungswiderstand wie Provokations- und Angriffsfläche. Mit einem neudimensionierten Fortschrittswissen konnte die »Festung Wissenschaft«, die im Osten »erstürmt« worden ist, auch im Westen bestürmt, konnten manche Positionen in ihr erobert werden. Insgesamt war die Hochschule in den Jahren, als die reichsten Früchte des »Wirtschaftswunders« geerntet werden konnten, zu einer breiten

Haupttrasse sozialen Aufstiegs geworden. Das Befremdliche der so entstandenen »Massenuniversität« barg in sich viele Irritationen, die einer Hochschulrevolte die Massenbasis sicherten. Über dem Sensationellen und Exzessiven dieser »kulturrevolutionären« Bewegung ist nicht zu vergessen, daß sich unterdessen auch bedeutsame Elemente einer Nach-Nachkriegs-Normalität entfaltet haben, ein modernisierter (nicht mehr teutonischer) Typus von kritisch-agilem Intellektuellen. Im Schatten dieser Neuprofilierung konnten freilich die neuen Wissens-Kollektionen, die sich den tradierten akademischen Standards entzogen, auf allen Stufen des Fortkommens verschiedentlich auch zu Legitimationen werden, mit denen manch einer es sich in Studium, Examen und danach leichter zu machen verstand.

In einer weiteren Rubrik stünde Bedauerliches über jene »Übermobilisierten«, die auch unter erleichterten Bedingungen mit den Anforderungen der »Leistungsgesellschaft« nicht zurechtkamen und ihr Unbehagen mehr oder weniger ausgiebig »politisierten«.

Sofern dies alles zu den verschiedenen Facetten einer noch, gerade noch, funktionierenden Aufstiegs-Mobilisation gehört, war kaum zu erwarten, daß der oft hochmoralische Aufbruch einen sonderlich bedeutsamen Ertrag an Reformation bringen würde. Das Solidaritätsverlangen, das sich in der Bewegung so lebhaft bekundete, war stärker als die aktive Solidaritätsfähigkeit (Verlangen nach Geborgenheit kam weit mehr ins Spiel), und die Egozentrik behielt ein deutliches Übergewicht über die Ichstärke. Ganz untergründig war manches an jener Bewegung vielleicht schon eine präventive Angstreaktion auf kommende Systemschwierigkeiten und Engpässe, die in einem durch Ambition höhersensibilisierten Medium früher aufkommt als anderwärts.

Die im ganzen eher konfuse Anfechtung der bestehenden Ordnung durch eine »radikale« Opposition bewog das gleichwohl »verunsicherte« Establishment dazu, auf die ideologische Rechnung eine ebenso ideologische Quittung auszustellen. Die Amtsträger überhöhten das profane politische Ethos der sozialen und staatlichen Institutionen durch Deklarationen einer politischen Ethik, die sich am Kanon von »Grundwerten in Staat und Gesellschaft« festmacht. So wurde die Scheinrevolution zur Geburtshelferin einer die Parteienunterschiede überbrückenden Staatsideologie. Dies signalisiert den Ausklang einer kurzen Epoche, in der es beflissenen Zeitgenossen scheinen wollte, die aus der schlimmen Vorgeschichte übriggebliebenen Restprobleme würden sich durch die weitere Folge glorreicher industrieller Revolutionen, die den ganzen Erdkreis auf unsere heutige und morgige zivilisatorische Höhe bringen, jenseits aller Ideologie erledigen.

In welcher Arbeitskondition steht nun das Betriebs-Ethos unserer Regionalgesellschaft vier Jahrzehnte nach dem großen Krieg da? Wie ist es, wo es bis jetzt keinen ernsthaften Belastungen ausgesetzt war, möglichen künftigen Belastungen gewachsen? Ganz grob: immerhin günstiger disponiert als in der ersten Jahrhunderthälfte, mehr dem gesamteuropäischen Durchschnitt angeglichen. War dieses Ethos in der ersten Jahrhunderthälfte von enormen Kräften sozialer Aggression durchzogen und mitgerissen, so kann man jetzt zu taxieren versuchen, auf welches reduzierte, latente und potentielle Maß das abgesunken ist und was ihm an anders konstituierter ethischer Potenz nicht nur konjunkturell, sondern auch konstitutionell gegenübersteht. Die zivile Gesellschaft ist gewiß noch nicht ein solides, jedoch auf ein breiteres und kräftigeres Fundament gestellt. Trotz mancher Ambivalenzen haben die professionellen Qualifizierungsprozesse mit ihrem Anteil an Wissenskraft, Selbsttätigkeit und Kooperationskultur etwas an der Grundkonstitution bewirkt.

Die weiter oben gestellte Frage nach einer klassen-, schichten- und typenspezifischen Gliederung im Betriebs-Ethos versuche ich in aller Vorsicht und Vorläufigkeit mit einigen Beobachtungen anzugehen. Das klassengesellschaftliche Moment besteht in der Aufgliederung nach Selbständigen und Nichtselbständigen; dazu kommt die parallele Schichtenstufung nach Unternehmensgröße und Qualifikation, und die sozusagen quer oder schräg durchlaufende Typus- und Tonus-Differenz wäre die zwischen hochimpulsiven, offensiven und mehr defensiven Temperierungen der Bedürfnisentfaltung und Interessendurchsetzung. Das läßt sich am politischen Parteien-Spektrum trotz mancher Unschärfebeziehungen ablesen. Das Element stärkerer Unruhe und Expansionsdynamik ist nach wie vor im Umkreis der privaten Erwerbswirtschaft lokalisiert. Ihre Protagonisten üben eine soziokulturelle, ja ethische Hegemonie aus, indem sie für das Ganze die Maßbestimmungen guten Lebens setzen, auch die Energie- und Intensitätsmaße, mit denen man dafür aktiv zu sein hat, um in einer Welt der internationalen Leistungskonkurrenz bestehen zu können. Das »Arbeitnehmer-Lager« ist kraftvoll in den Sog der Angebote und unter den Druck der entsprechenden Leistungsstandards genommen. Der sekundäre Verteilungskampf zwischen den Selbständigen und den Nichtselbständigen, teils auch als Verteilungskampf zwischen Privatwirtschaft und öffentlicher Hand ausgetragen, bewirkte in den Jahren der Prosperität weitgehende Zugeständnisse an die Nichtselbständigen und an die »sozial Schwachen«; mit der Abschwächung der Produktionskonjunktur gerät der »Sozialstaat« in Anfechtung.

Die quer zur Klassen-Schichten-Gliederung stehende Typus- und Tonusdifferenz hatte sich in unserer Vorgeschichte überaus bedeutsam geltend gemacht, als ein geradezu erdrückendes Übergewicht des Offensiven über das Defensive. Liberalität, Demokratie, Republik und Völkerverständigung waren dem Machtstaat und dem Imperialismus bis zur Jahrhundertmitte heillos unterlegen. Man kann am Spektrum der politischen Hauptkräfte unserer Nachkriegsrepublik ungefähr ermessen, wie hier die Nachfolge-Linien – bei insgesamt herabgesetztem Tonus – verlaufen. Die neue Erbteilung hat ergeben, daß das »liberalkonservative« Lager von den Offensivkräften das stärkere Kontingent in sich aufgenommen hat, das »sozial-liberale« Lager das stärkere Kontingent der Potentiale defensiven Sozialverhaltens. Mit dem (noch längst nicht durchgebildeten) Lager der »Alternativkultur« entsteht eine neue, von ihrer »Achtundsechziger«-Erbschaft her natürlich nicht typusreine Repräsentation des defensiv-temperierten Komplexes – insgesamt eine Ausgangslage für allerlei Umgruppierungen, Dissoziierungen und Neu-Assoziierungen.

4. Bemerkung über Ideologie

Weil wir mit dem Folgenden in eine weitläufige Erörterung über die ideell-programmatischen Aufgebote einer Ethik der Zukunft eintreten, in der sich immer wieder der Titelbegriff des »Ideologischen« aufdrängen wird, möchte ich im voraus klarstellen, was ich darunter verstehe. Es ist an sich nicht empfehlenswert, mit Charakterisierungen dieser Art zu arbeiten, die nicht nur als »Kampfbegriffe« ihre besondere Schärfe und sogar einen denunziatorischen Ton gewonnen haben, sondern als theoretische Arbeitsbegriffe im Gefolge vieler Strapazierungen und Kontroversen nahezu unbrauchbar geworden sind. (Die Bedeutungen von »Ideologie« sind im *Historischen Wörterbuch der Philosophie* wie in einem Augiasstall zusammengesperrt.)
Gleichwohl kann ich der Versuchung nicht widerstehen, und ich sehe auch eine gewisse Chance darin, einen stark bereinigten und vereinfachten Arbeitsbegriff des »Ideologischen« vorzuschlagen, von dem ich meine, daß er bei den anstehenden Orientierungen im Praktischen hilfreich sein könnte.
Zur negativen Abgrenzung nur soviel: 1. Es geht nicht um einen *Systembegriff*, zu dem »Ideologie« (die Ideologien) weithin geworden ist, indem man darunter konsolidierte und disziplinierte Großformationen von »Weltanschauungen« versteht, die wie säkularisierte Religionen

fungieren. Vielmehr ist es um einen *Qualitätsbegriff* zu tun, um eine attributive Bestimmung. 2. Der Ort des Ideologischen ist in meinem Grundverständnis nicht eine bestimmte *Interessen-Collage*, wenngleich Interessenbestände mitunter im Spiel sein mögen – es kommt vor, daß ein partikulares Interesse als ein allgemeines ausgegeben und daß ein Interesse hinter einer »Idee« versteckt wird; das stellt indessen nur einen Sonderfall dar. 3. Ideologie ist nicht rundweg als *»falsches Bewußtsein«* zu deklarieren – von der Position eines anderen Bewußtseins aus, das sich (unter welchen Kriterien und Prätentionen auch immer) als das »richtige« aufbaut. Die »kognitive Dissonanz« ist kardinal anders zu bestimmen.

»Ideologisch« sein ist Sache eines »Bewußtseins«, des Ausdrucks, der begriffssprachlichen Gestalt von Gedanken über Tatbestände der menschlichen Welt (und der natürlichen, sofern sie in ihrem Bezug auf die menschliche in Betracht kommt). Was ich als die große »Vereinfachung« angekündigt habe, besteht darin, daß mir als der deutlichste Begriff von Ideologie derjenige gilt, der in einer simplen Übersetzung des Wortes besteht: *Ideologie ist Reden auf der Stufe von Ideen-Titeln.* Das ist rasch und umstandslos gesagt, doch alles hängt davon ab, was und wieviel man sich dabei denkt. Man muß sich vielleicht sehr wenig oder gar nichts Besonderes dabei denken, wenn man sich in aller Selbstverständlichkeit mit seinen Überlegungen immer wieder an Ideen-Titel wie »Gerechtigkeit«, »Freiheit«, »Brüderlichkeit«, »Demokratie«, »Sozialismus«, »Emanzipation« u. a. m. hält. Den Titelbegriff »Ideologie« haben Leute geprägt – zunächst gewiß nicht eindeutig genug, mehr tastend sich annähernd –, die sehr wohl etwas Besonderes dabei finden, wenn in der öffentlichen Rede jene Ideen-Titel eine so dominante Rolle spielen.

Worin kann man hier das Fragwürdige sehen? Ideenbegriffe bilden sich sichtlich auf einer hohen Stufe von Abstraktion. Sie begreifen unter sich unbestimmt unendlich vieles Mannigfaltige, das sie zwar umfassen, auf eine zentrale Qualität hin charakterisieren sollen, jedoch nie und nimmer durchdringend-deutlich *benennen* können. Sie sind ganz und gar *unkonkrete* Nenner der Vergegenwärtigung. Das Gegenstück dazu ist eine distinkte und differentielle, zwar nicht vollständige, aber doch hinreichende und vervollständigungsfähige Erfassung der Einheit als Einheit des Mannigfaltigen. Nun muß es nicht immer ein kognitives Versäumnis sein, Einheiten des Mannigfaltigen, Differentiellen und oft Konträren mit vereinheitlichenden Ideen-Titeln zu benennen. Das kann in vielen Fällen eine bloße *Abbreviatur* sein, sofern die Differenzen im Mannigfaltigen gegenwärtig bleiben und allen geläufig sind. Es

kann auch vorkommen, daß die Idee eine *Chiffre* ist, die den Klartext überdeckt und ihn substitutiert. Von da ist es dann kein weiter Schritt, bis die Idee zu einem *Fetisch* wird. Das ist der notorische Fall, wo es kritisch wird. Denn dann steht die Idee für die Sache, kann sie selbst zu der »Sache« werden, die sich das Handeln und die Handelnden subsumiert – so wenigstens stellt es sich im ideologischen Bewußtsein dar. Indem der Ideen-Titel repräsentativ oder substitutiv für das »allgemeine Wesen« eines komplexen Ganzen steht (die »Freie Welt«, das »Lager des Friedens«), gerät unendlich vieles von der komplexen Wirklichkeit als »unwesentlich« aus dem Blick der ideen-fixierten »Schau«. Insbesondere aber kommt es bei den handelnden Personen und Gemeinschaften zu einer gewichtigen »Reduktion von Komplexität«, wenn sich jemand in seinem Tun und Lassen von einer Idee »leiten läßt«. Die Dinge »im Lichte der Ideen« wahrnehmen, die Realität an der Idee messen, an eine Idee glauben oder sich ihr hingeben, in ihren Dienst stellen, das Leben für sie einsetzen und opfern – das alles sind reduktive Rechenschaftsnenner einer ideologischen Denkweise. Das Ideologische ist eine sozusagen nach oben hin stilisierende Verkürzung der Verhandlungsgegenstände wie der Handelnden selbst – man kann es auch eine *ideative Überhöhung* des Praktischen nennen, zumal des Normativen: Die Idee selbst wird zur Norm.
Der Marx-Engelsschen Sentenz folgend, daß die herrschenden Ideen einer Zeit immer die Ideen der herrschenden Klassen seien, hat sich die Ideologiekritik meist darauf verlegt, die Hinter- und Untergründe *herrschender* Ideologien auszuleuchten. Mir schiene es jedoch ebenso wichtig, wenn nicht wichtiger, die Ideologiebildung im Raum eines nicht herrschenden, sondern oppositionellen, revoltierenden Bewußtseins zu diagnostizieren (z. B., wie ideologisch es »unter dem Banner des Marxismus« zugegangen ist und noch zugeht). Bei einer eingehenden Sichtung der Bilanzen dürfte sich zeigen, daß die Quelle des Ideologisch-Werdens nicht in der Dignität eines *Interesses* liegt – nicht darin, daß eine schlechtere Sache zur guten umgelogen würde –, sondern in der relativen *Kräfte*ausstattung einer Praxis, darin, daß eine schwächere Sache sich durch ideative Überhöhung zu einer stärkeren zu machen sucht. Ideologisch gerät der gedanklich-sprachliche, rhetorische Ausdruck einer Politik und ihres Ethos, solange sie ihrer Themen, Kräftekontingente und Aktionsformen noch nicht so recht sicher ist. Ideologisches Bewußtsein ist defizitäres, undeutliches Bewußtsein, und es ist illusorisches Bewußtsein. Das Ideologische ist kein Totalcharakter eines Bewußtseins, sondern nur ein mehr oder weniger starker »Einschlag«. Und schließlich: Ideologisches Bewußtsein kann zwar,

muß aber nicht ideologisch bleiben; es kann sich zu einem »konkreten« Begreifen der Praxis fortbilden.

Ideologisch hieße demnach ein Handlungsbewußtsein, das seine »Schlüsselpositionen« mit Ideen-Titeln besetzt hat und ebendarum sein Handlungsfeld und die Handelnden selbst in einer reduktiven Stilisierung wahrnimmt und benennt, statt es auf weitergehende Rechenschaft über die konkreten Wirklichkeitsbestände ankommen zu lassen.

II. Das Ethos des Sozialismus

Der Sozialismus ist die geschichtliche Antwort darauf, daß unter dem Himmelsgewölbe programmatischer Ideen, mit denen die Vordenker der neuen Zeit die Essenz einer »bürgerlichen Gesellschaft« umrissen hatten, nunmehr auf Erden eine real existierende Bürgergesellschaft Gestalt angenommen hat. Deren Bürger entpuppten sich als »Bourgeois«, die eine reichlich profane Erwerbs- und Konkurrenzordnung als den Kernbestand ihres Ethos etablierten. In seiner gedanklichen Faktur stellte sich das Projekt einer sozialistischen Transformation der modern-bürgerlichen, kapitalistischen Gesellschaft als Fortführung und Radikalisierung der programmatischen Ideen dar, die bei Rousseau, Kant und Fichte intoniert sind. Der Sozialismus war immer stolz darauf, daß er von so hoher philosophischer Abstammung ist, wie ja auch Denker vom Range eines Karl Marx zu seinen Mitbegründern gehörten. Andererseits erlangte der Sozialismus dadurch ein großes geschichtliches Gewicht, daß er nicht eine Gedankenströmung blieb, sondern sich zu einer sozialen Bewegung in der gesamten zivilisierten Welt entfaltete, eine vielberufene und vielbeschworene »Einheit von Theorie und Praxis«, von Gedanke und Tat verwirklichte.

In seiner dramatischen, wechselvollen und mitunter bestürzenden Geschichte ist der Sozialismus zu einer wichtigen Komponente im Ethos-Prozeß des letzten Jahrhunderts geworden; er hat auf seinen verschiedenen Progressionslinien nicht nur eine, sondern mehrere Ethos-Formationen hervorgebracht. Diese Ausformungen eines praktischen Ethos stehen in einem hochkomplexen Verhältnis zu den Manifestationen sozialistischer Doktrin(en), in denen immer wieder »ethische« Sinnbestimmungen einen wichtigen Platz einnehmen. Ja, es bildeten sich sogar eigentümliche Kulturformen eines »ethischen Sozialismus« heraus.

Der historische Block »Sozialismus« ist heute nicht nur ein geschichtlicher Hintergrund und ein hochinteressantes »Lehrstück« für alle aktuellen Bestrebungen im weiten Feld der *»Ethica mundana«;* er kommt auch – in welchen seiner Facetten und Strömungen auch immer – als eine aktive Kraft der gegenwärtigen ethischen Situation ins Spiel.

Der Inbegriff eines »modernen Sozialismus« hat sich nachhaltig mit dem Namen von Marx verknüpft. Einen Hauptteil der ethischen Reflexion des Sozialismus bilden die Versuche zu einer »marxistischen Ethik«. Wir werden jedoch sehen, daß die Stellung des Denkers Marx in diesem ganzen historischen Realien- und Ideenkomplex außerordentlich delikat und prekär ist. Es ist strittig, ob man ihn überhaupt für Belange einer bestimmten ethischen Programmatik in Anspruch nehmen darf – oder nicht viel eher (wie ich plausibel zu machen suche) für eine theoretische Perspektivik, in der normativ-programmatische Aufgebote keinen Platz mehr haben.

1. Sozialismus als Doktrin aus dem Geiste ethischer Programmatik

Seit seinen Anfängen und – ungeachtet des Einspruchs von Marx und Engels – bis in seine heutigen Ausformungen hinein ist der Sozialismus unverkennbar als eine *Doktrin* auf den Plan getreten (was etwas anderes bedeutet als »Theorie«): als eine normative Lehre von der »historischen Notwendigkeit« oder »geschichtlichen Aufgabe«, die moderne bürgerlich-kapitalistische Gesellschaft durch eine andere abzulösen, die keine Klassengegensätze und Klassenunterschiede mehr aufweist und dadurch auch imstande ist, den Weg zu einer »weltbürgerlichen« Vereinigung aller Menschen in einer Ordnung des »ewigen Friedens« zu beschreiten und zu vollenden.

Das Gesamtprojekt leitet sich her aus universalen *Zielnormen*, Sinnerfüllungen des Humanen: aus Desideraten von reicher und unbegrenzter Entfaltung aller produktiven Vermögen in allen Menschen; Desideraten höchstmöglicher und weitestmöglicher Freiheit, »menschlicher Emanzipation«; und Desideraten intensiver wie extensiver gesellschaftlicher Mitmenschlichkeit (»Solidarische Gesellschaft«).

Die Zielnormen setzen sich in geschichtliche Zielstationen-Bestimmungen um: Einem »Endziel« (der vollendeten erdumspannenden klassenlosen Gesellschaft) sind Etappenziele und regionale Teilzielbestimmungen zugeordnet – so in der Unterscheidung zwischen einer niederen und einer höheren Phase der nachkapitalistischen Gesellschaftsformation, mitunter terminologisch als Unterschied von »Sozialismus« und »Kommunismus« fixiert. Seine institutionelle Profilierung erfährt der Formationsbegriff »Sozialismus« wesentlich als eine neue Wirtschafts- und Eigentumsordnung. Die private Verfügung der miteinander konkurrierenden Kapitalisten über die Produktionsmittel und das damit gesetzte Kommando über die Arbeit gelten als die Quelle der großen Übel von Ausbeutung, Unterdrückung und Existenzunsicherheit. Als Gegenbild dazu entsteht eine Gesellschaft mit Gemeineigentum an den Produktionsmitteln, genossenschaftlicher Verfügung der Produzenten über die Produktion und gesellschaftlicher Koordinierung und Planung der Wirtschaftskreisläufe. »Aufhebung des kapitalistischen Privateigentums« wurde so zur Hauptformel für Sozialismus.

Die weiteren Bestimmungen gelten den *Mitteln und Wegen*, das Ziel zu erreichen – ausgehend von der gegebenen Lage und ihren Kräftedispositionen. Auszugehen war von einer Konfliktkonstellation, einer schon begonnenen Klassenauseinandersetzung zwischen Kapital und Arbeit. So wurde der Arbeiterklasse der geschichtliche »Beruf« (oder, mit mehr Feierlichkeit, die »historische Mission«) zuerkannt, die maßgebende Kraft bei der Überwindung der Kapitalherrschaft zu sein, selbst an die Herrschaft zu gelangen und die neuen Ordnungen zu installieren. In welchen genaueren Formen das geschehen werde oder geschehen solle, wurde zum Streitgegenstand zahlloser Kontroversen über den »Weg zur Macht« und über die Art der Ausübung dieser Macht (»Diktatur des Proletariats«), namentlich seit einer sozialistischen Revolutionspartei 1917 in Rußland der Griff nach der Macht gelungen war.

Der »Sowjetmarxismus«, der aus dieser Wendung der Geschichte hervorgegangen ist, hat in einer gedanklichen Doppelbewegung der Realisierung des Ideellen und der Idealisierung des Realen eine detaillierte, systematische und enzyklopädische »Theorie des wissenschaftlichen Kommunismus« entfaltet, die den »real existierenden Sozialismus« jenem tradierten Normenbestand subsumiert. Für die weitere internationale Sozialismusdiskussion wurde der »real existierende Sozialismus« (je länger desto mehr) zum großen Stein des Anstoßes. Ja, der Titelbegriff dieses »real existierenden Sozialismus« ist seinerseits schon eine Reaktion auf die breite innersozialistische Sozialismuskritik, die ihr Maß in einem *idealen*, als Idee existierenden Sozialismus findet. Dabei verlagert sich das Interesse augenfällig zu den universalen Zielnormen einer humanen Sinnbestimmung von Sozialismus hin (»Sozialismus mit menschlichem Antlitz«) – der »sozialistische Humanismus« wird zur ethischen Konfession.[47] Der programmatisch-normative Grundcharakter des Titels »Sozialismus« (zum Unterschied von einer bloß prognostischen Erwartung oder einer geschichtsmetaphysisch gedachten Gewißheit) erfährt eine Verstärkung, während (oder weil) seine Rückbindung an eine bestimmte Bewegung in der geschichtlichen Wirklichkeit problematisch geworden ist oder sich aufgelöst hat. Das Interesse richtet sich nun weniger auf die institutionellen Formen von Sozialismus als vielmehr auf die allgemeinen Charaktere einer (authentischen) »Praxis«, oder auf Charaktere der sozialen Personalität und des menschlichen »Schöpfertums«.[48] Das Institutionelle wird seinerseits mit einer normativen Idee anvisiert, dem Postulat der »Selbstverwaltung« (einer idealen, welche die real existierende Selbstverwaltung z. B. des jugoslawischen Typus transzendiert). Doch die Schaffung von neuen »Sozialismusmodellen« hat sich insgesamt nicht als fruchtbar erwiesen. Es ist daraufhin keine »große Wende des Sozialismus« eingetreten. So hat auch die Sturm-und-Drang-Bewegung an unseren Hochschulen zwar eine Neubelebung der Kritik am Kapitalismus gebracht, nicht aber eine Verdeutlichung dessen, was »Sozialismus‹ heute heißen könnte. (Deshalb geht auch die antisozialistische Polemik, wie sie sich bis zu Wahlkampfparolen stilisiert – »Freiheit statt Sozialismus« –, ins Leere.) Man kann geradezu sagen, daß sich die Chiffre »Sozialismus« kaum noch für spezifische analytisch-diagnostische Zwecke eignet, sondern allenfalls für deklarative.

Der Name »Sozialismus« bezeichnet die Leerstelle eines »Jenseits des Kapitalismus«, das mit den endlichen, beschränkten Formationen in der Nachfolge der russischen Oktoberrevolution keineswegs definitiv, wenn überhaupt abgesteckt und ausgemessen ist. Das Rationelle der ursprünglichen Kurzformel des *Kommunistischen Manifests:* »Aufhebung des Privateigentums«, könnte gerade darin liegen, daß sie negativ und bestimmungsoffen geblieben ist, sich nicht zur positiven Doktrin ausweiten wollte.

2. *Ethos des Sozialismus – sozialistische Ethik*

Seit der Jahrhundertwende ist um die »ethischen« Gehalte des Sozialismus viel disputiert worden. Sichtlich war ein lebhaftes Bedürfnis nach »sittlichen« Orientierungen in den Reihen der Sozialisten wach geworden – Symptom einer »Sinnkrise« der Bewegung. Andererseits war diesem sogenannten Sittlichen in der vorherrschenden, der »marxistischen« Theorietradition kein klar erkennbarer geistig-praktischer Ort angewiesen. Unter dem Einfluß der späten Schriften von Engels und Marx hatte sich in der sozialdemokratischen Anhängerschaft (unter Federführung von K. Kautsky) ein historischer Naturalismus ausgebildet, der nur ein geschichtliches Werden (»Entwicklung«) und allenfalls Wollen, vitales Streben (Interesse), nicht jedoch ein geschichtliches (oder gar übergeschichtliches) *Sollen* kannte (und schon gar kein »sitt-

liches«). Die Marxschen und auch die Engelsschen Anfänge wiesen noch nicht eindeutig in diese Richtung. Engels bedachte das kapitalistische Erwerbs- und Konkurrenzsystem zunächst ganz schlicht mit dem Prädikat »unsittlich«, und Marx proklamierte für die darüber hinausführende geschichtliche Bewegung durchaus traditionsbewußt und gewichtig einen »kategorischen Imperativ«, der dem alten Kantischen einen revolutionär-negativen Oberton verleiht: »alle Verhältnisse umzuwerfen, in denen der Mensch ein erniedrigtes, ein geknechtetes, ein verlassenes, ein verächtliches Wesen ist.«[49] Den Hintergrund solcher Vorstellungen bildet eine deutlich normative Anthropologie (Feuerbachischer Provenienz), deren gedankliche Achse die Differenz zwischen »eigentlicher« und »entfremdeter« Verwirklichung des »menschlichen Wesens« ist. Allerdings ist der Marxsche Text, der das ausdrucksstark darlegt, die 1844 in Paris entstandenen Manuskripte, erst 1932 aus dem Nachlaß veröffentlicht worden. Damit war das Denken von Marx vollends als reichhaltige Quelle für ethisch-humanistische Inspirationen erschlossen. Doch schon in den früheren Erörterungen, exemplarisch in K. Vorländers 1911 erschienenen Buch *Kant und Marx,* waren allerlei Indizien dafür zutage getreten, daß in den untersten Fundamenten der scheinbar so naturalistisch-szientistischen Geschichtsauffassung von Marx die beseelenden Impulse eines sittlichen Sollens verborgen sein müßten, das in der »Idee des Sozialismus« kulminiere. Daß Marx sehr viel mehr historisch zu verstehen ist und die frühe Hochkultur eines normativen »menschlichen Wesens« und einer aus ihm heraus kategorisch gebotenen »menschlichen Emanzipation« nur eine Durchgangsstufe in seinem Bildungsgang gewesen sein könnte, wurde im Eifer übersehen. In Wahrheit hat Marx noch einmal Hegels Wendung gegen die »moralische Weltanschauung« nachvollzogen. (Ich sage »nochmals«, weil er schon als Student der Rechtsphilosophie auf diese Bahn geraten war.)
So ist das Verhältnis von (Marxisch verstandenem) Sozialismus und Ethik jedenfalls ambivalent und bis auf den heutigen Tag strittig geblieben. Daß inzwischen der Sowjetmarxismus in aller systematischen Breite eine »marxistisch-leninistische Ethik« hervorgebracht hat, findet seine historisch-philologischen Möglichkeitsbedingungen (natürlich nicht seine realen Motive) in dieser Ambivalenz; für ein tieferes Verständnis des Doppelverhältnisses »Marx – Ethik/Ethik – Sozialismus« ist dieses ganze Großaufgebot indessen von geringem Belang.
So kann ein Wortführer der neueren innersozialistischen Sozialismuskritik, S. Stojanović, mit einigem Recht geltend machen, eine marxistische Ethik, die des Namens von Marx würdig wäre, sei noch nicht aus-

geführt.[50] Nach den Untersuchungen von E. Kamenka und M. Fritzhand müsse jedoch als erwiesen gelten, daß das Marxsche Denken eine »ethische Dimension« hat, daß es »ethische Werte enthält«: »Marx hat die kapitalistische Wirklichkeit moralisch bewertet. [...] Marx war Kritiker, er war auch ethischer Kritiker, doch kein systematischer Ethiker. Warum sollten aber diejenigen, die eine marxistische Ethik aufbauen möchten, seine moralischen Prinzipien nicht explizieren, systematisieren, beurteilen und nutzen können?«[51] Genaugenommen liegt das »ethische Potential« von Marx freilich nicht in der Exposition irgendwelcher oberster Prinzipien; hierin ist er nicht originär und brauchte es auch nicht zu sein. Marxens Beitrag zur Ethik, meint Stojanović, bestehe vielmehr in einer Radikalisierung und Konkretisierung tradierter Werte. »Marx hat den vorgefundenen humanistisch-ethischen Fond, in den neben anderem auch die Ideale der großen demokratischen Revolution eingegangen sind, übernommen, dann aber radikalisiert, entwickelt und konkretisiert. Die humanistisch-ethische Basis seines Werkes bilden: Aufhebung der Entfremdung, Freiheit, soziale Gleichheit und Gerechtigkeit, Abschaffen der Ausbeutung, Verschwinden der Gesellschaftsklassen, Absterben des Staates und Schaffung einer selbstverwalteten Assoziation der Produzenten und anderes mehr. Diese Werte können heute von keiner befriedigenden sozialpolitischen Ethik übergangen werden.«[52] Nur gegen moralistisches Predigen habe sich Marx gewandt, als er einmal deklarierte, die Kommunisten predigten keine Moral.[53] Weder das Recht der moralischen Kritik noch das der moralischen Inspiration sei davon tangiert. Marx habe nichts von moralischen Appellen an Einzelne gehalten, sondern sich mit einem moralisch qualifizierten wirklichen Interesse verbündet. Eine marxistische Ethik, heißt es bei Stojanović, »muß eine Ethik der revolutionären Bewegung sein. Eine solche Ethik findet Hoffnung in der moralischen Revolution, doch nur als ein Aspekt der sozialen und noch weiter humanistischen Revolution. All dies muß sie von der klassischen normativen Ethik unterscheiden.«[54]

Diese Verhandlung bewegt sich ganz innerhalb der traditionellen Ambivalenz (und Ungeklärtheit) dessen, was man als das »normative Fundament« der sogenannten »Marxschen Theorie« gelten lassen könnte. Vielleicht ließe sich für das besagte Doppelverhältnis aber doch eine einheitliche Verständnis- und Operationsgrundlage gewinnen, für das ideengeschichtliche Verständnis von Marx wie für die generelle Verknüpfung von Ethik und Sozialismus. Wegen der exemplarischen Bedeutsamkeit, die ich diesem historischen Fall beimesse, mache ich dazu einen Exkurs.

Zugegeben, das implizite Ethik-Konzept von Marx zu rekonstruieren ist ein heikles Unterfangen, weil eben die Textbasis schon ambivalent ist und Marx seine Verhandlungssprache in normativen Angelegenheiten oft keiner strengen methodischen Disziplin unterstellt hat, die Texte also fast alles hergeben. Er hat aber durchaus eine solche Disziplin in aller Strenge begründet: mit dem Übergang zu seiner »materialistischen Geschichtsauffassung« – um deren Verständnis es heute allerdings annähernd genauso prekär bestellt ist wie mit dem der Marxschen *Ethica-Moralia.*[55] Diese – eher irreführend (wohl der Provokation wegen) so benannte – »materialistische« Geschichtsauffassung ist keine objektiv-objektivistische Theorie der geschichtlichen Bewegung (als die sie sich zunächst darzustellen scheint), sondern die Exposition eines »Selbstverständnisses«, zu dem zwei Denker mit »weltgeschichtlichen« Ambitionen durch eine »Selbstverständigung« gelangten, in der sie ebenso objektivierend wie reflexiv ihren reellen Anteil an der »wirklichen« Geschichte zu bestimmen suchten. Das (schwer zu erfüllende) Desiderat ist ein Praxisdenken, das in der Mitwirkung an einer geschichtlichen Bewegung ein gründliches und nüchternes »Begreifen der Praxis« dieser Bewegung kultiviert. Die Grundlegung einer »materialistischen Geschichtsauffassung« ist (nach meinem Urteil) eine »kopernikanische Wende« im Selbstverständnis von Intellektuellen, die eine eigene Politik im Sinne haben.

Das Metier von Intellektuellen ist es nun einmal, Gedanken und Ideen – manchmal eben auch »moralische Ideen« – auszubilden, sie in Wort und Schrift unter einem Publikum zu verbreiten. Was für einen Anteil haben sie damit an den substantiellen Bewegungen der Geschichte? Marx empfand sichtlich Ungenügen an dieser Art von Ideologen-Geschäftigkeit, und er war auf eine gewichtigere, mehr praktische Weise der Mitwirkung bedacht; er fragte unerbittlich nach den »Bedingungen der Möglichkeit«, unter denen so etwas steht. Ideen, so befand er, haben sich immer »blamiert«, wenn sie nicht mit einem fundierten »Interesse« gewichtiger Gesellschaftsteile vereinigt gewesen sind. Nicht aus ihrer eigenen Machtvollkommenheit kann eine Idee »die Massen ergreifen« und so zur »materiellen Gewalt« werden, sondern nur, sofern sie der Ausdruck »radikaler Bedürfnisse« der Menschen ist. Die »wirklichen Voraussetzungen der Geschichte«, unter denen es sich dann und wann so fügt, waren daraufhin zu ergründen und in der gegenwärtigen gesellschaftlichen Szenerie zu erkunden. Das hatte sich Marx immerhin schon klargemacht, als er noch seinen kategorischen Imperativ der »menschlichen Emanzipation« proklamierte. Übers Jahr mochte er auch keine Imperative mehr formulieren, sondern sah ein, daß der Fortgang der geschichtlichen Dinge nach ganz anderen Maßbestimmungen vonstatten geht. Nicht nur das »Predigen« moralischer Tugenden – der sozialen Hingabe statt des Egoismus – hatte für ihn jetzt keinerlei praktische Bedeutung mehr; auch jede andere gedankliche, ideenförmige Exposition von Sollbestimmungen menschlich-gesellschaftlichen Daseins wurde fortan hinfällig.

Die neu bekräftigte Grundeinsicht in die praktischen Geschäftsbedingungen, die »Prozeßordnung« der Geschichte, faßte sich für Marx-Engels in dem (einigermaßen abstrakten) Hauptsatz zusammen, das »Bewußtsein« könne nichts anderes sein als das »bewußte Sein«, und das Sein der Menschen sei ihr »wirklicher Lebensprozeß«.[56] Ohne hier nach den weiteren Feinheiten zu fragen, wollen wir nur zusehen, was das für die Belange der Ethik und für die Zielnormen einer geschichtlichen Veränderung unter der Signatur »Sozialismus« besagen könnte. Moralische Ideen und Imperative gehören sichtlich einem »sittlichen Bewußtsein« an, und zu klären ist, wie dieses »Bewußtsein« seinerseits dem »wirklichen Lebensprozeß« der Menschen zugehört. Die traditionelle Lesart von »historischem Materialismus« hat die »Moral« immer unter die (ideologischen) »Bewußtseinsformen« gerechnet – neben der Religion, der Philosophie, der Literatur u. a. –, die der gesellschaftlichen »Basis« auf irgendeine Weise »entsprechen«. (In der sowjetmarxistischen Schulversion dieser Doktrin heißt es oft ganz schlicht, daß die besagten Bewußtseinsformen der »Basis« zu *dienen* hätten – was die Sache auf eine andere Begriffsebene verschiebt.) Das »gesellschaftliche Sein« findet man oft mit den »gesellschaftlichen Verhältnissen«, namentlich mit den Klassenverhältnissen, gleichgesetzt, und so heißt es dann schlicht: Der Adel hat seine feudalen Moralvorstellungen, die Bourgeoisie die ihren und das Proletariat die seinen. Damit wäre der besagte Marxsche Satz ebenso konfus wie unergiebig ausgedeutet. Hier ist wohl nur voranzukommen, indem wir eine Interpolation vornehmen, nämlich den Begriff des (gesellschaftlichen) »Seins« der Menschen, des »wirklichen Lebensprozesses«, weiter spezifizieren. Zu diesem »Sein« gehören die Charaktere des »sozialen« ebenso wie die des »politischen Lebensprozesses« – und warum nicht auch die Charaktere von (allgemeinen und klassenspezifischen) *Gesittungsweisen* der Menschen, die Charaktere ihres »sittlichen Seins« oder »Ethos«, denen ebenso spezifisch die Inhalts- und Formbestimmungen ihres »sittlichen Bewußtseins« zugeordnet sind? Wir kämen damit zu dieser Variante des Hauptsatzes: Das sittliche Bewußtsein der Menschen kann nichts anderes sein als ihr bewußtes sittliches Sein, und das sittliche Sein der Menschen sind die Gesittungsweisen ihres wirklichen Lebensprozes-

ses. So fände ich es jedenfalls philologisch korrekt und sachlich ergiebig; ich habe es darum auch für meinen Teil so aufgefaßt.
Marx wollte sichtlich nichts zu schaffen haben mit einem ideologischen Moralbewußtsein, das die Gesittungspraxis ideativ überhöht, verklärt oder pädagogisch auf sie eindringt. Sein Desiderat ist vielmehr das eines »kognitiv adäquaten« Bewußtseins (einer Rechenschaftslegung) von den sich praktisch bewährenden Gesittungsqualitäten dieser und jener Mitgesellschafter, und vielleicht nicht einmal so sehr die Rechenschaft von diesen Qualitäten »separat«, sondern vom Gesamtbestand der Aktivitäten, in denen die Gesittungsqualitäten sich bekunden (je unaufdringlicher und selbstverständlicher, desto authentischer). Nicht nur das »Predigen« moralischer Tugenden wird somit suspekt, sondern ebenso jede andere Art der gedanklich-abstraktiven Präsentation von Sollbestimmungen, denen »keine wirkliche Produktivkraft entspricht« (wie es einmal anläßlich des rhetorischen Gestikulierens mit den Prädikaten »menschlich« und »unmenschlich« heißt).[57] Die sittlich oder sonstwie normativen Ideenbildungen behalten nicht länger den Schein der Selbständigkeit – als Richtmaß und Inspirationsquelle eines Handelns, das sich von ihnen leiten ließe. (Dieser »Kopfstand« des sittlichen Bewußtseins ist ein Anzeichen dafür, daß es mit seiner Sache nicht kräftig genug auf den Füßen steht und vorankommt.) Reell wird die Angelegenheit erst, wenn es möglich wird, einen bestimmten gesellschaftlich-praktischen Ort der in Rede stehenden Gesittungsqualitäten (-qualifikationen) mitanzugeben. So hat es Marx dann auch weiterhin gehalten – so sehr, daß die Gesittungs-Essenzen oft nur noch unterschwellig mitangedeutet waren. Und wie mit den Maßen von Sittlichkeit, so hielt es Marx überhaupt mit der besonderen Ideen-Gestalt, in der künftig erstrebte Zustände als »Ziele« aufgebaut erscheinen: Er transformierte das alles in einen von Grund auf anderen Modus des Vorstellens.
Gewiß hatte Marx seine bestimmten praktischen Optionen (und Aversionen), sehr starke sogar. Doch er suchte dafür keinen starken rhetorischen Ausdruck, sondern einen potenten praktischen Mit- und Hauptträger. In dieser Hinsicht befand er sich, wie reell sein heuristischer Zugang an sich sein mochte, der Sache nach in einem argen Notstand. Nicht ohne anfängliches Zögern, dann aber mit einem kühnen »Salto vitale«, schwang er sich hinüber auf die Seite eines noch ganz unbekannten Aktionspartners, dem er unbestimmt große Dinge meinte zutrauen zu können. Im Fortgang einer autochthonen Emanzipationsbewegung und Bildungsgeschichte des industriellen Proletariats, so wurde es für Marx zu einer festen Erwartung oder nicht-gewissen Zu-

versicht, wachsen ohne besonderen rhetorischen, doktrinalen oder pädagogischen Zuspruch die Interessen, Energien und Kompetenzen heran, aus denen eine höhere Gestalt der menschlichen Gesellschaft hervorgehen wird. »Sozialismus« (oder Kommunismus) ist jetzt der positive Erwartungsaspekt, unter dem die absehbaren allgemeinen Resultate dieser »wirklichen Bewegung« benennbar sind. »Der Kommunismus ist für uns nicht ein *Zustand*, der hergestellt werden soll, ein *Ideal*, wonach die Wirklichkeit sich zu richten haben wird«, lesen wir in der Marx-Engelsschen Absage an die »Deutsche Ideologie«. »Wir nennen Kommunismus die *wirkliche* Bewegung, welche den jetzigen Zustand aufhebt. Die Bedingungen dieser Bewegung ergeben sich aus der jetzt bestehenden Voraussetzung.«[58] Auch *Doktrin* ist der Sozialismus/Kommunismus nicht, sondern eine Bewegung, die nicht von Prinzipien, sondern von Tatsachen ausgeht.[59] Eine denkbar schroffe Entgegensetzung seiner »revolutionären Wissenschaft« zu allem »Doktrinären« wird für Marx bei seinem Eintritt in die »proletarische Bewegung« ganz kardinal.[60] Was diese Bewegung aus ihrer eigenen Spontaneität nicht hergibt, das kann keine große Lehre ihr beibringen. Diese Sichtweise hält sich mit nur wenig Rückfällen bis zuletzt durch: Die Arbeiterklasse »hat keine Ideale zu verwirklichen« (und erst recht keine fixen Utopien durch Volksbeschluß einzuführen); »sie hat nur die Elemente der neuen Gesellschaft in Freiheit zu setzen, die sich bereits im Schoß der zusammenbrechenden Bourgeoisgesellschaft entwickelt haben«.[61] An dieser Stelle zeigt sich freilich auch das Prekäre in den materialen Prämissen: Weder war die Bourgeoisgesellschaft im Zusammenbruch, noch legte die Arbeiterklasse im weiteren Fortgang diese revolutionäre Potenz an den Tag, daß man getrost auf sie hätte bauen können. Um so bedenkenswerter dürfte das Methodologische einer solchen Perspektivbildung sein.

3. Das »ethische Potential« des Sozialismus

Mit der weltweiten Ausbreitung »des Sozialismus« ist sein Begriff ganz und gar undeutlich geworden. Wie man inzwischen von »Marxismen« spricht, so kann eigentlich auch nur von »Sozialismen« die Rede sein – solchen der »ersten«, der »zweiten« und der »dritten« Welt. Nur der erste ist aus der Problematik hochindustrieller Gesellschaften erwachsen, die beiden anderen aus den Blockaden, die einer hochindustriellen Entwicklung entgegenstanden. »Sozialismus« ist zu einem Sammelnamen für Verschiedenes geworden, das sich negativ auf bestimmte Negativa der kapitalistischen Weltzivilisation bezieht, und mit seinem Positivgehalt ein Sammelname für allerlei, was eine intensiver integrierte Gesellschaftlichkeit erwirken will, vom »Sozialstaat« bis zur verstaatlichten Planwirtschaft. Es hat sich erwiesen, daß der geschichtliche Prozeß des Sozialismus kein einheitliches »Subjekt« hat, wie es einmal mit dem Titelbegriff »Proletariat« anvisiert war. Vielmehr sind in dieser Geschichte durchaus heterogene Subjektformationen zusammengekommen und haben sich wieder auseinandersortiert.

Sozialismus – das ist nicht die Geschichte einer Idee, die zur materiellen Macht und Gewalt geworden wäre, indem sie Massen ergriffen hat und immer neue Massen ergreift. Ideen können nicht nur nichts ausführen, sie können auch nicht aus irgendeiner inspirativen Kraft heraus etwas anleiten. Die »Idee« hat sich in der Geschichte immer »blamiert«, wenn sie allzu verschieden von den *Interessen* war, von denen die Menschen bewegt gewesen sind. Die Idee des Sozialismus hat weder (wie es heute noch immer die verbissenen Antisozialisten behaupten) in den Nachfolge-Entwicklungen der russischen Oktoberrevolution ihre höchste und letzte Konsequenz offenbart, noch hat sie hier ihre eigentliche und höhere Erfüllung verfehlt, die sie künftig erst noch finden müßte. Sozialismus als »Idee« hat weder eine eigene normativ-inspirative Kraft noch eine eigene »Verwirklichungs«-Logik. Die »Idee des Sozialismus« ist ein Fetisch des ideologischen Bewußtseins und eines ideomagischen Beschwörungsrituals. Die Idee des Sozialismus kann nur ein allgemeines Möglichkeiten-Schema benennen. Marx hat es von früh an verworfen, innerhalb eines solchen Schemas eine »Konstruktion der Zukunft« auszuführen. Für eine reelle Perspektivbildung wird es dabei auch bleiben, trotz der neubelebten Nachfrage nach »konkreter Utopie« und Bildern der Hoffnung. Der Undeutlichkeit, die der Begriff des Sozialismus inzwischen erlitten hat, ist nicht durch ein neuerliches Bemühen um Verdeutlichung abzuhelfen, sondern dadurch, daß dieser Titel überhaupt an Bedeutsamkeit verliert. Zwischen dem Denken von Möglichkeiten und den Möglichkeiten des Denkenden besteht eine bestimmte Korrelation: Die Möglichkeiten werden um so größer und gewichtiger, je bescheidener es um das aktive Vermögen bestellt ist. Wer viel und groß vom Sozialismus redet, verrät damit, daß er weder mit der Wirklichkeit des Kapitalismus noch mit der Erfahrung des geschichtlichen Sozialismus-Prozesses praktisch und gedanklich zurechtkommt. An die Stelle eines »Substanz«- und Systembegriffs vom Sozialismus (oder Kommunismus) mögen dann »Funktionsbegriffe« treten, Titel- und Ortsangaben über weiterreichende Leistungsvermögen einer autonom-kooperativen Vergesellschaftung, die den Institutionen der apparativen Subordination und den Räumen des marktförmigen Naturwuchses entscheidendes Terrain abringt. Der Begriffstitel »Sozialismus« wäre also strikt »nominalistisch« zu traktieren. Nicht in ihm liegt ein »ethisches Potential« (auch nicht im Denken von Marx), sondern – *ceterum censeo* – in geschichtlich bestimmten Ensembles lebendiger soziokultureller Bildungskräfte. (Das Bedeutsame am Marx-Erbe ist nicht sein »ethisches Potential« oder seine »humanistische Seele«, sondern eine bestimmte intellektuelle Kapazität, die allerdings erst jenseits der konfessionellen Gewißheit jenes »Ismus« fruchtbar wird, den man Marx angehängt hat.)

Gegenstand einer ethisch-analytischen Rechenschaftslegung sind nach alledem die ethos-formierenden Kräfte, welche der organisierte Arbeitersozialismus in der Ära des Hochindustrialismus an den Tag gelegt hat, und die unter ziemlich anderen soziokulturellen und soziodynamischen Voraussetzungen hervorgetretene Ethos-Formierung im Prozeß der sozialistischen Revolutionen des 20. Jahrhunderts.

Der industriegesellschaftliche (vormals: »proletarische«) Sozialismus ist die Bewußtseins- und Organisationsform, in der sich die Arbeiterklasse einen Fundus von Freiheiten, Rechten und Sicherheiten erstritten hat und zwar nicht zum »Partner«, wohl aber zu einem kräftigen Kontrahenten der privaten wie der öffentlichen Unternehmer geworden ist. Mit der oppositionellen Energie ihrer Selbstorganisierung haben die Arbeiter innerhalb der kapitalistischen Produktionsverhältnisse viele Kraftlinien und Proportionen verschoben (Sozialismus wurde dabei zum »Sozialstaat«), es hat sich bei ihnen jedoch keine revolutionäre Energie gegen das Grund-Produktionsverhältnis der Lohnarbeit angesammelt. Stärkere »autonomistische« Impulse fanden individuelle Wege, durch sozialen Aufstieg (manchmal über die Arbeiterorganisationen und ihre politische Repräsentation) dem Fabrik-Alltag zu entrinnen. Die autonomistische Potenz des Arbeitersozialismus erwies sich als ebenso begrenzt wie die kooperativ-solidarische – zu einem »weltgeschichtlichen« und »weltbürgerlichen« Beruf hat das nicht gereicht, die freiheitsgeschichtliche Leistung dieses Sozialismus war in dieser Zeitspanne durchaus bedeutend, aber eben begrenzt. Die Arbeiterbewegung blieb insgesamt der Kapitalbewegung und der geschichtlichen Kraftentfaltung der herrschenden Klassen subordiniert. Immer wieder zeigte sich die kapitalistische Produktionsweise »weit genug«, neue Produktivkräfte, menschliche wie technische, zur Entfaltung gelangen zu lassen; sie war auch weit genug für die Akquisitionen der Arbeiterklasse, nur nicht überall weit genug für die übermobilisierten Ambitionen aus dem bürgerlichen, klein- und kleinstbürgerlichen

Milieu. Dadurch geriet die hochindustrielle Gesellschaft des 20. Jahrhunderts in heftige Krisen, mörderische Kollisionen und katastrophische Umbrüche. Wo auf diese Weise die bestehende Sozialformation an Grenzen stieß, mit dem modernen Imperialismus, da war dem die sozialistische Arbeiterbewegung mit ihren bescheidenen Kräften nicht gewachsen, hatte sie keine überlegene revolutionär-reformatorische Energie dagegen aufzubieten.
Indessen hat es an einer Bruchstelle des imperialistischen Zeitalters ein revolutionäres Kräfte-Aufgebot gegeben, das einen Durchbruch geschafft hat. Durch ein schmales und feingewirktes Band ist die Formierung einer postrevolutionären »sozialistischen« Gesellschaft in Rußland mit dem west-mitteleuropäischen Arbeitersozialismus verknüpft – einige Tausend antikapitalistisch eingestellter Arbeiter und Intellektueller innerhalb der Huntertmillionenmasse eines Sozialkörpers aus Bauern und Kleinbürgern, Adligen und Großbürgern, kleinen Staatsdienern und hohen Würdenträgern. Erst aus der Perspektive der schließlichen Sieger stellte sich der Werdegang der neuen Gesellschaftsformation als der programmgemäße »Aufbau des Sozialismus« dar. Eine formelle Legitimation liegt darin, daß hier wenigstens eines mit nahezu letzter Konsequenz bewerkstelligt worden ist: die Aufhebung des privaten Produktionsmittel-Eigentums.
Es gibt sehr viele kurze Wege, die Sowjetrevolution und ihre späteren Ausleger in eine »Wesensgeschichte« der »Verwirklichung des Sozialismus« einzuordnen – apologetisch, anklagend, schulmeisternd oder gehässig-denunziatorisch. Und dann gibt es einen nicht kurzen, sondern langen Weg der Bemühung um ein geschichtliches Begreifen dieser Geschichte aus der Vielfalt der soziokulturellen (also auch »ethischen«) Kräfte, die sich in ihr dramatisch aneinander abgearbeitet haben, in einer Polarität von Befreiung und Unterjochung, Aufklärung und Verdummung, menschlicher Erhebung und gewöhnlichster Brutalität unter einem herrischen, zeitweise despotischen Oberregiment. Geht man den Weg geschichtlichen Begreifens, so tritt wiederum der Wesensbegriff von »Sozialismus« oder »Kommunismus« in den Hintergrund. Wenn auf den Zinnen hoher Häuser eine Parole verkündet »Der Kommunismus siegt!«, so ist hier eine materielle Gewalt zur Idee geworden, weil sie die Massen nicht mehr innerlich zu ergreifen vermag.

III. Ein Ethos der Orientierung an »Grundwerten«

Es gehört zu den Denkwürdigkeiten der deutschen Nachkriegsgeschichte, daß die unerhörten Zerstörungen, Menschenverluste, Desillusionierungen und Kompromittierungen nicht eine große »Zeit der Wirren« eingeleitet haben und daß sich – unter der Patronage der Besatzungsmächte – auch im Geistigen die Impulse zu einer »Neuordnung« in literarisch wohltemperierten Formen hielten. So wurde wohl in manchen rhetorischen Wendungen ein Zusammenhang der nationalen Katastrophe mit der Grundkonstitution der Sozial- und Wirtschaftsordnung beschworen (»Der Kapitalismus hat versagt ...«) und der Sozialismus als Gegenwartsaufgabe proklamiert. Eine gewichtige praktische Bestrebung wurde dies jedoch nicht. Der Kapitalismus hat sich als »soziale Marktwirtschaft« reorganisiert und rehabilitiert, der Sozialismus hat in der praktischen Gestalt, in der Stalins Sowjetarmee ihn im östlichen Landesteil zu installieren begann, sich erst einmal nachhaltig in Mißkredit gebracht. Zum großen ordnungspolitischen Betätigungsfeld wurde somit nicht die Gesellschaftsordnung, sondern die neue Staatsbildung in zunehmend wiedergewonnener Souveränität. Die Überlebenden der Weimarer Demokratie, denen 1933 ein übergroßer Teil des Staatsvolks den Boden unter den Füßen weggezogen hatte, konnten mit dem Grundgesetz von 1949 endlich ein »Es ist erreicht« sprechen; an dieser Verfassung schieden sich nicht mehr die Geister, sondern mit ihm grenzte sich ein allgemeiner, geradezu überwältigender innerer Konsens gegen das befremdliche Außen des anderen Teilstaates ab. In den politisch-geistigen Auseinandersetzungen führten die Kodifikationen des politischen Ethos, wie sie am Anfang des Grundgesetzes statuiert sind, eine selbstverständliche und daher ziemlich unauffällige Existenz. Und das »Es ist erreicht« klang zugleich wie ein »Damit ist es auch genug«. Über dem Ganzen waltete wie eine unsichtbare Hand die Regie der sich-selbst-steuernden Marktkräfte, die nach dem durch Erfolg geheiligten Credo das kaum je aussetzende wirtschaftliche Wachstum gewährleisten und damit ein wachsendes Arsenal von Mitteln für die Lösung der verschiedensten gesellschaftlichen Koordinierungsprobleme an die Hand geben. Man hätte der Nationalhymne wohl gern noch die Strophe angefügt: »Daß es doch so bleiben möge!«

Das Stichwort von den »Grenzen des Wachstums« hat signalisiert, daß es nicht so bleiben und weitergehen wird. Mitten in einen schwungvollen Anlauf dazu, die »moderne Industriegesellschaft« vollends zu einer *Konsum*gesellschaft werden zu lassen und ihr womöglich gar noch das leidig Anstrengende der »Leistungsgesellschaft« zu nehmen, trafen die ersten Stiche. Noch bevor die große Wachstumskonjunktur sich dem Ende zuneigte und der »kurze Traum von der immerwährenden Prosperität« verflog, bewirkte die seltsam chiffrierte Revolte eines nicht unbeträchtlichen Teils der Jugend im attackierten »Establishment« eine »Verunsicherung«, in die sich – ebenso wie in ihren Anlaß, die Hochschulrevolte – wohl schon die Vorahnung künftiger Kalamitäten mischte, namentlich was die unbegrenzten oder begrenzten Möglichkeiten der sozialen Aufwärts-Mobilität angeht.

Wie war hier eine Problemlage neu zu definieren? Die Verunsicherten taten es in einer Art negativer Fixierung an ihre Verunsicherer: Die hochfahrenden Politisierungen der Hochschulrevolte, ihre Selbststilisierung als Wiederaufnahme der antikapitalistischen Revolution und des Kampfes um eine andere Republik (eine Räterepublik womöglich) bildeten die thematische Ebene, auf der sodann die Replik erfolgte: als die entschiedene Affirmation der freiheitlich demokratischen Grundordnung gegen ihre Verleugner und Feinde. Im Gegenzug zu der politisch militanten, der anarchistischen und der hedonistischen Revolte wurde die Republik – wenigstens auf ihrer höheren, der geistigen »Ebene« – Mitte der siebziger Jahre zum Schauplatz einer ideologischen Kampagne zur Bekräftigung der »Grundwerte«, die in Staat und Gesellschaft gelten. Die Repräsentanten der Staatsparteien traten mit ihren Definitionen und Kommentaren ans Podium, und die Medien vermittelten es an alle weiter.[62] Im Kern geht es um drei Abkömmlinge der Parolen der Französischen Revolution: Freiheit, Gleichheit (Gerechtigkeit) und Solidarität. Was diesen alten Prinzipien so unversehens zu neuer Aktualität verholfen hat, geht wohl am deutlichsten aus den Betrachtungen von H. Kohl hervor, die auf einen neuen Situationsindex verweisen. Es habe, so vernehmen wir, in unserer Nachkriegsgeschichte eine Phase gegeben, die ganz durch einen »Glauben an die problemlösende Kraft des wirtschaftlichen Wachstums« beherrscht gewesen sei. Der Politiker gibt nun nicht gleich ein Signal zum geordneten Rückzug auf eine bescheidenere Position, er bringt die Sache in eine progressive Blickrichtung: »Heute freilich wissen wir auch: Der materielle Wohlstand allein vermag die Menschen nicht zu befriedigen. Er läßt ihre Fragen nach dem Sinn des Lebens, nach den gemeinsamen Werten, nach den Zielen unseres Gemeinwesens nicht verstummen, wirft sie vielmehr um so nachdrücklicher auf. [...] In unserer Gesellschaft gibt es viele Hoffnungen, Sehnsüchte und Sinnfragen. Sie sind durchaus ein Kennzeichen für die geistige Kraft unseres Gemeinwesens. Bleiben sie aber ohne Antwort, so können sie sehr rasch in Destruktionen umschlagen. Deshalb ist die Frage nach den Grundwerten für mich kein theoretisches, kein ›akademisches‹, sondern ein höchst politisches Thema.« (*G* 16)

Die »Grundwerte«-Explikation ist der spezifische Beitrag, den die »politische Klasse« der Bundesrepublik zur ethischen Programmatik in dieser Zeitlage zu bieten hatte. Es ist zu einem wesentlichen Teil eine Programmatik des Bewahrens, zum anderen Teil eine der fortgesetzten Reformarbeit: Programmatik einer »grundwerteorientierten Politik«.

1. Zum Kanon der Grundwerte

Aus dem »abgesunkenen Kulturgut« der neueren Wertphilosophie hat sich mit der substantivischen Rede von den »Werten« (oder *the values*) eine Nomenklatur eingestellt, in der sich der Übergang des Ethos in Politik (und der Politik in Ethos), wie es scheint, auf eine recht probate und bequeme Weise formulieren läßt, ähnlich wie in der Rede von den »Menschenrechten«. Vorangegangen sind hierin die Sozialdemokraten, die aus ihrer frühen Parteitradition die drei Revolutionsparolen von 1789 reaktiviert haben – sie standen auch schon auf der Vereinsfahne von 1863 – und ein wenig umformulierten (Gerechtigkeit für Gleichheit, Solidarität für Brüderlichkeit); sie installierten bei ihrem Parteivorstand eine ständige »Kommission Grundwerte«, die einiges an exegetischer Arbeit geleistet hat.[63] Die anderen Staatsparteien sind dieser Sprachregelung gefolgt und haben ihre (anders akzentuierten) Grundwerte-Verständnisse publik gemacht.

Die Begrifflichkeit der »Grundwerte« hat ihr eigenes Bedeutungsfeld, sie steht in einem Verweisungszusammenhang mit diversen anderen Arten, Normatives und Desideratives zu benennen; und sie hat ihre eigentümliche Pragmatik, ein Konzept von der Verbindlichkeit und von der »Verwirklichung« der Grundwerte »in Staat und Gesellschaft«. So wurde die »Grundwerte«-Orientierung durchaus charakteristisch für den (ideologischen) Modus, in dem die Großorganisationen der politischen Willensbildung, namentlich die Parteien, ihren Gestaltungsanteil an der Formierung des Ethos begreifen. Das Bemerkenswerte sind dabei nicht so sehr die begrifflichen Artikulationen der drei Leittitel mitsamt ihren Verschränkungen, ihren Rangordnungs- und Propor-

tionierungsfragen; es ist vielmehr die Pragmatik des Grundwertegebrauchs, der orientierenden und verpflichtenden Kraft, die man den Grundwerten zuspricht.
Zur logischen Faktur und dem konfessionalen Gehalt der Grundwerte-Trias von Freiheit, Gerechtigkeit und Solidarität sei nur weniges angemerkt. Es ist damit etwas »Wesenhaftes« in einer eigentümlichen »Schwebe-Lage« bezeichnet. Die Grundwerte sind etwas anderes als die Menschen- und Grundrechte, sie stehen nicht wie diese in einem angebbaren Partnerbezug zwischen Absendern und Adressaten, seien es Individuen oder Institutionen. Sie sind als solche – trotz einer gewissen terminologischen Nähe – nicht Inbegriffe von »Tugenden«, normativ ausgezeichnete Verhaltensweisen. Grundwerte sind nicht kongruent mit staatlichen Verfassungsprinzipien oder mit »Staatszielen«, wie sehr diese auch auf Grundwerte bezogen, an ihnen orientiert sein mögen. Ja, sie sind eigentlich auch nicht »Ziele« eines verwirklichenden Handelns, das sich in einem zeitlichen Vollzug auf sie zubewegte. Sie zielen nicht auf einen Endzustand, sondern bezeichnen eine »niemals endende Aufgabe«. (*E* 16) Eben das kennzeichnet die Schwebe-Lage, in der sich die Werte als Werte darbieten. Wir finden sie verschiedentlich als »Maßstäbe« charakterisiert, die man an politische Entscheidungen und Handlungen anzulegen hätte (*E* 16), aber gerade das sind sie eigentlich nicht; sie sind nicht metrische Skalen, sondern qualitative Dimensionen möglicher Maßbestimmung. Nun ist es in den Politiker-Deklarationen mit den logischen Qualifizierungen nirgends sonderlich genau genommen. Begriffsgenealogisch haben wir es ja mit einem Mixturregister aus den Intonationen der älteren Werte-Metaphysik und dem neueren amerikanischen Sprachgebrauch rund um die *»values«* (Wertüberzeugungen) zu tun – mitsamt der hier wie dort notorischen begrifflichen Unschärfe, die durch die Vermengung von Aktmateriatur und Wertcharakter entsteht. Genaugenommen sind die »Grundwerte« schlicht auf Zustände (oder »Verhältnisse«) bezogene *Desiderate*, Wünschbarkeiten, die durch Hypostasierung in eine Objektivität, eine Gegenüber-Stellung zu den Menschen und in eine Sollens-Normativität erhoben sind. Wie schon in der philosophischen Werte-Metaphysik finden wir in den »Werten« das, was Kant noch als das »sittliche Gesetz« an einem Ort »in mir« lokalisiert hatte, an einen »bestirnten Himmel« *über* uns versetzt. Die heiklen Fragen von Genesis und Geltung sind umgangen durch den Vertrautheit schaffenden Rekurs auf Traditionen: »Wir wissen, daß diese Grundwerte älter sind als die moderne demokratisch-sozialistische Bewegung. Ihre Wurzeln reichen zurück in die Grundströmungen der europäischen Tradition – in die Antike,

das Christentum mit Einschluß seiner jüdischen Wurzeln und die Philosophie der Aufklärung.« (*E* 16f.)

Die drei Grundwerte-Titel bezeichnen etwas sehr Allgemeines auf eine so allgemeine Weise, daß es schon kaum noch etwas Besonderes ist, sich zu ihnen zu bekennen. Sie umschreiben einen weiten Grundkonsens der staatstragenden Kräfte. So fällt es einigermaßen schwer, die zwischen den Wertkonfessionen der Parteien bestehenden Richtungsunterschiede auf der Projektionsebene des gemeinsamen Grundwertekanons kenntlich zu machen, etwas wie einen »kleinen Universalienstreit« darum zu entfachen. Ein normenlogisch versierter Teilnehmer der Disputation, W. Maihofer, hat die Unterschiede so zu charakterisieren versucht: Für die Liberalen hat der Grundwert Freiheit den obersten Rang; für die Sozialdemokraten sind die drei Grundwerte gleichrangig; die christlichen Demokraten halten dafür, daß es je nach der Situation wechselnde Aktualisierungen und Gewichtungen vorzunehmen gelte (daß heute z. B. nicht mehr Gleichheit, sondern die Sicherung der Freiheit das Aktuellste sei). (*G* 91) Als Richtwerte von Parteiprogrammen bewegen sich die Grundwerte-Deklarationen insgesamt in einer Grenzzone zwischen schon Erreichtem und noch Ausstehendem, und die Proportionen sind bei den Kontrahenten unterschiedlich angesetzt. Unverkennbar ist, daß es in der Grundwerte-Orientierung einen erheblichen, für manche sogar überwiegenden Anteil an Erhaltungs- und Bewahrungsprogrammatik gibt. Der Bewahrungsanteil ist dort besonders hoch, wo man die Grundwerte mehr der Staatsverfassung und den Staatsgewalten als den politischen Parteien zuordnet: Die sozialdemokratische Grundwertekommission spricht generell von den »Grundwerten der politischen Parteien«. (H. Schmidt ordnet die Grundwerte mehr allgemein den »gesellschaftlichen Kräften« zu.) H. Kohl hingegen sprach betont von den »staatlichen Grundwerten«: »Die Grundwerte sind das ideelle Integrationselement, das in besonderer Weise dazu beiträgt, die geschichtliche Identität unseres Staates zu stiften. [...] Es ist Aufgabe aller Staatsgewalten, [...] zur Erhaltung und Festigung des gemeinsamen Grundkonsenses, der in den verfassungsrechtlichen Grundwerten zum Ausdruck kommt, beizutragen.« (*G* 56f.) In der mehr parteien- oder allgemein gesellschaftsbezogenen Lesart ist die Staatsverfassung die Domäne der Grund*rechte,* nicht der Grundwerte im unmittelbaren Sinne. Diese Grund*werte* bezeichnen die Richtungsvektoren von »niemals endenden Aufgaben«.

Die Divergenzen werden deutlicher, wo es um die »Aktualisierung der Grundwerte« geht. Im Mittelpunkt der Aufmerksamkeit von H. Kohl stand die Abwehr von gesellschaftlichen Veränderungskonzepten grö-

ßerer Reichweite, seien sie sozialrevolutionärer oder sozialreformerischer Tendenz. »Wir brauchen heute programmatische Aussagen. Ihre unverzichtbare Basis sind jedoch die Grundwerte unserer Verfassungsordnung. Partei- wie Staatsprogramme haben die Aufgabe, diese Grundwerte zu aktualisieren und im Rahmen ihrer Reichweite durch eine klare Wertpräferenz eine Antwort zu geben auf die vordringlichen Probleme, die es in einer konkreten Situation zu lösen gilt. Dies verlangt den entschlossenen Kampf gegen Ideologien mit Totalitäts- oder Perfektionsansprüchen.« (Dazu gehören für ihn Ideologien, die soziale Gerechtigkeit als den »perfekten Versorgungsstaat« anvisieren; die Verfassung sei jedoch »kein Entwurf einer guten Gesellschaft«.) (*G* 59 f.) So wie man die »Grundrechte« gern als »Abwehrrechte« (Bürger gegen Staatsgewalt) kennzeichnet, werden hier die Grundwerte zu einer Art von »Abwehr-Werten«.
Die sozialdemokratische Grundwerte-Perspektive ist weiterhin dadurch bestimmt, daß es in den Dimensionen von Freiheit, Gerechtigkeit und Solidarität durchaus noch viel Unerreichtes zu konstatieren gibt; doch ebenso gewichtig ist, daß eine (auch ohne Programmatik) »sich stürmisch verändernde Gesellschaft« fortlaufend neue Anlässe und Maßstäbe für die Bewährung einer grundwerteorientierten Gesellschaftspolitik setzt. »Es geht uns heute um die Durchsetzung unserer Grundwerte in einer gefächerten Welt.« (*E* 17) Die Sozialdemokraten hatten in den Jahren der Wachstumskonjunktur mehrere Reformen in Gang gebracht, die meistens nicht »kostenneutral« waren, also einen Umverteilungseffekt bedeuteten. In der Grundwerte-Sprache sollten die Reformen den Sinn haben, »dem mündigen und mitverantwortlichen Bürger unter gerechteren gesetzlichen Ausgangsbedingungen eine größere Chance solidarisch verantwortlicher Freiheit zu geben«. (*E* 17 f.) Der Widerstand gegen die Umverteilungs-Reformen nahm in dem Maße zu, wie die weltwirtschaftliche Konjunkturlage unfreundlicher wurde; die Grundwertekommission registriert ab 1973 eine »radikal veränderte Gesamtsituation« und beklagt sich darüber, daß die Krisen auch noch als Folgen einer im Ansatz falschen Reformpolitik gedeutet werden und daß »dieselben Grundwerte, die, ernstgenommen, zur Reform unserer Gesellschaft drängen, auch verwendet werden, um Reformen gerade in dem Augenblick zu verhindern, in dem sie unerläßlich geworden sind«. (*E* 18) Der Text *Grundwerte in einer gefährdeten Welt* (1977), dem diese Äußerungen entnommen sind, präsentiert eine lange Liste von Indikatoren einer kritisch gewordenen Gesamtlage. »Das Godesberger Programm ging von raschem und stetigem wirtschaftlichen Wachstum aus. Heute wissen wir: Weder technischer

noch wirtschaftlicher Fortschritt sind selbstverständlich und problemlos.« (*E* 19) Es sind vielmehr ökonomische und technologische Trends festzustellen, welche die Freiheit gefährden, zu weniger Gerechtigkeit führen und eine »Entsolidarisierung der Gesellschaft« begünstigen. Das Problem ist demnach, wie künftig mehr Grundwerte-Substanz bei weniger Wirtschaftswachstum (nicht ohne solches) zu erreichen sei. Die Kommission bezeichnet das als die »Durchsetzung grundwerteorientierter Politik«. (*E* 41)
Eine Durchsicht der programmatischen Konzepte, in denen sich der Grundwertebezug aktualisiert und konkretisiert, kann uns zum Anlaß dienen, die eigentümliche Pragmatik zu beleuchten, die dem politischen Ethos der Grundwerte-Verwirklichung eigen ist. Die ethische Quintessenz des ganzen Ritus um die Grundwerte ist doch, daß der Bewußtmachung dieser Werte eine eminent praktische Bedeutung zukommen soll. Und die Politik zeigt ihrerseits einen Zug ins Menschheitlich-Große, wenn sie sich auf diese Weise über die ordinäre Pragmatik bloßer Interessendurchsetzung erhebt.

2. Politik als Verwirklichung der Grundwerte

Als K. Sontheimer die Diskussion über eines der Grundsatzreferate 1976 eröffnete, sagte er: »Grundwerte, darin besteht Übereinstimmung zwischen wohl allen hier im Saale, sind notwendig für die Wertstabilität einer Gesellschaft; und je größer der Konsensus über die Grundwerte ist, desto leichter wird man sich auch in der Politik miteinander tun.« (*G* 65) Und was dem einen die Stabilität, das ist dem anderen die Mobilität: Auch für eine wertrelevante Weiterentwicklung der Gesellschaft scheinen die Grundwerte »notwendig« zu sein.
Der Ort, an dem die Grundwerte ihre soziokulturelle Wirksamkeit entfalten, ist das Wertbewußtsein, es sind die »Wertüberzeugungen« der Menschen. Diese Überzeugungen aufzubauen und zu kräftigen wird zur Sache einer eifrigen und erbaulichen Rhetorik. In ihr setzt sich eine Tradition fort, die vordem andere begriffliche Kristallisationen gefunden hatte, etwa solche von »Tugenden« oder von »Idealen«. Indessen scheint der Rückzug auf Ideentraditionen nicht ganz zu genügen, um den Grundwerten volle praktische Verbindlichkeit zu verbürgen. Die »Wertüberzeugungen« waren ja immer von der Gefahr historischer Relativismen heimgesucht, und etwas von dieser Gefahr signalisierte sich neuerlich, als H. Schmidt der Frage nachging, »woher eigentlich der Staat die Grundwerte bezieht, auf denen er ruht und die seine Funk-

tionsfähigkeit gewährleisten«. (*G* 17) Der Befund stellt sich ihm so dar: »Der demokratische Staat hat die Werthaltungen und die sittlichen Grundhaltungen nicht geschaffen. Er findet sie vielmehr in den einzelnen und in der Gesellschaft vor, und er muß bei seinem Handeln dort anknüpfen. Das heißt, der freiheitliche Staat [...] lebt von ihm vorgegebenen Werten und Werthaltungen.« (*G* 20) Und vorgegeben erhält er sie von den autochthonen Kräften im gesellschaftlichen Ethos, in denen immer wieder neue Werthaltungen aufkommen und alte absterben. Somit liegt die Zuständigkeit für Grundwerte »eben nur in der Gesellschaft«. »Ethische Grundüberzeugungen werden getragen und gebildet vom einzelnen und von konkreten Gemeinschaften, in denen sich einzelne Menschen zusammenfinden.« (*G* 23)

Diese Erinnerung an den Wandel in den »ethischen Grundüberzeugungen« und an die »Grenzen der Wirksamkeit des Staates« in diesen Angelegenheiten führt nun aber an eine Problemstelle, an der auch aller Wandel eine Grenze haben soll: die Grundbestimmungen über Würde und Freiheit des Menschen. H. Schmidt rekurriert hier wiederum auf die geschichtliche Erfahrung: »Es war die geschichtliche Erfahrung, die die Väter des Grundgesetzes zu der Erkenntnis, zur Einsicht geführt hat, daß die Würde des Menschen nicht zur Verfügung stehen darf.« (*G* 17) H. Kohl möchte dafür eine stärkere Instanz in Anspruch nehmen: »Es genügt nicht zu sagen, daß der Staat die Grundwerte nicht geschaffen habe, sondern sie vorfinde. Er findet sie vor, aber nicht empirisch in der Gesellschaft, sondern in der Natur des Menschen.« (*G* 61) Nur so, scheint es, können die Grundwerte ihre Richtmaß-Funktion hinsichtlich der gesellschaftlichen Veränderungen erlangen und behaupten. Inzwischen gibt auch die sozialdemokratische Grundwertekommission zu bedenken, ob bei einer Neufassung des Parteiprogramms nicht »eine Art Minimalanthropologie als Hinführung zu den Grundwerten« einzufügen sei. Solche Aussagen müßten ausgehen von der »Würde des Menschen, in der sich Grundwerte wie Grundrechte entfalten lassen. [...] Weil der Mensch Naturwesen, Individualwesen und Gemeinschaftswesen ist, bedarf es einer Gesellschaft, die sein natürliches Dasein sichert und in der er ›seine Persönlichkeit in Freiheit entfalten und als dienendes Glied der Gemeinschaft am politischen, wirtschaftlichen und kulturellen Leben der Menschheit mitwirken kann‹.« (*E* 176) Die »Wertüberzeugungen« finden demnach ihre letzte Begründung durch eine Wesenseinsicht in das Menschliche als das Humane. Der erste Schritt in der Pragmatik eines grundwerteorientierten Handelns ist die ursprüngliche Gewinnung und die Weitergabe dieser Einsicht, sodann die Herstellung eines gesellschaftlichen Wert-

konsenses, innerhalb dessen die Grundwerte als maßgebende Inspirations- und Berufungsinstanz anerkannt sind. Die Menschen sind dann durch ihr »Bekenntnis zu den Grundwerten« an diese gebunden, und von den Grundwerten ergehen Forderungen an sie – der Grundwert »Solidarität« aktualisiert sich als »Solidaritätsforderung«. Das (politische) Handeln wird zur »Werteverwirklichung«. Weil indessen die Grundwerte in ihrer Grundgestalt hochabstraktive Universalien sind, die sich auf ihrer angestammten Bedeutungsebene kaum hinreichend »operationalisieren« lassen, hängt alles wirklich Maßgebende an der »Aktualisierung« und »Konkretisierung«. »Wie die Grundrechte bedürfen die Grundwerte [...] der Entfaltung in der Geschichte, der Aktualisierung und Bewährung im Lebensprozeß der Gesellschaft und der immer neuen Bestätigung vor neuen Erfahrungen und in der Anwendung auf konkrete Situationen.« (*E* 54) Ein Exempel dieser Anwendung haben wir in dem Text *Grundwerte in einer gefährdeten Welt* vor uns. Wir wollen uns daran einige Charakteristika »grundwerteorientierter Politik« verdeutlichen.
Durchgängiges Charakteristikum ist der ausgeprägt normative Gestus, in dem hier die Wahrnehmung von Problemen im Lichte der Wertpostulate zur Definition von Aufgaben hinüberführt, oft im Modus gebieterischen »Müssens« intoniert. So lautet die Replik auf die Freiheitsgefährdung durch ökonomische und technologische Trends: »Wenn die bedrückende Vision des ›Atomstaates‹ nicht Wirklichkeit werden soll, dürfen sich die Menschen dem ökonomisch-technischen Entwicklungsprozeß nicht unterwerfen. Sie müssen den Einsatz der Technik nach Kriterien der Humanität und der sozialen und ökologischen Vernunft lenken. Hierzu haben die Demokraten – und vor allem die demokratischen Sozialisten – die Aufgabe, rechtzeitig ein Forum für die rationale Diskussion und Lenkung der Entwicklung bereitzustellen.« (*E* 28) In der Blickrichtung der Grundwerte Gerechtigkeit und Solidarität zeigen sich viele ungelöste Probleme. Noch immer, heißt es, besteht die Notwendigkeit einer gerechteren Verteilung der Primäreinkommen, sowohl eine Anhebung der unteren Stufen als auch der Abbau ungerechtfertigter Spitzen. Verbesserung der Primäreinkommen empfiehlt sich als »vorbeugende Sozialpolitik«, die verhindern soll, daß der Bürger zum verwalteten Objekt der Sozialbürokratie und der Sozialetat über Gebühr belastet wird. Zu einem Dauerproblem geworden, fordert das Problem der schon nicht mehr konjunkturellen und strukturellen, sondern konstitutionellen Arbeitslosigkeit zu Mehrleistungen der Gerechtigkeit und Solidarität heraus. »Es entspricht der Solidaritätsidee der Arbeiterbewegung, wenn als ein Mittel zur Be-

kämpfung der Arbeitslosigkeit vorgeschlagen wird, durch Arbeitszeitverkürzung die Arbeit gleichmäßiger zu verteilen. Dies ist nur möglich, wenn der Produktivitätszuwachs der Wirtschaft überwiegend in mehr Freizeit an Stelle von mehr Reallohn weitergegeben wird. Es müßte also die Mehrheit auf Realeinkommenszuwächse verzichten, damit die Minderheit eine größere Arbeitschance bekommt.« (*E* 40) Die »Gebote der Solidarität« machen schließlich an den nationalen Grenzen nicht mehr halt, weil die gegenseitigen Abhängigkeiten der Nationen fortwährend zunehmen. »Solidarität [...] gewinnt damit notwendigerweise eine europäische und eine weltweite Dimension. [...] Solidarität wandelt sich zur Vorbedingung für das Überleben aller. Dies erfordert eine Neubestimmung unserer Haltung zu fremden Staaten und ihren Bewohnern.« (*E* 38 f.)

Das alles sind Forderungen eines guten Willens, der erst noch gut werden soll, wie es so oft die Stilform der sittlichen Bewußtseinsbildung ist – moralistische Rhetorik, wie sie ebenso bei den anderen Parteien gang und gäbe ist. Die Pragmatik der »Durchsetzung grundwerteorientierter Politik« erfährt eine abschließende Charakterisierung ihrer »Durchsetzungs«-Modalitäten: »Wer eine Gesellschaftsordnung anstrebt, in der die Menschen ihr Leben an den Grundwerten der Freiheit, der Gerechtigkeit und der Solidarität orientieren, kann seine Ziele nicht durch Zwang, emotionale Verführung oder Manipulation zu erreichen versuchen. [...] Nur durch umfassende Information und vernünftige Diskussion, nur in der Form gleichberechtigter Zusammenarbeit und freiwilliger Solidarität kann die Politik des demokratischen Sozialismus verwirklicht werden. [...] Grundwerteorientierte Politik muß an die konkreten, täglich erfahrbaren Interessen und Bedürfnisse der Menschen anknüpfen und ihnen von daher den Einfluß auf die politische Gestaltung der gesamten Gesellschaft eröffnen. [...] Grundwerteorientierte Politik muß die erstrebte, durch mehr Freiheit, Gerechtigkeit und Solidarität geprägte neue Gesellschaftsordnung durch die Veränderung des praktischen, alltäglichen Verhaltens in den eigenen Reihen anschaulich und glaubwürdig machen.« (*E* 41 f.) Für besonders empfindliche Ohren mag die bloße Zitierung solcher Sätze einer Bloßstellung gleichkommen. Aber damit nicht genug, die Kommission holte bei einem späteren Arbeitsgang, ihrem Sendschreiben *Zur politischen Kultur in der Demokratie* (1980), zu einer zwölffachen Bestimmung dessen aus, »was sich ändern muß«, und zwar zuerst »bei uns selbst« – ein zwölfmal stereotyp wiederholtes »Es muß«, »die Partei muß ...« »Es muß mehr als bisher darauf geachtet werden, daß Sozialdemokraten auch ihr eigenes Verhalten an den Grundwerten und Prinzipien messen, für deren Verwirklichung sie politisch eintreten.« (Und in dieser Tonart ganze elf weitere Formeln forcierter Selbstverpflichtung.) (*E* 86 f.)

3. Kritisches über den Wert der Grundwerte (Grundwerte und Grundkräfte)

Das politische Ethos, das sich in der »Grundwerte«-Begrifflichkeit ausspricht, mitteilt und Wirkungen entfalten möchte, ist von einer bestimmten geschichtlichen und geistig-praktischen Faktur, zu der im folgenden einige kritische Anmerkungen zu machen sind. Ich habe ausgiebig zitiert, weil hier die Musik den Ton macht und die nur schwer transponierbare Diktion zur Sache gehört. Die sozialdemokratische Variante mußte nur deshalb als Exempel dienen, weil hier eine eigene Kommission dafür bürgt, daß die Texte nicht nur beiläufige Referenten-Rhetorik sind. Sie dürfte im Hauptsächlichen als repräsentativ für den Stand der politischen Ideologiebildung im Lande gelten.

Daß eine heutige gesellschaftspolitische Programmatik sich an die drei Parolen der Französischen Revolution anschließt, kann man in logischer wie in historischer Hinsicht als einen Fall von Regression ansehen. Für sich genommen sind die drei Titel ja etwas ausgesprochen Unspezifisches, und ihre Spezifikation im Verfahren einer normenlogischen Kombinatorik wird unbefriedigend bleiben. Es geht von ihnen eine starke Verführung zum bloß plakativen Gebrauch aus. Als monumentale Singular-Titel haben Freiheit, Gerechtigkeit und Solidarität es nun einmal an sich, daß die Vieldimensionalität von Weisen des Frei- und Gebundenseins, des Gleich- und Ungleichseins und des Solidarisch- und Gleichgültigseins (oder auch der Gegnerschaft) ebenso ausgeblendet bleibt wie die in allen diesen vielen Dimensionen vorkommenden sozialen Abstufungen und Mengenverteilungen. Dies alles aber aus der Essenz normativer Universalien zu deduzieren oder sonstwie zu entwickeln muß zu einer überanstrengt-zwanghaften Veranstaltung werden.

In Frage steht nämlich der normative Modus selbst, in dem die Grundwerte als (nicht-metrische, temperiert-tendenzielle) »Maßstäbe« und »Prinzipien« des politischen Individual- und Kollektivhandelns figurieren. Wir brauchen jetzt nicht noch einmal gesondert zu prüfen, wie realitätsgerecht oder mystifizierend das Grundmodell aus (wesens- oder traditionsgegründeter) Wertgeltung, Wertüberzeugung (Überzeugtsein und Überzeugen), Werthaltung und Wertverwirklichung da-

steht. Von »Grund«werten zu reden, verweist auf etwas von der Art eines tragenden Grundes, und man spricht im nämlichen Sinne von den »Grundlagen« (oder Grundprinzipien) eines Ordnungsgefüges. Aber ist mit dieser architektonischen Metapher nicht vielleicht das begründungslogische Oben-unten-Verhältnis geradezu umgekehrt? Fungieren die ins Universale erhobenen Grundwerte nicht eher wie ein »Dachverband«? Und ist das Tragende nicht anderswo zu suchen? Es mag wohl ganz elementare Qualitäts- oder »Wesens«bestimmungen von Freisein, Gleichsein und Solidarischsein geben, in der Grundwerte-Gestalt handelt es sich jedoch immer um hochsynthetische Großkomplexe, bei denen alles auf die bestimmte »metrische« Komposition jener Daseins- und Beziehungs-Charaktere ankommt. Fast möchte man sagen: Die jeweilige Maßkoordination bedeutet hier alles, der begriffliche Allgemeingehalt der einzelnen Grundwertetitel nahezu nichts. Diese Titel eignen sich überhaupt nur für grobe Plakatierungen, kaum für analytisch-diagnostische und praktisch-normative Belange. Als »Grundwerte« sind sie notorisch nicht-operationalisiert, und sobald man sie operationalisiert, hat man es nicht mehr mit »den Grundwerten« zu tun, sondern mit einer vieldimensionalen Matrix von Maßbestimmungen und -koordinationen.
Die in einem Gemeinwesen jeweils erreichten Maßbestimmungen von Freiheit/Freiheitsbegrenzung, Gleichheit/Ungleichheit und Solidarität/Gleichgültigkeit/Antagonistik – und nur in dieser polaren Skalierung wird die Sache meines Erachtens operativ bedeutsam – haben ihrerseits eine »Grundlage« (wenn man in diesem Bilde bleiben will) in einem Ensemble von »Grundkräften«, die in diesem Gemeinwesen lebendig sind. Im Bannkreis des grundwerteorientierten Ordnungsdenkens wird man hierbei an die »Kraft« denken, die das Grundwerte-Bekenntnis in seinen Bekennern entfaltet. In der Sichtweise einer »praxisanalytisch« verfahrenden Ethik des Politischen kommen jedoch ganz andere Kräfte-Parameter in den Blick. Die »Grundkräfte«, als deren synthetische Resultante die libertären, egalitären und fraternitären Gesamt-, Durchschnitts- und Grenzkapazitäten eines gegebenen Gemeinwesens in Erscheinung treten, sind verschiedensten thematischen Ursprungs, und sie sind zum größten Teil gar nicht im Politischen primär lokalisiert, manifestieren sich nur in ihm. So ist das Gesamt- und Durchschnittsvorkommen von »Zivilcourage«, Unabhängigkeitssinn, Teilnahmefähigkeit und Konzilianz, bevor es seine Energien im politischen Lebensprozeß offenbart, erst einmal ganz elementar Sache der »bürgerlichen Gesellschaft«, der Profilierungen beruflich-geschäftlicher Betätigungsfelder und der »Produktionsverhältnisse«, also des

alltäglichen gesellschaftlichen Ethos; man hat es dabei immer mit langzeitig sich aufbauenden Konstitutionen und mit kurzzeitig wechselnden Konjunkturen zu tun. Dasselbe gilt für die jeweiligen Negativa wie »Furcht vor der Freiheit‹ (subalterner Autoritätsbindung) und aggressive Feindfixierung. Die Grundwerte sind kein Beschwörungsritual, mit dem die einen Grundkräfte sich wecken und die anderen sich bannen ließen.

Die Grundwerteorientierung des politischen Handelns gehört einer Ethos-Formation an, dem Ethos einer apparativ institutionalisierten Politik. Die forcierte Aktivierung des Grundwerte-Bewußtseins in unseren Tagen war und ist eine Reaktionsbildung bei den institutionell Etablierten, die an den Steuerpulten des Staatswesens amtieren, die gewohnt sind, Pläne zu entwerfen, Direktiven zu erlassen, Maßnahmen zu ergreifen, in alledem einen Führungswillen unter Beweis zu stellen und eine Politik »durchzusetzen«. So wird denn auch eine Politik der Grundwerte »durchgesetzt« wie jede andere auch. Nicht von ungefähr wurden die Grundwerte im öffentlichen Bewußtsein – und zwar »von oben nach unten« – zu einem Zeitpunkt virulent, als die »ideologiefreien« Selbstregulationen des Gesellschafts- und Staatslebens an ihre Wirksamkeitsgrenze gerieten. Die Grundwerte sind ein ideologisches Aufgebot, das diese Grenze signalisiert, ohne daß man damit über sie hinausgelangen könnte. Es ist die Möglichkeitsgrenze institutioneller Politik – die Orientierung an den »Grundwerten« (die selbst ja ein deutlich institutionelles Gepräge zeigen) ist der prekäre Versuch einer Fortsetzung institutioneller Politik jenseits des Feldes ihrer authentischen Möglichkeiten, im Felde von Basisproblemen, an die nur autochthone Grundkräfte im gesellschaftlichen Ethos heranreichen können. (Wenigstens H. Schmidt zeigte Verständnis dafür, mehr als die Kommission »Grundwerte« ...)

IV. Das Ethos der modernen Zivilisation und eine Ethik für das Überleben der Menschheit

Während noch der Streit andauerte, welches der um die Zukunft der Welt rivalisierenden Gesellschaftssysteme den Menschen mehr Wohlstand und andere Segnungen durch industriell-technischen Fortschritt bringen könne, machte die Parole die Runde, daß die großen Entwicklungspläne, der erste (privatwirtschaftliche) und der zweite (der sozialistische), »beide nicht gehen«: Grenzen des Wachstums sind absehbar, wenn nicht gar schon berechenbar. Gerade als sich die industrielle Welt anschickte, wirklich zur industriellen *Welt* zu werden – durch die »Entwicklung« der bisher »unterentwickelten« Weltgegenden –, da brach der Zweifel auf, ja es schien auf der Hand zu liegen, daß es niemals eine solche Welt geben könne, eine Ver-Allgemeinerung des Produktions- und Konsumniveaus, das die Spitzenreiter der industriellen Zivilisation jetzt erreicht haben. Der Zweifel daran, daß es überhaupt dahin kommen werde, verband sich nicht selten mit der Hoffnung, daß es nie so weit kommen möge. In recht unterschiedlichen Milieus hat sich Unbehagen an dieser Zivilisation ausgebreitet, bis hin zu einem Gefühl der Unheimlichkeit. Um die geflügelte Parole von den Grenzen des Wachstums haben sich noch manche andere Formeln versammelt – affirmative wie »Zurück zum menschlichen Maß«, »neue Bescheidenheit« oder »asketische Weltkultur«, abwehrende wie »Technikfeindschaft« und »Zurück zur Steinzeit? Nein danke!« Während sich rund um die Motorik einer »ökologischen« Zivilisationskritik bereits aktive »Bewegungen« entfalten, breitet sich im Gedanklichen das Arbeitsfeld diverser neuer Ethiken aus, die ihre unmittelbare Bestimmung darin erblicken, eine praktisch-verbindliche Neuorientierung zu befördern. Manche sehen in der Instanz »Ethik« geradezu die Schlüsselposition in den geistig-praktischen Anstrengungen, die uns heute abverlangt sind. Noch nie, heißt es, war das Bedürfnis nach einer öffentlich bedeutsamen Ethik so dringlich wie heute, und kaum jemals, so wäre hinzuzufügen, war so speziell eine »neue Ethik« die Instanz, von der die maßgebenden Richtlinien kommen sollen. Die unmittelbar zurückliegenden geistig-praktischen Mobilisationen – für die Größe der eigenen Nation, für den Sozialismus, auch der »Kreuzzug für die Demokratie« erst gegen Hitler, dann gegen Stalin – bewegten sich in einer anderen Programmatik als in der einer programmatisch gewordenen Ethik. Das mag damit zu tun haben, daß die Bezugsrahmen der vorausgegangenen Ethos-Aktivierungen (ungeachtet eines universalen Bedeutungsgehalts und -anspruchs) in der Weise *partikular* gewesen sind, daß jedesmal eine Einzelformation einer anderen gegenüber ihren Zweck verfolgt hat. Von der geforderten neuen Ethik heißt es, sie sei in dem weitreichenden Sinne *universell*, daß sie eine sittlich-normative Verbindlichkeit für die ins Planetare ausgeweitete Industriezivilisation, für die gesamte heutige Menschheit zu etablieren hat. Das Zusammenleben aller Völker dieser Erde, die »Menschheit« selbst, ist das Thema einer ethischen Programmatik, über die Ost-West- wie über die Nord-Süd-Polarität hinweg. Und mehr noch: Auch die »Außenbeziehung« der Menschheit zur Natur gelangt angesichts der ökologischen Grenz- und Gefahrensignale zu einzigartiger ethischer Aktualität.

Wir wenden uns zuerst der damit eröffneten Ethos-Programmatik in ihrem Gesamtumfange zu. Die Problemachse, die der Ost-West-Antagonismus mit seinen militärischen Konfliktherden bildet, bleibt für eine gesonderte Betrachtung ausgespart. Vorerst ausgespart bleiben ferner die Ethos-Probleme, die durch verschiedene Aspekte der modernen, technisch-zivilisatorischen Lebensführung akut werden.

Die äußerste Weiträumigkeit der Dispositionen, die in der Blickrichtung der neuen planetar-ökumenischen Ethik anstehen, wirft in besonderer Weise die Frage nach der Qualität der Handlungsebene auf, in der solche Dispositionen überhaupt zu treffen wären; die Frage auch, welchen Zugang man heute als Einzelner zu dieser Ebene haben kann. In dieser mehr methodologischen Hinsicht legen die neuen Aktivierungs-Ethiken oft keine sonderliche Reflektiertheit an den Tag. Dies wird denn auch der Angelpunkt für eine Kritik sein, die nun aber nicht die materiale Triftigkeit der Anlässe bestreiten will, sondern auf den besonderen *normativen Modus und Gestus* der Botschaften dieser Ethiken zielt.

1. Die Anlässe und die Anforderungen

Mit dem Ende des dreißigjährigen Weltkrieges (1914–45), in den sich die Länder der modernen Industriezivilisation verwickelt hatten, weil sie (oder einige von ihnen) keinen produktiv-kooperativen Rahmen für die Entfaltung der in ihnen freigesetzten Produktivkräfte und Ambitionen hatte finden können, ist sogleich eine große Entlastung eingetreten.

Die Kraftzentren einer gewalttätigen imperialen Expansion, die Deutschen und die Japaner nebst Anhang, sind ganz entschieden auf einen Weg der Befriedungen durch Arbeit, Berufserfolg und Gütergenuß eingeschwenkt. Allerdings, einer der alten Antagonismen aus der letzten Kriegsphase hat nicht nur überlebt, er hat sich in der Nachkriegszeit enorm erhöht und zusehends mit militärischer Zerstörungsgewalt aufgeladen und ist zur Achse eines Völker- und Bürgerkrieges um die bessere Gesellschafts- und Staatsordnung geworden: Kapitalismus oder Sozialismus – Freie Welt oder totalitärer Staat, so hat es sich im ideologischen Selbst- und Fremdverständnis der Hauptkontrahenten zunächst dargestellt. Daß diese ordnungspolitische Differenz zwischen Privaterwerbs- und Staatsplanwirtschaft das dynamische Zentrum dieser Rivalität sei, ist zunehmend fraglich geworden, immer plausibler dagegen, daß es sich um eine ganz »normale« Machteliten- und Machtzentren-Rivalität handelt. (Besonders seitdem innerhalb des »kommunistischen Blocks« noch einmal eine solche ganz gewöhnliche Machtzentren-Rivalität aufgebrochen ist.) Der Konflikt wird damit zum Element der allgemeineren Kontroverse, wie künftig die Hilfsquellen und Entwicklungschancen in der Welt verteilt sein werden, also die Mittel zu einem »guten Leben«. Das ist durchaus eine alte Problematik, doch rückt sie jetzt in das Spannungsfeld einer neuen Problematik ein, für die keiner der Kontrahenten eine »Lösungsstrategie« besitzt: Der Gesamtprozeß der industriellen Wachstumszivilisation ist terminiert. Die Verteilungskämpfe spielen sich auf weitere Sicht nicht in einem offenen und unbegrenzt expandierenden, sondern in einem geschlossenen Raume ab. Weiterblickenden Zeitgenossen stellt sich die Frage, wie eine solche Gewißheit mitsamt den Wahrscheinlichkeiten, aus denen sie sich zusammensetzt, zum Bestandteil einer ethischen Situation mit Konsequenzen für das praktisch Verbindliche werden oder gemacht werden kann.

Den weitesten Horizont steckt eine industrielle Eschatologie ab, der Vorblick auf eine »ultimative« Grenze der industriellen Expansion: Erschöpfung von Material- und Energiereserven, Übergewichtigwerden von Schadensfolgen – was immer es im einzelnen sein mag, was dem »leichtsinnig-fröhlichen Menschenfest einiger industrieller Jahrhunderte« (H. Jonas) ein Ende setzt. Und diesseits der eschatologischen Grenze erstreckt sich eine gestaffelte Folge von Problemschichten, aus denen bereits gegenwärtige oder auf nahe Sicht sich potenzierende Beeinträchtigungen, Irritationen oder Kollisionen zu gewärtigen sind. Es gibt ja immerhin schon so viel »Unbehagen in der Zivilisation«, daß es nicht nur eine beachtliche Resonanz für prinzipielle Zivilisationskritik, sondern sogar eine hinreichende Massenbasis für gesellschaftspolitische und zivilisationspolitische Mobilisationen schafft, regionale und aufs Ganze gehende. So ist die Indienstnahme der Kernenergie zur Elektrizitätsgewinnung zum Symbol eines Kampfes und zum Anlaß für eine ethische Prüfung und Bestreitung ihrer Legitimität geworden.

Je deutlicher der Problemgehalt als ein »ethischer« herausgearbeitet wird, desto stärker macht sich die Neigung geltend, dafür eine geradezu monumentale Groß-Konfiguration aufzubauen: Mensch und Natur, Mensch und Technik, Technik und Natur. So im Eröffnungssatz von H. Jonas' Versuch einer Ethik für die technologische Zivilisation: »Der endgültig entfesselte Prometheus, dem die Wissenschaft nie gekannte Kräfte und die Wirtschaft den rastlosen Antrieb gibt, ruft nach einer Ethik, die durch freiwillige Zügel seine Macht davor zurückhält, dem Menschen zum Unheil zu werden. Daß die Verheißung der modernen Technik in Drohung umgeschlagen ist, bildet die Ausgangsthese des Buches.«[64]

Wieviel sich aber überhaupt in diesem unmittelbaren Gegenüber von Mensch und Natur vermittels Technik entscheidet, ist noch gar nicht ausgemacht. Die Kehrseite der neuen Dimensionierung der Probleme ist nicht selten, daß man die alt-traditionelle Problemgestalt als überholt abtut. Dagegen halten andere in Erinnerung, wie sehr sich die Probleme und Spannungen weiterhin als gesellschaftliche darstellen, wie schon weit diesseits der von der Natur gezogenen Grenzen des Wachstums die *sozialen Grenzen des Wachstums* in näherer Sicht sind. Und zwar sind es nach wie vor sowohl die Grenzen, die sich innerhalb der Klassen- und auch Schichtenordnung der Gesellschaften abzeichnen, wie auch jene, die in der internationalen Güterverteilungsordnung bestehen. Auch hier finden ethische Aktivierungen einen Ansatz.

Diesseits all dieser *prospektiven* Aktivierungen eines Problem- und Gefahrenbewußtseins (mit »Aufgaben«-Konsequenzen) gibt es eine Vielzahl von unmittelbar gegenwärtigen Beunruhigungen über schon fühlbare Effekte, die mit dem Funktionieren der industriellen Zivilisation zu tun haben: Belästigungen, Beschädigungen, Verluste und Verunsicherungen, von der »Unwirtlichkeit der Städte« über den Verlust an Naturreservaten bis zu den Opfern des motorisierten Straßenverkehrs. Es verbreitet sich ein Empfinden, daß es gar nicht so unbillig wäre, beim jetzt erreichten Stand materieller Versorgung innezuhalten. Daß weiterhin »Wachstum sein muß«, leuchtet vielen nicht mehr ein – sitzen wir in einem Flugzeug, das sonst abstürzen würde, oder in einem Gefährt, das man bremsen kann? Die Suche nach neuen Feldern für Groß-

produktionen, die »Arbeitsplätze schaffen«, hat ebenso etwas Zwanghaftes wie die schon geflügelte Vorstellung, Arbeit sei ein knappes Gut, das man gerecht verteilen müsse (»Arbeit« ist hier die Chiffre für lukrative Beschäftigungen).
Die neue Ethik will die Impulse aus diesen vielen (kleineren und größeren) Irritationen zu dem einen Impuls einer großen und weitreichenden Verpflichtung zusammenführen: Sie will die Menschen zu neuen Bereitschaften bereit machen. Sehr entschieden tut dies H. Jonas, der auch den am weitesten gespannten Rahmen für neue sittliche Imperative umreißt. Den Gegenstand seiner akuten Besorgnis bilden gerade die *Fern*wirkungen der heutigen Industriezivilisation, ihre Erschöpfungs-, Belastungs- und Gefährdungseffekte. Darum kann man die Menschen mit ihrer Verantwortung gar nicht mehr an die Wirkungen binden, die all das für sie selbst, für die Mitlebenden, die Kinder und vielleicht noch für die Enkel hat. Vieles wirkt sich erst auf spätere Generationen aus. Das Dasein und die Daseinsqualität der künftigen Menschheit sind der Einsatz im Spiel unserer technischen Wachstumszivilisation. Ist so etwas aber sittlich erlaubt? Jonas formuliert erweiterte oder wenigstens spezifizierte Varianten des guten alten »kategorischen Imperativs«: »Handle so, daß die Wirkungen deiner Handlung verträglich sind mit der Permanenz echten menschlichen Lebens auf Erden«, oder: »Schließe in deine gegenwärtige Wahl die zukünftige Integrität des Menschen als Mit-Gegenstand deines Wollens ein«. (*J* 36) Einige weitergehende Spezifikationen fügt W. Ch. Zimmerli hinzu, indem er diesen vierfachen Imperativ ansetzt: »(1) Unterlasse alles, von dem Du aufgrund Deiner Folgenabschätzung nicht sicher sein kannst, ob Du die erwarteten Folgen wollen kannst oder nicht! (2) Unterlasse alles, von dem Du aufgrund Deiner Folgenabschätzung annehmen kannst, daß es zu einer Intensivierung des technologischen Wachstums, des Wettrüstens o. ä. führen würde! (3) Unterlasse alles, was der Verantwortung zukünftigen Generationen gegenüber nicht entspricht! (4) Unterlasse alles, was Deiner Verantwortung gegenüber der außermenschlichen Natur nicht entspricht!«[65]
Weil die abzuschätzenden künftigen Folgen oft nicht Sache eines zweifelsfreien Wissens sein können, gibt Jonas einige Verfahrensregeln an die Hand, die sozusagen zu den Ausführungsbestimmungen des Imperativs gehören. Gefordert ist ein aktives Ausschauen nach möglichen Gefahrenmomenten – Jonas nennt das eine »Heuristik der Furcht«; und in allen Verdachtsfällen muß gelten, daß im Zweifel die nachteilige Folgenprognose für das Tun oder Lassen den Ausschlag zu geben hat. Ferner nimmt er das Problem sehr ernst, wie sich eine solche Zukunfts-

verantwortung, die nicht nur fernsten Menschengenerationen gilt, sondern auch der Unversehrtheit der »Idee des Menschen«, des Qualitativen seiner Daseinsweise, verbindlich begründen läßt – was ihn bis in metaphysische Fragen über den kosmischen Ort des Menschlichen führt.

Die Konsequenz kann nur in einem tiefgreifenden Wandel der gesamten menschlichen Einstellung zum Leben in dieser Welt liegen. Das betrifft ebenso die inspirativen Ideen wie die gesellschaftlichen Institutionen. Bei den ideellen Orientierungen geht es Jonas hauptsächlich um den Kardinalunterschied zwischen der Welt der *Utopie* (Modell steht die Hochkultur des progressiv Utopischen bei E. Bloch) und dem Bezugsraum einer Verantwortungs-Ethik, die sich auf das Innehalten und sogar auf eine Zurücknahme von Ansprüchen an »gutes Leben« in dieser Welt versteht. Utopie ist der Kinderwunsch, alles haben zu wollen. (*J* 283) Die »neue Pflicht« dringt auf eine »Ethik der Erhaltung, der Bewahrung, der Verhütung, nicht des Fortschritts und der Vervollkommnung«.[66] Was die gesellschaftlichen Ordnungen und Institutionen angeht, so ist es eine (schwer entscheidbare) Abwägung, ob der »Sozialismus« besser als der »Kapitalismus« geeignet sein könnte, die maßlose industriell-zivilisatorische Zwangsexpansion zu beenden. Schwer entscheidbar ist das deshalb, weil der Sozialismus als Doktrin eben nur einige Elemente einer mehr »frugalen« und disziplinierten Lebensart kultiviert, jedoch genauso wie sein Widerpart der Dynamik des industriellen Produktionsfortschritts verhaftet bleibt – von der »real existierenden« Gestalt ganz zu schweigen. Materielles Wohlergehen kraft eines Güter-Überflusses gilt dem Sozialismus als unerläßliche Voraussetzung einer höheren Gesellschaft. (*J* 256 f., 285)

Da ist also zuerst ein Grundverhältnis zwischen Mensch(heit), industrieller Technik und Naturgrundlage, hierzu kommen noch soundso viele spezifische gesellschaftsdynamische Vermittlungen, in denen die Grundproblematik noch mannigfache andere Gestalten annimmt. In ihren großräumigen Dispositionen verfährt die Ethik der Zukunftsverantwortung so, daß sie Gesellschaftsordnungen unter normativem Aspekt nach ihrer Bedeutsamkeit für die Zivilisationsdynamik taxiert: Was für eine Gesellschaftsform mit welchen Institutionen wäre erforderlich, um ein Zivilisationsgleichgewicht zwischen Menschheit und Natur zu erreichen? Vorerst jedoch haben wir es mit einem Automatismus zu tun, mit fest eingeschliffenen Mechanismen und Fortsetzungszwängen. Die »Wirtschaft« ist es, die dem »entfesselten Prometheus« den »rastlosen Antrieb« gibt – so hatte Jonas das Problem definiert. Nicht weniger Selbstlauf steckt in der Weltdynamik der Bevölkerungs-

vermehrung: »Eine statische Bevölkerung könnte an einem bestimmten Punkt sagen: Genug!, aber eine wachsende steht unter dem Zwang zu sagen: Mehr!« (*J* 252) Eine »ausschweifende Weltminderheit« setzt für die wachsende Mehrheit die Qualitätsmaße »guten Lebens« (*J* 238), so wie auch im Innern der hochzivilisierten Regionen die Bessergestellten den kleinen Leuten Tag für Tag vorleben und suggerieren, was heutzutage der Standard des Möglichen ist.
Wie damit nicht nur der *»Homo faber«* zu einer Herausforderung an den *»Homo sapiens«* geworden ist (K. O. Apel), sondern beide im *»Homo oeconomicus«* zu einem vorherrschenden Verhaltenstypus zusammengewachsen sind, das Betriebsethos der Wirtschaftswachstumsgesellschaft mit Leben erfüllen, führt uns sinnfällig und in seinen gesellschaftlich-politischen Verzweigungen I. Fetscher vor Augen. Für ihn gilt dieselbe Generalprämisse wie für Jonas: »Eine Menschheit, die durch immer exakter werdende Prognose auf die Grenzen der Machbarkeit, Manipulierbarkeit, Beherrschbarkeit der Natur verwiesen wird, kann es sich [...] nicht leisten, die Frage nach den Zielen weiter zu verdrängen. An die Stelle der blinden ›Herrschaft‹ des Automatismus eines von Menschen geschaffenen verselbständigten Mittelsystems muß – bei Strafe des Untergangs – die – bewußte – Gestaltung des Zusammenlebens von Mensch und Natur in Hinblick auf die Schaffung optimaler und dauerhafter Existenzbedingungen auf der Erde treten.«[67] Als dauerhafte Existenzbedingung schwebt auch hier ein Zustand annähernden Zivilisationsgleichgewichts vor, statt der permanenten Flucht nach vorn. »Es geht nicht mehr nur um die Bedingungen ›guten Lebens‹ [...], sondern um die des schlichten Überlebens.« (*F* 49) (Daraus ließe sich ein Wortspiel machen: Über*leben* statt *Über*leben.) Wir haben eine »Dialektik des Fortschritts« zu beherzigen, die darin liegt, »daß sein durchschlagender Erfolg die eigenen Voraussetzungen zerstört«. (*F* 53)
Die heute drohende Gefahr einer atomaren Vernichtung betrachtet Fetscher nicht für sich schon als die gefährlichste Bedrohung der Überlebenschancen. Diese steckt vielmehr in der expansiven Dynamik der industriellen Zivilisation insgesamt, genauer in deren gesellschaftlichem Mechanismus. Der internationale Rivalitäts- und Konfliktmechanismus von Ost und West, Nord und Süd ist dabei nur die Kehrseite von inner-nationalen Dispositionen in den hochindustrialisierten Regionen selbst. Es wirkt sich da eine höchst prekäre (nicht nur ideelle, sondern materiell zwingende) Vorbild-Funktion der Höchstzivilisierten aus: Die kapitalistische Hochzivilisation hat schon die »sozialistische« Gegenwelt in ihren Bann gezwungen, und so setzt es sich in die

»unterentwickelten« Weltgegenden hinein fort. Die Überlebensbedingungen und die darin beschlossene Anforderung an die Lebenden umschreibt Fetscher zunächst verhalten als eine Denkbarkeit: »Es scheint mir zumindest denkbar, daß in der Auseinandersetzung mit der industriellen Zivilisation und in bewußter Abkehr von ihren Zwängen sehr wohl eine neue Kultur und eine andere Art menschlichen Zusammenlebens entsteht. [...] Nur wenn es gelingt, gesellschaftliche Beziehungen zu entwickeln, in denen die Individuen aufhörten, ›homines oeconomici‹ zu sein, um sich in solidarisch verbundene, hilfsbereite, freundlich und freundschaftlich aufeinander bezogene Glieder überschaubarer Gruppen zu verwandeln, kann der Übergang zu einer nicht mehr dynamischen und wachsende Gütermassen erzeugenden Welt ohne empfindliche Repression und Reglementierung vollzogen werden.« (*F* 76)
Ein kräftiger *Sog nach oben*, der von den oberen Rängen und Besitzpositionen aus die mittleren und unteren erfaßt, ist demnach das Zentralaggregat eines fatalen Mechanismus, am stärksten wirksam im Drang nach reicherer materieller Ausstattung, innernational wie international.[68] »Privilegienabbau« wird so zum Kernstück einer Erneuerungs-Perspektive. »Die im Interesse der Erhaltung der Biosphäre notwendige Umstellung der Produktion würde [...] nicht nur einen Verzicht auf das lineare quantitative Wachstum und damit auf rasch wachsende Gütermengen für alle, sondern zugleich auch einen energischen Abbau der ökonomischen Privilegien erforderlich machen. Ein Privilegienabbau, der nämlich allein den Wachstumsverzicht für die übrige Bevölkerung erträglich werden ließe.« (*F* 62, ähnlich *J* 267 f.)

2. *Die Bereitschaften und die »Selbstbereitung zur Bereitschaft«*

Zu den neuen ökologisch-ökumenischen Ethik-Konzepten gehört eine charakteristische »ethische Pragmatik«, eine Reflexion über die Modalitäten der praktischen Verwirklichung des normativ Eingeforderten. Einige Hauptcharakteristika – mit den darin zu bemerkenden Problemspannungen – wollen wir uns nun kurz vor Augen führen.
Das erste ist sichtlich die *Verordnung und Dominanz der Imperative,* Erfordernisse und Anforderungen, von denen alles seine Maßbestimmung empfängt. Seit Kant ist es geläufig, Imperative in »hypothetische« und »kategorische« einzuteilen. Wo es um Imperative der Sittlichkeit geht, haben es sich zumal die philosophischen Ethiker stets angelegen sein lassen, ihnen den Sonderrang von schlechthin unbedingt

geltenden »kategorischen« Imperativen zuzuerkennen. So verfahren denn auch heute die philosophischen Ethiker unter den Vordenkern der ökologisch-ökumenischen Wende. H. Jonas unternimmt eine gehörige Anstrengung des Begriffs, um für die Wesenseinheit Mensch – Natur die kategorischen sittlichen Verbindlichkeiten zu etablieren und bis in metaphysische Reflexionen hinein in einer »Theorie der Verantwortung« zu begründen. K. O. Apel will, wie es scheint, die »Letztbegründung« moralischer Verbindlichkeit darum so streng haben, weil sie so enorm weit tragen soll, bis zur Verbindlichkeit eines Menschheits-Ethos. Bei anderen sind die Imperative nicht »aprioristisch« vorgeordnet und eher »hypothetisch« gefaßt: Wenn wir überhaupt weiterleben wollen, dann werden wir einige Umdispositionen in unserem Verhalten (Ethos) vornehmen müssen. Aber auch in dieser »ermäßigten« Version haben wir es mit einem deutlich normativen Konzept zu tun, in dem die Exposition der Soll-Bestimmungen künftigen Lebens eine Schlüsselfunktion erlangt, gerade auch für die Pragmatik der Kräfte-Aktivierung.

Das bedeutet, daß ein *Akt des Bewußtwerdens und Bewußtmachens* den Anfang der Kräfte-Mobilisation bildet, im Verbund von *Erkennen der Situation* und *Einsicht in das praktisch Gebotene.* Dieser »Vorbau« von Wissensgewinnung ist wiederum bei Jonas besonders kunstvoll durchgebildet zu einem Komplex auseinander hervorgehender Verpflichtungen; die Gewinnung des diagnostischen und prognostischen Situationswissens ist dabei selber eine der vermittelten moralischen Pflichten. Doch auch bei den mehr »pragmatisch« eingestellten Autoren hat das zu gewinnende Wissen eine Schlüsselbedeutung. So ist für F. Hirsch der erste Schritt die »Diagnose und Anerkennung der tatsächlichen Situation«.[69] Für C. F. v. Weizsäcker geht es ebenfalls nicht so sehr um moralische Bereitschaften zur »Askese«, sondern unmittelbar und betont um eine »wahrheitsorientierte Kultur«. Nicht Unterdrückung der Begehrlichkeit, sondern Freisetzung der Ehrlichkeit wäre demnach die Devise. Wie sehr es ihm auf Bewußtwerden ankommt, zeigt die emphatische Metapher, mit der Weizsäcker die Wirksamkeit der Initiatoren bezeichnet: Es sind die »Individuen, die getroffen sind vom Blitzstrahl des Bewußtseins ihrer Mitverantwortung für die reale Welt«; ihre Tugend heißt »intellektuelle Selbstbeherrschung«, und »Präzision des Bewußtseins, Deutlichkeit des Denkens« sind deren wichtigste Wirkungen.[70] Viele der Überlegungen finden ihren Generalnenner in der Überzeugung, daß im Bewußtwerden der Gefahr der Ursprung des Rettenden liege.

Im Blickfeld der neuen Ethik ist die ethische Situation – als eine Situation ethischen Gefordertseins – vor allem dadurch bestimmt, daß den Menschen jetzt einschneidende *Verzichtleistungen* abverlangt sind. Jonas nennt die geforderte Grundtugend »Frugalität«, Weizsäcker spricht von »technischer Askese«, anderswo heißt das Desiderat »neue Bescheidenheit« (H. E. Tödt u. a.). Nicht selten ist die Aufforderung zum Zurückhalten und Zurücknehmen der Ansprüche auf gutes (besseres) Leben unterschiedslos an Alle gerichtet, oft aber besonders adressiert: Sofern die Höhen- und Gipfellagen des Wohllebens überhaupt und zumal aus der Sicht der weniger Gutgestellten den größten Stein des Anstoßes bilden, wie andererseits die Zumutung von Verzichten gerade bei den Wohlhabenden auf den stärksten Widerstand stoßen könnte. (*F* 61, Hirsch 256)

So wie sich die Szenerie bei den Vordenkern des Wohlstands- und Wachstumsverzichts darstellt, sieht sich die (möglicherweise recht kleine) Minderheit der Einsichtigen einer riesigen Mehrheit von Leuten gegenüber, die an solche Verzichte bis jetzt nicht denken und nicht leicht dazu bereit sein werden. Bei so *prekären Mehrheit-Minderheit-Verhältnissen* kostet es naturgemäß einige Überlegung, wie die geforderten Bereitschaften entstehen können. Und die Konstellation wird um so prekärer, je mehr die geforderten Bereitschaften strikt »moralisch« auf dem Wege einer »Selbstbereitung zur Bereitschaft« nach Maßgabe vorgeordneter kategorischer Imperative entstehen sollen – wie es die Generallinie von H. Jonas ist. Bei ihm spitzt sich das Problem der Aktivierung geradezu gefährlich zu. Seine Grundüberzeugung ist, daß nur eine Elite – und zwar eine, die selbst erst entstehen muß – die anvisierte Zukunftsverantwortung ethisch und intellektuell übernehmen kann. So ergibt sich das Doppelproblem: »wie wird eine solche Elite erzeugt und wie mit der Macht ausgestattet, sie [die Zukunftsverantwortung. H. F.] auszuüben?« (*J* 263) Schon die »Operatoren« (»erzeugen«, »mit Macht ausstatten«) zeigen das Prekäre an. Das erste geschieht durch geistige Anstrengung der Verantwortungsethik selbst, doch gehört dazu nach Jonas kaum weniger als eine »religiöse Massenbewegung«, die den »anerzogenen Hedonismus des reichlichen Lebens« zu brechen vermöchte (*J* 265), noch wahrscheinlicher jedoch das Aufgebot einer »wohlwollenden, wohlinformierten und von der richtigen Einsicht beseelten« *Tyrannis* (*J* 262); die Demokratie dürfte »in der kommenden Härte einer Politik verantwortlicher Entsagung [...] mindestens zeitweise untauglich« sein. (*J* 269) Das Problem stellt sich bei Weizsäcker nicht anders: Die Schwierigkeit »liegt darin, eine Haltung das Volk durchdringen zu lassen, die bisher stets mit elitärem Bewußtsein wesentlich verknüpft war«. (*W* 102) Die Idee einer möglichen Auflösung des Problems gerät hier jedoch nicht in solche Schroffheiten, weil Weizsäcker im gegenwärtigen sozialen Handlungsraum schon gewisse Fähigkeiten und Bereitschaften wirksam sieht, auf deren organisches Wachstum es ankäme. Der »Heuristik der Furcht« träte damit eine »Heuristik der Hoffnung« zur Seite. Noch etwas weiter in dieser Richtung geht I. Fetscher, wohl nicht zuletzt deswegen, weil er nicht ausschließlich die notwendigen Verzichte vor Augen hat, sondern eine mehr gemischte Bilanz von Verlust- und Gewinnerwartungen. Der »Homo oeconomicus«, den es zu überwinden gilt, ist selber doch ein recht künstliches Produkt, sofern bei ihm wesentliche menschliche Bedürfnisse (solche nach selbstbestimmter Tätigkeit und solidarischer Gesellschaftlichkeit) durch materielle Konsumbefriedigung oft mehr schlecht als recht kompensiert werden müssen. Welcher Weg einer Freisetzung moralischer Energien könnte sich da eröffnen? »Theoretisch könnte die Überwindung der Verhaltensstruktur des *homo oeconomicus*, die Voraussetzung einer ökologischen Haltung wäre, durch moralische Anstrengung und sittliche Erziehung erfolgen.« So etwas würde jedoch für die meisten Erwachsenen eine moralische Überforderung, im Hinblick auf die Heranwachsenden eher eine unnötige Anstrengung sein. »Demgegenüber scheint mir ein Weg erfolgversprechender zu sein, der es gar nicht zur Ausbildung jener Verhaltensstruktur kommen ließe. Um ihn zu bahnen, würden freilich antiautoritäre Kindergärten und Schulen, die als isolierte Fremdkörper in einer kompetitiven Gesellschaft von Egoisten eher gegenproduktiv wirken, kaum ausreichen. Nur die Stiftung neuer Formen menschlichen Zusammenlebens und -arbeitens könnte hier helfen.« (*F* 75) Der Blick richtet sich auf »oppositionelle Gruppen unserer Tage« (von den Hippies bis zu den Feministinnen), bei denen die Abwendung von den Güter-Prioritäten der kompetitiven Konsumgesellschaft bereits begonnen hat. »Es kommt dann nicht mehr auf künstliche Bedürfnisweckung durch den Konkurrenzkampf um Konsum und Prestige an, sondern auf die Herstellung von Lebens- und Arbeitsbedingungen, die als solche Befriedung und Befriedigung mit sich führen.« (*F* 78) Also nicht nur im Sinne eines Postulats, sondern bereits auf einer exemplarischen Erfahrungsgrundlage erscheint es als »denkbar, daß in der Auseinandersetzung mit der industriellen Zivilisation und in bewußter Abkehr von ihren immanenten Zwängen [...] eine neue Kultur und eine andere Art menschlichen Zusammenlebens entsteht«. (*F* 76) Die Heuristik bewegt sich damit schon im Felde beginnender Verhaltensänderungen, des spontanen Aufkommens neuer Bereitschaften.

Sofern eine Ethik sich nicht in moralischer Unentwegtheit darauf be-

schränken will, ihre Imperative zu proklamieren, wird sie sich eindringlich dafür interessieren, wo, in welchen soziokulturellen Lagen die entsprechenden Bereitschaften am ehesten zu erwarten sind. Der Verweis auf den Generationenwechsel dürfte da kaum befriedigen. Es hängt ja nicht alles an *Bereitschaften*, vieles ist eine Frage von *Kompetenzen*. Unter diesem Blickwinkel ist es bemerkenswert, daß C. F. v. Weizsäcker die Schrittmacher eines neuen Ethos nicht nur in der »kritischen Gegenkultur der Jugend« wahrnimmt, sondern auch unter den »Technokraten«; das eine setzt die (asketische) Überlieferung der Verweigerung fort, das andere die Askese des Leistungsethos. Das ist sicher auch durch Umgangserfahrung inspiriert, und es hat ebenso seine axiomatische Stringenz, daß man sich eine Zivilisationsreform nicht ohne einen beträchtlichen Mehreinsatz von Sachkompetenz vorstellen kann. Von dieser Überlegung führt eine Brücke hinüber zu anderen Bemühungen um das Ethos der technischen Zivilisation, die nicht so plakativ im Zeichen einer großen Wende stehen. Zur »Herausforderung der Ethik durch technologische Macht« stellt H. Lenk eine recht »betriebsnahe« Liste von Anlässen auf – von der Waffentechnologie bis zur Genmanipulation –, anhand deren deutlich wird, wieviel Sachkompetenz bei allen denkbaren Neudispositionen ins Spiel kommen muß und wie sehr es an den spezifischen Beiträgen der *technisch-organisatorischen Intelligenz* liegt, was hier vorankommt. Die Pragmatik dieser Ethik ist mitunter freilich recht eng an die etablierten (oder neu zu etablierenden) institutionellen Zuständigkeiten fixiert.
Handlungsraum, *Handlungsebenen* und *Handlungsformen* für die Inauguration eines erneuerten Ethos sind in den Perspektivbildungen der neuen Ethik – wohlweislich – noch recht vorläufig umrissen. Zwar finden wir den Vorgang der Ausbildung des neuen Ethos manchmal in »technisch« klingenden Ausdrücken benannt – so, wenn Weizsäcker von der »Errichtung« einer demokratisch-asketischen Kultur sagt, sie müßte ein »Einschleifen fester Gewohnheiten und Überzeugungen für viele Generationen« sein. (*W* 100 f.) Doch gerade Weizsäcker läßt am allerwenigsten Zweifel daran, daß es bei alledem nicht um Programm und Plan, nicht um *moral technology* und schon gar nicht um »Strategie« gehen kann. Es lassen sich nur einige Leit-Variablen im Felde der verfassunggebenden Verhaltensweisen des Ethos ins Auge fassen. Weizsäcker meint, daß sich die – noch nicht beschreibbare – neue Kultur am wirksamsten gerade dort anbahnen werde, »wo sie am wenigsten der Illusion planvoller Weltveränderung anheimfällt«. (*W* 103) Wer da zuviel des Guten antizipieren will, der handelt sich zuviel des Fragwürdigen ein, zumal wenn die Sache die Form von »Ausführungsbestim-

mungen« zu den vorgeordneten Imperativen annimmt. Zwischen den Wirksamkeiten einer beschwörenden und inspirierenden Literaturproduktion, den Aufgeboten plakativer Forumveranstaltungen und dem Getriebe von diffusen (und konfusen) »Bewegungen« gibt es da sichtlich eine noch unbesetzte Lücke. Hierin dürften die Unsicherheiten und die normativistischen Verspannungen der neuen Aktivierungs-Ethiken ihren Grund haben.

Wir werden jetzt einige Seitenlinien gegenwärtiger ethischer Programmatik verfolgen und dann zu der Frage zurückkehren, ob sich vielleicht doch schon eine deutlichere Strukturierung des Handlungs- und Erwartungsraumes für Innovationen im Betriebsethos der industriellen Zivilisation erreichen läßt. Wir werden dann sehen, daß die »Heuristik« auch noch eine andere Wendung nehmen kann.

V. Der Ruf nach einer »Ethik des Friedens«

Wie sehr es zur »ethischen Situation der Zeit« gehört, daß nach der Niederwerfung des deutschen Großreich-Imperialismus innerhalb der Siegerkoalition ein Hegemonialkampf von noch größerer Spannweite und mit einem vielfach potenzierten, bis an die mögliche Weltvernichtung heranreichenden Waffenarsenal entbrannt ist, bedarf keiner Beschreibung noch Beschwörung. Diese tödliche Gefahr für die Menschen scheint so unmittelbar und aktuell zu sein, daß es geradezu unverständlich wirken kann, wenn I. Fetscher die Proportionen anscheinend umkehrt: »Aber nicht von der potentiellen Gefahr atomarer Konflikte erwarte ich die gefährlichste Bedrohung der Überlebenschancen der Menschheit, sondern von der potentiellen Bedrohung, die von der expansiven Dynamik der industriellen Zivilisation selbst ausgeht.« (*F* 52) Das verweist auf tieferliegende Verknüpfungen, denen wir noch nachgehen werden.

Die Gefahrensituation stellt sich heute vielen als so bedrängend dar, daß für längerfristige Überlegungen und Dispositionen nicht genügend Zeit übrigbleibt. Man deutet erregt auf die Geschichtsuhr, die »fünf Minuten vor zwölf« anzeigt, als die letzte Spanne, in der das Schlimmste noch zu verhindern wäre. »Es ist nicht mehr lange hin bis zum Ende der menschlichen Zeit. Wir haben, wie Kardinal Höffner sagt, nur noch eine ›Galgenfrist‹. [...] Die kleine Zeit bis zum Galgen verbringen wir, statt den Scharfrichtern in den Arm zu fallen, damit, noch mehr Stricke zu knüpfen und einen noch effektiveren Galgen zu bauen. Im übrigen füllen wir die Zeit mit Wörtern, um alles das zu rechtfertigen oder um uns schwach zu wehren. Und wir wissen doch insgeheim, daß das letzte Wort uns nicht bleibt.« In solchen Bildern, Fristen und Aktionsideen (»den Scharfrichtern in den Arm fallen«) mahnt man uns zu äußerster Eile.[71] Ich hoffe nicht nur, daß wir eben doch mehr Zeit haben, ich finde sogar, daß wir sie uns selbst dann nehmen müßten, wenn wir sie nicht haben sollten. In den berühmten »fünf Minuten vor zwölf« wäre kaum noch etwas Entscheidendes zu machen. Eine Chance läge einzig darin, daß diese notorische Zeitansage nicht stimmt.

Es ist augenfällig, daß gegen die Kriegsgefahr von heute mehr als je zuvor ein allgemeiner moralischer Protest sich erhebt, sozusagen ein moralischer Notstand eingetreten ist, den die Ethik zu beheben helfen soll. Andererseits ist es gar nicht so leicht, den spezifisch ethischen Gehalt der Konfliktsituation, den konstitutiven Anteil von Gesittungsweisen an ihr, deutlich zu benennen und zu lokalisieren. Welche Schlechtigkeit von Gesittung und Gesinnung ist da wo am Werke, oder ist es mehr Blindheit, oder gar Verhängnis? Die Protagonisten des Wettrüstens sind es zuallererst, die das Moralische zu marginalisieren suchen: Die Situation sehen sie im ganzen nicht als eine ethische, sondern als eine strategische – die ethische Situation wäre demnach so, daß ethisches Räsonnement in ihr nichts zu bestellen hat, außer dem präliminaren und zwar ehrlichen, aber praktisch unverbindlichen Wunsch, daß der Friede erhalten bleiben möge (nicht trotzdem, sondern ebendarum: indem die Gegenseite das Risiko ihrer Selbstvernichtung ernst nimmt). Die erste Frage wird somit sein, wie man überhaupt mit einer ethischen Überlegung in diesen geschlossenen Kreis hineinkommen und ihn aufbrechen kann.
Es scheint einer philosophischen Ethik wohl anzustehen, die Problematik auf der höchsten normenlogischen Ebene zu verhandeln. Dazu macht E. Tugendhat einen Ansatz, indem er die offizielle Apologie der Abschreckungspolitik beim Wort nimmt und auf ihre Sinnimplikationen hin prüft, im Bezugsrahmen der letzten »Wertsetzungen«. Das Problem ist eines der Teleologie der Friedenssicherung. Allerdings bekommt es dadurch eine besondere Ausprägung, daß neben dem Frieden auch die Freiheit zu den gleichrangigen ethischen Höchstwerten gehört (A. Mertes). Tugendhat besteht aber darauf, daß dieses schöne harmonische Junktim von Frieden und Freiheit illusorisch sein könne. Im Ernstfall sieht man sich vor eine denkbar schroffe Alternative gestellt: »Wir müssen wählen, ob wir im Konfliktfall der Vermeidung des atomaren Krieges oder der Erhaltung unseres politischen Systems den Vorrang geben wollen. Die Position von Mertes lautet, ohne Beschönigung: um unser politisches System zu erhalten, riskieren wir den Atomkrieg (und d. h.: der Frieden ist nicht gleichrangig, sondern steht an zweiter Stelle). Und die nuklearpazifistische Position lautet: wenn wir unser politisches System nur mit der Drohung und d. h. mit der Inkaufnahme des Atomkrieges erhalten können, müssen wir seinen Untergang riskieren.«[72] Die »Ethik der Abschreckung« unternimmt in der Tat diese tödlich riskante Gedankenoperation, den *Einsatz* von

Kernwaffen unter keinerlei Bedingungen und zu keinerlei Verteidigungszielen für sittlich gerechtfertigt zu erklären und gleichwohl die glaubhafte *Drohung* mit dieser Eventualität, als das unerläßliche Mittel zur Verhinderung eben dieser Eventualität, für ebenso gerechtfertigt.[73]
Die Aporie von erlaubter Androhung und verbotenem Einsatz der totalen Vernichtungswaffen ist nicht zu beheben: »Jeder sittlichen Handlung bleibt ein Rest an Wagnis inhärent. [...] Wer einwendet, daß die Abschreckung versagen kann, hat recht. Aber er kann nicht nachweisen, daß der Verzicht auf Abschreckung besser geeignet sei, einen Krieg zu verhindern und die Freiheit zu sichern.«[74] Die Prämisse dieser »Abschreckungs-Ethik« (welch delikate Wortverbindung!) ist, daß nur der kommunistische Widerpart (seiner Ideologie wegen) expansiv ist und der Abschreckung bedarf, während die westliche Allianz strikt defensiv ist. (Was die angeführte Abschreckungsethik in ihrer habituellen West-Egozentrik übrigens nicht in ihr ethisches Planspiel einbezieht: daß die Abschreckung nur funktioniert, wenn der »Osten« mit gutem Grund dem »Westen« seine moralischen Skrupel nicht glaubt, sondern überzeugt sein darf, daß dort dieselbe Skrupellosigkeit herrscht, deren der Westen den Osten bezichtigt.[75])
Welche »Wahl« bietet uns die Abschreckungsethik an? Sie baut für den Ernstfall alternativ zwei Szenarien auf, einerseits das des totalen Atomkrieges, andererseits das einer »konventionellen« Eroberung Westeuropas (dann auch Amerikas) durch die »kommunistische« Weltmacht. Ein Teil der Disputanten hat diese Wahl denn auch prompt angenommen und sich für den geringeren Schaden entschieden, der entstünde, wenn für eine unbestimmte (wahrscheinlich begrenzte) Zeit noch einige andere Völker unter die drückenden Herrschaftsverhältnisse gerieten, die einige ja schon seit Jahrzehnten ertragen müssen. Das sei weniger irreparabel als das wahnwitzige und vielleicht totale Zerstörungswerk eines Atomkrieges.
Die Gegenrechnung zu diesem im Gedankenspiel angesetzten Ernstfall führt uns auf die Ebene einer Metaphysik der Freiheit, die ihrerseits negativ an eine Metaphysik des totalitären Staates fixiert ist (als eines Staates, der nur existieren kann, »wenn er den Menschen von Grund auf pervertiert«). Ein entschiedener Anwalt dieser Option, G. Müller[76], täuscht uns nicht darüber hinweg, daß wir die Möglichkeit eines Krieges in Betracht zu ziehen haben, der nicht zur Abwehr des Gegners oder zum Sieg über ihn führt, »sondern mit dem Untergang des sich verteidigenden Gemeinwesens und seiner Untertanen endet. Das nicht klar auszusprechen, wäre verantwortungslos«. Zu gewärtigen sind auch – durch genetische Deformation der eventuell Überlebenden –

Folgeschäden von schwerster geistig-seelischer Natur: Sie »entziehen im äußersten Falle der Menschheit die Grundlage für ein menschenwürdiges Dasein«. Die Aporie verschiebt sich damit ins Fundamental-Essentielle: Höchstwerte stehen gegen Höchstwerte, und kein numerischer Vergleich kann den Ausschlag geben. Was aber gibt dann den Ausschlag? »Setzt sich der totalitäre Staat durch, drückt er mit seiner Unsittlichkeit auch auf weitere Staaten. In bezug auf Gottes Ordnung wiegt die unbestimmte Dauer eines siegreichen totalitären Staates schwerer als die Erhaltung lediglich der biologisch-psychischen Existenz. Schwerstes ethisches Unrecht als unmittelbar gegebene Möglichkeit von längerem Bestand hat die Priorität gegenüber bloßem Übel. Es geht nicht um die Wahrung abstrakter Werte, sondern um die Verteidigung letzter qualitativer Grundlagen des Menschen.« Der Verfasser schildert in einiger Ausführlichkeit die »sittlichen Zerstörungen«, die der totalitäre Staat anrichtet: »Die sittliche Freiheit des Menschen und seine sittlichen Bindungen [...] sind nicht mehr anerkannt. [...] Seine sittliche Freiheit ist in einer existentiellen Weise ständig sogar dann angegriffen, wenn der einzelne sich dem totalitären Staat nicht beugt. Er kann zwar durchhalten, und es können auch, aber stets irgendwie unter KZ-Bedingungen, selbst Helden und Heilige erstehen. Aber auch der Held und der Heilige sind als Menschen ›unmenschlich gefangen‹.« Das praktische Fazit daraus ist: »In einem totalitären Staat bloß biologisch überleben zu wollen, ist nicht menschlich, mag dieses Verhalten auch verständlich sein.« Die Versklavung durch den totalitären Staat bedeutet eine Pervertierung des Menschen. »Dann aber erscheint die Notwehr als sittlicher Akt zwingend geboten.« Das ist mehr als bloße moralische Zulässigkeit der Risiken, die man auf dieser Handlungslinie eingeht.

Daß Erörterungen zur »ethischen Situation der Zeit« sich in dieser Weise entfalten, ist selber ein Moment dieser Situation: einer Situation, die für unsere bis jetzt ausgebildete ethische Urteilskraft noch ebenso schwer zugänglich ist wie für unser durchschnittliches Verstehen und Begreifen. Noch nie sah sich die philosophische Ethik (oder das ethische Philosophieren) dazu gedrängt, so aufs Ganze und ins ganz Große des menschheitlichen Daseins auszugreifen. Ich finde, daß die Denkmittel zur Durchdringung der »ethischen Weltlage« noch längst nicht erarbeitet sind – und ein erster präliminarer Akt einer ethischen Krieg-Frieden-Reflexion wäre, daß sie sich nicht so bereitwillig in fingierte »Entscheidungssituationen« der eben umschriebenen Art manövrieren läßt. Das wiederum führt auf die Vorfrage zurück, ob die »ethische Situation« von Friedenschance und Kriegsgefahr in den Plädoyers der

Friedens- und der Abschreckungs-Ethik schon verbindlich definiert ist, d. h. in den Koordinaten einer ethisch angereicherten *Teleologie der Friedenssicherung*, der Prüfung geeigneter und erlaubter Mittel für die Erreichung des Ziels »Frieden«. Das Problemfeld weitet sich im Verlaufe einer solchen Prüfung beträchtlich aus. Wie steht es um die *diagnostischen* Prämissen, was die weltpolitischen Aktions- und Reaktionsweisen der Hauptkontrahenten des Konflikts angeht? Ist der Sowjetblock ein ideologisch programmierter Welteroberungs-Automat, oder von welchen Variablen hängt sein weltpolitisches Handeln ab? Und von welcher inneren dynamischen Konstitution ist die andere Hemisphäre wenige Jahrzehnte nach dem dreißigjährigen Weltkrieg? Wie ist die potentielle militärische Konfliktdynamik in die Erhaltungs- und Entwicklungsdynamik der Industriezivilisation eingelagert? Was bedeutet darin die ordnungspolitische Dualität und Rivalität von »Kapitalismus« und »Sozialismus«? Es könnte durchaus sein, daß die »ethische« Reflexion von diesen und anderen materialen Beurteilungen nicht so leicht abzutrennen, nicht auf ein Modell von »rationaler« oder »moralischer Argumentation« zurückzuschneiden ist. (Rationale Argumentation zielte – nach Kant – auf ein »Volk von Teufeln«, vorausgesetzt nur, sie *haben Verstand;* Adressat moralischer Argumentation wäre ein Volk von trunkenen Spielern, vorausgesetzt nur, sie haben einen gesunden *sittlichen Kern*, den man freizulegen hätte.)
Wo der Blick so sehr von den Waffenarsenalen gebannt ist, kann es leicht passieren, daß die untergründige Interessendynamik wenig Aufmerksamkeit findet, und ebensowenig der weitläufige Komplex dessen, was man die »Möglichkeitsbedingungen« von Krieg und Frieden in der Grundkonstitution moderner Großgesellschaften nennen kann. Kurz und gut, es kostet wohl noch einige Mühe und Sorgfalt, die Problemlage erst einmal mehr realitätsgerecht, mit weniger Stilisierung, mit einem Wort: mehr *historisch* zu erfassen. Die laufende Krieg-Friedens-Diskussion ist voll von ideologischen Konstrukten, im Diagnostischen wie im Pragmatischen. Da könnte es einer philosophischen Ethik wohl anstehen, statt der eiligen Suche nach einer »moralischen Strategie« die Prüfung der besagten »Möglichkeitsbedingungen« aufzunehmen und dabei die Fragen der Pragmatik von Friedensbewahrung neu zu erwägen. Schon diese gedankliche Anstrengung braucht ihre Zeit, mehr als die »fünf Minuten bis zwölf«, und sie wird auf eine Praxisperspektive führen, die ebenso auf lange Fristen verwiesen sein wird.

Die Überzeugung, aus einem so »krummen Holze«, als woraus der Mensch gemacht sei, könne niemals etwas ganz Gerades gezimmert werden, hat schon Kant selbst, der es auf diesen Nenner brachte, nicht daran zweifeln lassen, daß in der Menschenwelt gleichwohl ein Zustand dauerhaften, »ewigen« Friedens erreichbar sei. Das ist nicht eine Frage der menschlichen »Grundnatur«, sondern der bestimmten geschichtlichen Art und Gestaltung der Daseinsbedingungen und inneren Ordnung von Menschengesellschaften. Das diagnostische Problem wäre demnach, die maßgebenden Konstitutionen und Bedingungen weder zu sehr in der Tiefe noch zu sehr an der Oberfläche zu suchen. Die tiefste Begründungsschicht liegt in einer archaischen, in der Geschichte regellos wiederkehrenden (jedoch nicht permanenten) Konstellation, daß (aus welchen äußeren oder internen Gründen auch immer) einem Gemeinwesen die verfügbaren Existenzmittel nicht mehr ausreichen, sehr wohl aber die Kräfte für Übergriffe in fremde Lebensräume. Seit langem ist in weiten Bereichen der menschlichen Ökumene nicht mehr diese archaische Kondition gegeben und für kriegerische Kollisionen maßgebend. Regionale Hochkulturen haben allgemein einen Stand der Produktivität erreicht, auf dem die Versorgung mit den unerläßlichen Existenzmitteln nur in Ausnahmesituationen schwierig wird. Während die Arbeitsbevölkerung auf diese unerläßlichen Existenzmittel beschränkt ist, organisiert und exploitiert eine Minderheit die »Mehrproduktion« zu ihrer eigenen Versorgung mit Ausstattungsstücken einer gehobenen Lebensführung, für die es kaum eine Mengen- und Sortenbegrenzung gibt. Von nun an sind weniger die Bedingungen des elementaren Lebens, des »Überlebens« der Menschen, sondern vielmehr die Bedingungen des »*Über*-Lebens« der Bevorzugten das eminent Strittige in den Gemeinwesen und in ihrem Zusammenleben, das expansive Kräfteaggregat von kriegerischen Kollisionen.

Im Geschichtsdenken der deutschen, der moralischen Aufklärung hat sich die Sache – im Lichte der Erfahrung mit den Kriegshändeln des fürstlichen Absolutismus – ganz extrem so dargestellt, daß nur die Dynastien diese Konfliktproduktion betreiben und die Völker nicht den geringsten Anteil daran haben. Die Staatsverfassung ist für Kant und Fichte die Begründungsebene dafür, daß es bei so viel Zivilisation doch noch Kriege gibt. Die eine Seite taxiert Kant so: In einer nichtrepublikanischen Verfassung, in welcher das Staatsoberhaupt nicht Staatsgenosse, sondern Staatseigentümer ist, und der Untertan nicht Staatsbürger, da kann für jenen Oberherrn der Krieg, aus nichtigen Ursachen beschlossen, die unbedenklichste Sache der Welt sein. Die Gegenrechnung des Bürgers, von Fichte aufgemacht, lautet: »Daß eine ganze Nation beschließen solle, des Raubes halber ein benachbartes Land mit Kriege zu überziehen, ist unmöglich, indem in einem Staate, in welchem alle gleich sind, der Raub nicht die Beute einiger wenigen werden, sondern unter alle sich gleich verteilen müßte, dieser Anteil des Einzelnen aber ihm nimmermehr die Mühe des Krieges lohnen würde. Nur da, wo der Vorteil den wenigen Unterdrückern zu Teil wird, der Nachteil aber, die Mühe, die Kosten, auf das zahllose Heer der Sklaven fällt, ist ein Raubkrieg möglich und begreiflich.«[77] Während diese Sätze niedergeschrieben wurden (1795–1800), war bereits ein gewichtiges Stück Weltgeschichte in Gang gekommen, das sie drastisch korrigiert hat. In dem Maße, wie die modernen Staaten bürgerlich wurden und aus der Bürgerklasse eine Schicht der großen Kapitalisten emporwuchs, erwies es sich, daß keine radikale Wende zur organischen Friedensfähigkeit im Völkerleben vollzogen ist. Ein halbes Jahrhundert später wird die Begründungsschicht dafür neu geortet: Nicht mehr bloß in der Staatsverfassung, sondern in der Gesellschaftsordnung, in der sozialen Klassenteilung liege es beschlossen, daß die Nationen in Gegensatz zueinander geraten; erst »mit dem Gegensatz der Klassen im Innern der Nation fällt die feindliche Stellung der Nationen gegeneinander«.[78] Als dieser Satz niedergeschrieben wurde, konnte es sogar noch den Anschein haben, als verschwänden die nationalen Absonderungen und Gegensätze mit der Entwicklung des Weltmarktes unter der Regie des Kapitals – nur, daß dieses Erwerbsbürgertum, die Bourgeoisie, nicht auch schon das Zeug zum Weltbürgertum hat, war schon bündig erwiesen. Jenseits des Vorstellungsvermögens jener frühen Kritik der »modern bürgerlichen Gesellschaft« lag aber, was an Kriegsgewalt aus dieser geschichtlichen Formation aufbrechen würde, und nicht aus ihren archaischen, sondern aus ihren modern bürgerlichen Dynamismen, denen des industriellen Zeitalters.

Wie bei Kant auf die Bürgerklasse, so richtete sich bei Marx auf das Proletariat die Erwartung, es werde als eine weltbürgerliche (oder internationalistische) Klasse den Weg zu einer vereinten Menschheit bahnen. Die Haltung einiger Arbeitervereine im Deutsch-Französischen Krieg 1870/71 beflügelte solche Hoffnungen: »Während das offizielle Frankreich und das offizielle Deutschland sich in einen brudermörderischen Kampf stürzen, senden die Arbeiter einander Botschaften des Friedens und der Freundschaft. Diese einzige große Tatsache, ohnegleichen in der Geschichte der Vergangenheit, eröffnet die Aussicht auf eine hellere Zukunft. Sie beweist, daß, im Gegensatz zur alten Gesellschaft mit ihrem ökonomischen Elend und ihrem politischen Wahnwitz, eine neue Gesellschaft entsteht, deren internationales Prinzip der *Friede* sein wird, weil bei jeder Nation dasselbe Prinzip herrscht – die *Arbeit*!«[79] Als sich die moderne Konfliktproduktion dann auf den großen Weltkrieg zubewegte, erwiesen sich die Kräfte der Arbeiter-Internationale jedoch als heillos überfordert. Das große Perspektivproblem, wie die moderne, werdende Weltgesellschaft eine organische Fähigkeit zur Friedenswahrung erlangen könnte, ist durch die geschichtliche Initiative der Arbeiterbewegung nicht positiv entschieden worden, sondern bleibt weiterhin offen. Erst recht keine positive Entscheidung haben die ersten sozialistischen Revolutionen gebracht: Während ihre Wortführer die Hoffnung nährten, friedliche Koexistenz zwischen Staaten verschiedener Gesellschaftsordnung sei (wider früheres Erwarten) möglich, zeigte es sich, daß friedliche Koexistenz nicht einmal zwischen Staaten derselben neuen Gesellschaftsordnung gewährleistet ist.

Das Fazit der Epoche des modernen Krieges ist irritierend: Seit den Tagen der Französischen Revolution ist der Krieg nicht mehr eine Herrenpartie, mit Soldknechten veranstaltet; der bürgerliche Krieg hat eine breite Massenbasis gewonnen, von den bürgerlichen über die kleinbürgerlichen bis in die proletarischen Schichten hinein. Der Weltkrieg konnte 1914, bei seinem Beginn, noch als ein »imperialistischer« Krieg der herrschenden Klasse erscheinen, er ging 1945 als Volkskrieg der Völker zu Ende. Auf der offensiven wie auf der defensiven Seite waren Lebensinteressen und Ambitionen von Abermillionen Menschen investiert, Anwartschaften auf gutes und besseres Leben. Eine weit ausgreifende »Demokratisierung des Krieges«, die engagierte Beteiligung von Bevölkerungsschichten an der Gesamtdynamik von Krieg und Frieden, ist ein kardinaler geschichtlicher Befund.

Wir sind mit dieser geschichtlich-retrospektiven Betrachtung an die Wegstelle gelangt, wo sich die Frage nach den »Möglichkeitsbedingungen des Friedens« bestimmter in eine Heuristik der sozialen Feldenergien umsetzt, die sich in den militärpolitischen Spannungen und Kollisionen und, nach der anderen Seite, in Zuständen der Spannungsfreiheit oder in Prozessen der Entspannung auswirken. Es sind dies allem Anschein nach nicht irgendwelche *besonderen* Kräfte der Kriegslust und der Friedfertigkeit, sondern zonale Verdichtungen von allgemeinen Ethos-Energien des Zivilisationsprozesses, wie sie sich in der Gesamtheit der gesellschaftlichen Güterverhältnisse aufbauen. Die besagte »Demokratisierung« der Kriegsdynamik, die sich in einigen Verdichtungszonen der modernen Staatenwelt zugetragen hat, dürfte sich aus der besonderen Impulsivität und zugleich der erheblichen Basisbreite erklären, mit der einige Nationen sich in das Feld »unbegrenzter Möglichkeiten« förmlich gestürzt haben, das die Industrialisierung für jederlei Ansprüche auf »gutes Leben« zu eröffnen schien: Mehr haben, mehr sein, mehr gelten, mehr unter sich haben – so ist das bourgeoise Ethos, indem es sich nach unten ausbreitete und sich die Sphäre des Kleinbürgerlichen einverleibte, zu einem industriellen Massenartikel geworden und hat – wo die Quellen privatwirtschaftlichen Reichtums noch voller zu fließen begannen – auch vor dem Proletariat nicht haltgemacht. Zunächst jedoch hat sich die Mobilisation zum Aufstieg auf höhere Stufen des Lebensanspruchs in konträren, miteinander in heftige Reibung geratenden Bewegungen abgespielt. Das bürgerliche Lager fand für die Mobilisation zum individuellen sozialen Aufstieg der Tüchtigen eine synthetische Einheit und Verbindlichkeit in der Gemeinschaft der Nation, die zum Hort aller noch weiter getriebenen Ansprüche wurde. Das proletarische Lager wollte die Einheit der Nation aufkündigen (was nicht sehr weitgehend gelungen ist) und in einer internationalen Gemeinschaft der Arbeiter den Klassenkampf gegen die jeweils eigene und die internationale Bourgeoisie vorantreiben und so einen kollektiven sozialen Aufstieg erreichen. Die Konkurrenz plebejischer Aufstiegsmobilisationen hat sich bei uns nach dem Ersten Weltkrieg in der Todfeindschaft zwischen Nationalsozialismus und »Marxismus« (besonders Kommunismus) fortgesetzt und zu einem noch fataleren Ausgang geführt. Das Ethos des Nationalsozialismus hat höchstpotenzierte Ansprüche auf ein »Herrenmenschentum« für einen schrankenlosen Eroberungskrieg mobilgemacht.

Der imperial-kriegerische Expansionismus, den einige Nationen der modernen Staatenwelt zum äußersten getrieben haben, darf wohl nicht als allgemeine Funktionsbedingung einer Industriegesellschaft oder kurzerhand des »Kapitalismus« gelten, sondern nur als eine an besondere Konstellationen gebundene Eventualität. Zu klären, wie es Jahrzehnte nach dem Ende des großen Krieges in der gegenwärtigen Staatenwelt um diese Eventualität bestellt ist, wird Sache einer prospektiven Heuristik sein, zu der jetzt einige Skizzenstriche zu machen sind.

Die militärischen Aufgebote sind eine Fortsetzung der sozio-zivilisatorischen Impulse mit anderen Mitteln in einem anderen Medium gewesen. Ein Großteil dieser Impulse hat danach eine Rekonversion ins Zivile erfahren, ganz besonders bei den abgeschlagenen Hauptaggressoren. Ein nicht unbeträchtlicher Teil der militärischen Konfliktkräfte ist jedoch nur in eine Bereitschaftsreserve gegangen und ist »umgepolt«

worden. Ein überdeutliches Voraussignal für die Nachkriegszeit war es, daß die Führungsmacht der demokratischen Allianz die bereits besiegelte Kriegsentscheidung mit dem Abwurf zweier der neuen Massenvernichtungswaffen bekräftigt hat.

Die ethische Situation, die nach der Niederwerfung der aggressiven Imperialismen auf dem einstigen Weltkriegsschauplatz entstanden ist, wurde alsbald emphatisch als eine von höchster ethischer Bedeutung interpretiert: als die Kriegsfronten von 1939–45 ebenso prolongierendes wie sie korrigierendes Ringen um die gesellschaftlich-politische Ordnungsgestalt der Nachkriegswelt. Da es nach dem Zweiten Weltkrieg noch viel weniger als nach dem Ersten eine breite radikale Anfechtung des Kapitalismus gab, suchten die Sachwalter des Sozialismus möglichst viele antikapitalistische Effekte mit einem Kampf gegen die »Wurzeln des Faschismus« zu erzielen. Weil sie dafür aber zu wenig Volkskonsens aktivieren konnten, setzten sie zunehmend rücksichtslos ihre Machtmittel ein und exponierten sich vor der Welt als eine Inkarnation »totalitärer Herrschaft«. Dagegen baute sich eine überaus wirksame Solidarisierung bei Betroffenen und Bedrohten (bzw. sich bedroht Fühlenden) auf – Antikommunismus als Antitotalitarismus wurde zur Integrationsideologie für die »Freie Welt«, der »Kreuzzug für Freiheit und Demokratie« konnte »umgepolt« weitergehen. Im Gegenzug gegen die westliche Weltmacht, die sich gerade zum Kriegsende noch mit der größten einzelnen Massentötung aller Zeiten der Welt als die heraufkommende Atommacht vorgestellt hatte, profilierte sich der östliche Rivale als das Mutterland einer »Weltfriedensbewegung«. Der Knoten dieser Situationsdeutungen hat sich in der Folgezeit nur langsam und längst nicht vollständig aufgelöst, und unser diagnostisches Problem ist heute, was alles in diesen Knoten eingeknüpft ist, wie viele Fäden in ihm zusammenlaufen. Das wäre wiederum die Frage nach der Massen-Kräftebasis, von der die bestehende weltpolitische Konfliktlage getragen ist.

In den Ideologisierungen (und Moralisierungen) der Konfliktlage chiffriert sich ein Ensemble von Integrations- und Identitätsproblemen auf beiden Seiten und in bezug auf den jeweils eigenen makropolitischen Wirkraum.

Es kann kaum eine Frage sein, daß das – nach bald sieben Jahrzehnten! – noch immer nachrevolutionäre Regiment des »real existierenden Sozialismus« seinen Stand der mangelhaften Konsolidierung-durch-Konsens nicht überwunden hat, weil das Voranschreiten auf dem Weg der Industriezivilisation mehr neue Allokations- und Integrationsprobleme schafft als alte löst. Die soziokulturelle und »ethische« Hegemonie der kapitalistischen Hochzivilisation unterspült, überlagert und provoziert den historischen Komplex »Sozialismus«. Dieser »real existierende« (und nicht programmatisch dirigierte, mehr einer »normativen Kraft des Faktischen« unterliegende) Sozialismus war geschichtlich das Resultat einer forcierten und breit ansetzenden sozialen Aufstiegs-Mobilisation, deren Spitze in die Höhenlagen einer herrschenden Oberschicht hinaufführte. Diese Oberschicht hat unter sich eine gedrückt mühevoll und kärglich dahinlebende Volksmasse, die auf einem niedrigen Niveau von »Selbsttätigkeit« gehalten wird (so auch die geistige Kultur, soweit sie nicht technisch verwertbares, machtrelevantes Wissen produziert). Daß dieser Sozialismus (oder »Kommunismus«) aus einer inneren ideologischen Essenz heraus dazu bestimmt wäre, die übrige Welt seinem (für deren Bewohner überwiegend nicht sehr anziehenden) Ebenbilde gleich zu machen, gehört zu den gegenideologischen Projektionen der rivalisierenden Macht. Indessen liegt es durchaus in der »normativen Kraft des Faktischen«, daß ein Gemeinwesen unter einer so gearteten Innen- und Außenkonstellation voller Anfechtung kein Hort der organischen Friedensfähigkeit ist. Die imperialen Übergriffe sozialistischer Staatsobrigkeiten mochten jeweils konstellativ bedingt gewesen sein, sie haben aber gewiß auch ihre interne Möglichkeitsbedingung (nur eben nicht in einer ideell-programmatischen Bestimmung). Für eine Ethik des Friedens (ethische Heuristik der Friedensfähigkeit) bedeutet die Dynamik der sozialistischen Welt-Hegemonialmacht (und -mächte) einen gedanklich wie praktisch überaus schwer zu bewältigenden Problemkomplex, an dem kein Weg vorbeiführt.

Im Angesicht der düsteren Schatten, die das totalitär-diktatorische Schreckensregiment der Ära Stalin über die Welt geworfen hat, konnte sich der Machtblock der Länder mit Privatwirtschaft und marktförmiger Politik eine hohe moralisch-ideologische Qualität zuschreiben und seine geschichtliche Herkunft und damit auch die untergründigen Fragwürdigkeiten der eigenen Daseinsweise verdrängen. Die allgemeine Befriedung durch Befriedigung rasch zunehmender materieller Ausstattungsbedürfnisse, derer nun auch die gewalttätigen Aggressoren von gestern teilhaftig wurden, bilden eine zivilisationsdynamisch überaus prekäre Geschäftsgrundlage, wenn man bedenkt, daß dieses Projekt »weltweit« angesetzt ist und auf enorme zivilisatorische und soziokulturelle Gefälle trifft. Nicht einmal die Kerngruppe der Hochindustrialisierten befindet sich in einem Zustand, in dem sie der Gesamtproblematik auch nur halbwegs gewachsen wäre. In dem forcierten Rüstungswettstreit mit dem östlichen Rivalen, in dem der Westen als der Herausforderer auftritt und diesen Rivalen zugleich durch seine Wohlstands-Attraktionen unter Druck setzt, ist auf keinen Fall nur die Antwort auf eine von der Gegenseite kommende aggressiv-expansive Bedrohung zu sehen. Es wirkt sich darin ein beträchtlicher Anteil an innerer Unruhe und Unsicherheit aus. Der hochindustrielle Zivilisationskomplex ist gefräßig und von zahllosen inneren Konkurrenzen und Rivalitäten durchzogen. Die nachdrängenden Industrialisierungs-Kandidaten geraten in eine Vielfalt von Kollisionen und provozieren ihrerseits Kollisionen.

Die Konstitutionsschwächen, aus denen heraus die Führungsschichten der Großmachtblöcke zu militärischer Kraftentfaltung drängen und diese immer wieder exemplarisch praktizieren, sind ungleichartig und von Fall zu Fall ungleich virulent. Es ist nicht einer ganz der Aggressor, dem der andere ganz als der Verteidiger begegnete, und in dem, was jeweils verteidigt wird, steckt oft höchst Fragwürdiges und Skandalöses.

So sind heute wie schon vordem die Kriegsgefahren und Friedenschancen breit und tief in der gesamten Zivilisationsdynamik begründet. In diesem Sinne kann man I. Fetscher darin zustimmen, daß von der expansiven Dynamik der industriellen Zivilisation eine größere potentielle Bedrohung ausgeht als von der atomaren Rüstungslage. Die konstitutionelle Gefährdung der industriellen Hochzivilisation beruht darauf, daß in der Physiologie ihres Ethos, in der qualitativen Dimensionierung und quantitativen Proportionierung der Güterbestände und Attraktionen eine fatale Hypertrophie an solchen Befriedigungen und Begehrlichkeiten eingetreten ist, die zwanghaft zur Expansion umstrittener sozialer und natürlicher Lebensräume antreiben. Hinter der Konkurrenz um die bessere Gesellschaftsordnung ist längst die Rivalität um die prospektiven zivilisatorischen Wachstumsbedingungen zum Vorschein gekommen. Von ihrer materiellen Grundausstattung her könnten die modernen Gesellschaften gar nicht mehr so weit von einer organischen Friedensfähigkeit entfernt sein (wie es uns einige Regionen schon vor Augen führen). Es ist hauptsächlich ein Problem, das die aktivsten »Vorreiter« in die Welt bringen, und es ist insgesamt ein Problem der »zivilisationsdynamischen Betriebssicherheit« in den Großraumverhältnissen. Als das zivilisationsdynamische Kernstück betrachte ich die *Soziokultur der qualitativ-quantitativen Proportionen in den Güterdimensionen* von dringlicher Ausstattung, Tätigkeitsweise und Gesellschaftlichkeit.

»Die Erhaltung des Friedens ist unser aller Ziel«, »Frieden schaffen ohne Waffen«, »Frieden schaffen mit immer weniger Waffen«, »Frieden schaffen mit weniger, aber wirksameren Waffen«, »Frieden durch Abrüstung«, »Frieden durch Abschreckung«, »Der Frieden braucht eine Lobby« – so hat die Friedenspolitik ihre eigenen Parolen für institutionellen und außerinstitutionellen Gebrauch entwickelt, Parolen, die jeweils eine bestimmte oder mehr unbestimmte Art von Wirksamkeit indizieren. Unsere Überlegung wird daher sein, was für eine Art von Handeln in der Blickrichtung einer »Teleologie« der Friedensbewahrung oder einer anders ansetzenden Politik des Friedenstiftens in Betracht kommt. Wie stellen sich die spezifischen Handlungsebenen und -kompetenzen dar, wie die Konfigurationen des Für und Wider, des Wer gegen Wen, wie die Zuordnungen von Handlungsziel, Handlungsplan und Handlungsweise?

Was die »Handlungsebenen« betrifft, so ist offenkundig, daß die fortlaufenden Dispositionen der Militärpolitik auf einer »höchsten Ebene« getroffen werden, die ihre eigene Hermetik hat. Sie ist von der allgemeinen öffentlichen Willensbildung zwar nicht völlig abgekoppelt, doch bewegt sich die politische Willensbildung im Vorfeld von Parlamentswahlen fast gänzlich um andere thematische Achsen als justament um die Alternative von Friedensbewahrung und Kriegsrisiko; das ist ein weniger auffällig mitlaufender Posten. Deshalb ist die »Sache des Friedens« seit alters her immer die Sache besonders organisierter Vereinigungen und Bewegungen gewesen, die eine eigene publizistische, propagandistische und demonstrative Wirksamkeit eröffnen, in der Absicht, das Interesse an Krieg und Frieden zum öffentlichen Hauptinteresse werden zu lassen, zum zentralen Projekt der Politik überhaupt. In den Weltzentren der kriegsträchtigen Konfliktdynamik ist das bis jetzt niemals gelungen, solange in der modernen Gesellschaft die »Demokratisierung des Krieges« auf einer so breiten Basis stand und in der Gemengelage von kriegstreibenden und bedroht-defensiven Staaten eine einheitliche Politik der Friedenswahrung eigentlich gar nicht formuliert war. Zumal im Zweiten Weltkrieg konnten sich selbst entschiedene Pazifisten nicht dem entziehen, daß die militärische Niederwerfung der Achsenmächte der nächste friedenspolitische Schritt sein mußte. Dem Ersten Weltkrieg gegenüber hatte der Pazifismus eine ideell günstigere Position, und es ist eine strikt historische Frage, wie sich diese Position nach dem Zweiten Weltkrieg gestaltet hat. Ein geschichtliches Novum der jetzigen Lage ist die Indienstnahme der neuen

Massenvernichtungswaffen, die jede Teleologie einer siegreichen Kriegführung fragwürdig machen und nur noch den Kalkül der Abschreckung übriglassen; um den feinen Unterschied zwischen der automatischen Selbst-Mitvernichtung eines jeden und deren partieller Vermeidbarkeit wird waffentechnisch und argumentativ gerungen. Das andere geschichtliche Novum liegt im Interessengehalt der internationalen Politik, in der Beurteilung von defensiven oder offensiven Absichten, welche der eine oder der andere Protagonist verfolgt. Hat eine maßgebliche Mehrheit oder Minderheit das unerschütterliche Vertrauen, daß die eigene Seite nur defensiv antwortet? Was an Gutem oder Schlimmem traut man dem Kontrahenten zu, und darf man annehmen, man könne sein Verhalten durch das eigene mitbestimmen – und dies nicht nur im Sinne der »Ermutigung des Aggressors«?

Wie kann man überhaupt einen eigenen Handlungsanteil an der Friedenswahrung ansetzen? Falls man nicht das Zutrauen haben kann, daß die amtierenden Politiker schon das Richtige und Nötige tun, ist dann der Weg vorgezeichnet, daß alle Kraft in eine Friedensbewegung eingebracht wird, die als aktive Minderheit das Tun und vor allem das Lassen der Verantwortlichen beeinflussen, nötigenfalls ihnen »in den Arm fallen« kann, bis die Bewegung so dominant wird, daß sich die gesamte große Politik um ihr Vorhaben dreht? Und geht es auf diesem Wege vor allem darum, Informationen, Erkenntnisse und Einsichten in Sachen Krieg und Frieden zu verbreiten? Auf den engeren Erkenntnisanteil der Handlungsorientierung zielte dann eine rationale Argumentation um die Rationalität der offiziellen Militärpolitik, und eine moralische Argumentation zielte auf den ethischen Gehalt dieser Politik. Das praktische Ziel dieser Argumentationen, dieser gesamten Bewußtseinsbildung wäre es, in der maßgebenden Öffentlichkeit die Direktiven für eine Politik des (vorerst möglicherweise einseitigen) Rüstungsstopps und der allmählichen Abrüstung durchzusetzen. E. Fromm hat das unter dem (problematischen) Titel einer »Strategie des Friedens« so umschrieben: »Der Friedensstrategie geht es um die Mobilisierung großer Massen von Menschen für die Idee des Friedens mit dem Ziel, in der öffentlichen Meinung auf die Regierenden in allen Ländern einen Druck gegen den Krieg und für das Ende einer irrsinnigen Kalkulation auszuüben. Das heißt erst einmal Aufklärung über die Tatsachen, Erziehung zum kritischen Denken, Enthüllung und Entschleierung des Schwindels, der mit den Tatsachen über den Frieden und die auswärtige Politik getrieben wird.« Das ist, meint Fromm, auch schon mit einigem Erfolg praktiziert worden, ist aber noch nicht genug. »Eine Friedensbewegung«, so umschreibt er das erforderliche Mehr, »kann nur dann erfolgreich sein, wenn sie über sich selbst als Friedensbewegung hinausweist und zu einer Bewegung des radikalen Humanismus wird, wenn sie imstande ist, an den ganzen Menschen zu appellieren – an den Menschen, der unter jenem Mangel an Lebendigkeit leidet, den diese Industriegesellschaft hervorbringt –, wenn sie eine Vision einer neuen Gesellschaft und eines neuen Menschen zeigen kann.« Ein Vorgefühl davon erwächst daraus, daß es heute schon eine große Zahl von Menschen in der Welt gibt, die mit der Lebensweise unserer Konsumkultur unzufrieden sind.[80] Das Strategische dieses Mobilmachungs-Konzepts finde ich genauso fragwürdig wie das Pastorale, Missionarische der Frommschen Argumentation, es steckt darin jedoch der diagnostisch triftige Verweis auf eine tieferliegende Bedingungsschicht, in der die organische Friedensfähigkeit moderner großgesellschaftlicher Formationen beschlossen liegt. Wie kann dies zum Medium der Friedenspolitik werden, und wie wäre dann die Form dieser Politik davon bestimmt?

Uns beschäftigen hier besonders die ethischen Anteile an der Krieg-Frieden-Dynamik. Schon bei den Anteilen von Erkenntnisleistungen, die ins Spiel kommen, darf man vermuten, daß ethische Qualifikationen der Menschen ermöglichend oder blockierend wirken – das eine Ethos öffnet, ein andres borniert den Blick –, doch das für unseren Casus zu taxieren würde jetzt zu weit führen. Gravierend scheint mir zu sein, daß nicht nur *Aufgebote von Information und rationaler Argumentation* für sich allein keine Verhaltensänderung herbeiführen können, wenn nicht im Ethos eine spezifische Aufnahmebereitschaft besteht; ebensowenig ist *»moralische Argumentation«* (oder »ethische Aufklärung«) imstande, etwas am Ethos zu verändern, wenn nicht spontane Impulse und Bereitschaften im Ethos selbst lebendig sind (die dann wohl nicht mehr durch Argumentation, sondern in anderen Weisen der Verständigung freigesetzt werden). Die »moralische Strategie« des »Friedenschaffens« enthält unverhältnismäßig viel Appell und Überredung – Ausdruck einer unbehobenen Konstitutionsschwäche ihrer »Bewegungs«formen. Die praktische Basis von Pazifismus und Friedensbewegungen lag bislang vorwiegend in einem »natürlichen« Anteil von entschieden Friedfertigen, die es in allen Gesellschaften stets gegeben hat. Am anderen Pol befinden sich die »von Natur« mehr Robusten, weniger Empfindsamen und minder Bedenklichen. Den Ausschlag gibt indes das breite Spektrum zwischen diesen Polen. Der Friede ist eine zu anstrengende Sache, als daß man ihn nur den Friedfertigen überlassen könnte. Es käme heute darauf an, daß sich auf eine ganz organische, zwanglose, nicht durch agitatorische Mobilisation produzierte Weise in jenem »Mittelfeld« gesellschaftlicher Kräfte eine Umgruppierung anbahnte, die den geschichtlichen Effekt einer »Demokratisierung des Krieges« rückläufig veränderte, ohne daß dies auf eine allgemeine Erschlaffung hinausliefe, ja in gewissem Sinne sogar umgekehrt auf eine Politik der größeren Stärke aus innerer Souveränität.

Alle unsere Betrachtungen laufen darin zusammen, daß die gesellschaftlichen Dispositionen zur Friedenswahrung und zur Kriegsbereitschaft ein Moment der allgemeinen Zivilisationsdynamik sind. Massenhaft ist in der modernen Erwerbsgesellschaft eine überproportionale Steigerung der Ansprüche auf ein gutes und »besseres« Leben in Gang gekommen. Diese Ansprüche und Ambitionen haben sich immer wieder in Verdichtungsräumen »militarisiert«, und nach dem letzten großen Militarisierungs-Exzeß haben sie sich bei uns (und anderswo) weitgehend (nicht vollständig) re-zivilisiert, aber bei weitem nicht temperiert und diszipliniert. Auch von dieser Seite kommen wir wieder auf die Frage, aus welcher soziokulturellen Teilregion unserer Gesellschaft heraus die Kompetenzen (zusammen mit entsprechenden Bereitschaften) sich aktivieren können, die der maßlosen Bewegung der diversen Produktionen ein »menschliches Maß« zu geben vermöchte, so auch den Bemühungen um äußere Sicherheit. Das ursprüngliche Problemfeld ist die »zivilisatorische Betriebssicherheit« im großen, weltweiten Kreislauf der hoch arbeitsteiligen Produktion, des Güter- und Leistungsaustausches und eines Gütergenusses, der eine Art von Grundzufriedenheit gewährleistet. Das Kardinalproblem hierbei scheint mir zu sein, wie in der Innovationssphäre dieser gigantischen Maschinerie eine gewisse Entlastung eintreten könnte, derart, daß die Avantgardisten von dem fatalen Zwang befreit werden, sich gegeneinander fortwährend als die »Nummer Eins« bewähren zu müssen, bei Strafe des Untergangs. Im gesamten Leistungsaufbau dieser Zivilisation sind die Basisleistungen der Lebenssicherung weithin prekär an Innovationserfolge gebunden, die Toleranzen sind gering und die Ausgleichsmechanismen unterentwickelt. Es könnten gut und gern hundert Nobelpreise für Sozialökonomie ausgesetzt werden, um die Wissenschaft und Technologie des gediegenen Koordinierens auf einen höheren Stand zu bringen. Bei den Hochleistungen der Material- und Apparate-Technologie, von denen sich heute manche den permanenten »Aufschwung« versprechen, weiß man oft nicht recht, was an Bereicherung das alles eigentlich in unser Leben bringen soll, diese viele Mikro-Energetik zur Belebung der Freizeitwelt, während die makro-energetische Basis unserer Lebensmöglichkeit ungesichert bleibt. Das Obligatorische und das Fakultative sind in der Rangordnung vertauscht. Die große »Erfindung« bestünde darin, die Kommunikationstechnologie für eine kooperative, dezentrale Selbststeuerung zu nutzen.

Diese Skizze soll andeuten, wie sehr Friedenspolitik ernstlich nur als Zivilisationspolitik möglich ist. Der kompetente Rahmen einer solchen Politik könnte sich nur in einem weitreichenden »Strukturwandel der Öffentlichkeit« bilden, in der Selbstkonstituierung einer ebenso aktiven wie intelligenten, hochkultivierten Öffentlichkeit für Zivilisationsfragen, dieses Feld einer inneren Befriedung.

VI. Um ein neues Verhältnis der Menschen zur Natur

Die Verstärkung der instrumentellen, später maschinellen Produktivkraft in den neuzeitlichen Jahrhunderten hatte frühzeitig ihre philosophische Ideologie: Durch Erfahrungswissen von den Naturelementen und analytisches Eindringen in ihre Funktionsweisen erlangen die Menschen zunehmend Macht über sie; dem »allgemeinen Wohl aller Menschen« verpflichtet tritt eine praktische, nützliche Philosophie an – sie heißt fortan Naturwissenschaft –, »die uns die Kraft und Wirkungen des Feuers, des Wassers, der Luft, der Gestirne, des Himmelsgewölbes und aller übrigen Körper [...] so genau kennen lehrt, wie wir die verschiedenen Tätigkeiten unserer Handwerker kennen, so daß wir sie in derselben Weise zu allen Zwecken, wozu sie geeignet sind, verwenden und uns auf diese Weise gleichsam zu Meistern und Besitzern der Natur machen können«.[81] Mitten im Dreißigjährigen Krieg begann so ein großer Brückenschlag über die Niederungen der menschlichen Alltagsnöte und des ebenso alltäglichen Elends der dynastischen Kriegshändel hinweg zu einem neuen Ufer. Ein Jahrhundert später fügte die Aufklärung einen weiteren Bogen an. Und als sich, wieder ein Jahrhundert danach, zu zeigen schien, daß die Spannweite des bürgerlichen Zivilisationsfortschritts doch nicht groß genug gerät, da setzte der »wissenschaftliche Sozialismus« einen neuen Pfeiler für den abschließenden großen Brückenschlag hinüber in das Land des allgemeinen Wohls aller Menschen. Das Brückenbauwerk selbst heißt jetzt »große Industrie«. Die große Industrie macht, indem sie die Produktion ins Unendliche ausdehnt, einen Zustand der Gesellschaft möglich, in dem jedermann alle seine Kräfte und Anlagen in voller Freiheit entwickeln und betätigen kann.[82] Die Fortschrittsformel des Sozialismus bezeichnet eine Linie »von der Beherrschung des Menschen durch die Natur bis zur Beherrschung der Natur durch den Menschen«.[83] Die gesteigerte Herrschaft des Menschen über die Natur erscheint geradezu als die Bedingung dafür, daß die Herrschaft von Menschen über Menschen aufhören kann.[84] Immerhin blieb noch Raum für einen kontrapunktierenden Nebengedanken zum Thema »Naturbeherrschung«: »Schmeicheln wir uns indes nicht zu sehr mit unseren menschlichen Siegen über die Natur. Für jeden solchen Sieg rächt sie sich an uns. Jeder hat in erster Linie zwar die Folgen, auf die wir gerechnet, aber in zweiter und dritter Linie hat er ganz andre, unvorhergesehene Wirkungen, die nur zu oft jene ersten Folgen wieder aufheben.«[85] Bei E. Bloch verdichtet sich das Unbehagen noch mehr, das ungute Gefühl, daß wir mit unserer Technik in der Natur wie eine Besatzungsmacht in Feindesland stehen, sie zu einer *natura dominata* machen, statt uns, die *natura supernaturans,* mit einer »Allianztechnik« der *natura naturans* einzufügen.[86]

Mittlerweile scheinen die Nebenfolgen sich als der Haupteffekt offenbart und den einstigen Hauptzweck dementiert zu haben. Die *Dialektik der Aufklärung* stellt fest, daß nicht nur »die Gewalt des Systems über die Menschheit mit jedem Schritt wächst, der sie aus der Gewalt der Natur herausführt«. Auch das Grundverhältnis von Produktionskraft und Vernichtungskraft hat sich umgekehrt; diese könnte so groß werden, daß die Species Mensch, wenn sie sich nicht zuvor selber zerfleischt, die gesamte Flora und Fauna der Erde mit sich hinabreißt.[87]

Zu dem Rettenden, das mit dieser Gefahr wächst, möchte die vielfältig in Arbeit genommene »ökologische Ethik« beitragen, indem sie uns ganz auf diese höhere und höchste Ebene versetzt, auf der die Grundwesenheiten von Mensch/Gesellschaft/Technik und Natur neu zu definieren, in ihre Rechte einzusetzen und in ihre Schranken einzuweisen sind. Soweit es die ökologische Rechenschaftslegung nur mit der natürlichen »Umwelt« der Menschenzivilisation zu tun hat, beschreitet sie jedoch noch keine höhere Ebene, sondern erweitert lediglich den Bezugsraum für die Erfassung und Berücksichtigung von Neben- und Langzeitfolgen. Das aber, so erklären Ethiker unter den Ökologen, ist nicht genug. Wir haben es vielmehr mit einer natürlichen »Mitwelt« zu tun, die für sich etwas Eigenes und nicht nur etwas in bezug auf uns ist; das anthropozentrische Weltbild, heißt es, ist falsch und begründet ein unrichtiges Verhalten.

Die aufs Ganze gehende ökologische (oder anthropo-kosmologische) Erweiterung der Ethik ist eine sehr direkte Antwort auf die Parole vom Menschen als dem *maître et possesseur de la nature.* Ich nannte diese Position soeben »ideologisch«, weil »Natur« darin deutlich als ein exaltierter Ideen-Titel, abgelöst von aller Erscheinungsvielfalt, figuriert. Das allerdings wiederholt sich nun auch in der Replik. Ich werde sie zum Anlaß nehmen, den Differenzen im Begriff Natur mehr Beachtung zu schenken und den Blick auf das Besondere zu lenken, das in einem unspezifisch gefaßten Begriff von Natur, wie man sieht, leicht überspielt wird.

Der Umkreis dessen, worauf Menschen in ihrem Tun und Lassen Rücksicht nehmen können, weitet sich von dem egozentrischen Ich, das nur auf sich selbst bedacht ist, über die partikularen Gemeinschaftsbindungen auf die ganze (auch die künftige) Menschheit aus, doch damit ist noch nicht die Grenze erreicht. K. M. Meyer-Abich zieht darum herum noch zwei weitere Kreise: »Jeder nimmt auf alles Lebendige Rücksicht«, »Jeder nimmt auf alles Rücksicht«. (»Welche dieser Positionen man einnimmt«, heißt es dann noch, »hängt wesentlich vom Selbstverständnis des Einzelnen ab.«)[88] In diesem Stufenschema entwickelt Meyer-Abich ein Programm, das er mit dem Losungswort »Frieden mit der Natur« signiert und für das er einen Verständnisrahmen absteckt. Wie überall in der sokratischen Ethik-Tradition ist das Handeln als eine Sache der vorgängigen Erkenntnis oder Einsicht genommen, Anerkenntnis als Konsequenz aus Erkenntnissen – was den Verständnisrahmen zu einem Begründungsrahmen werden läßt.

Eine vorgängige Einsicht anderer Herkunft schafft den Übergang: »Wie wir aus der politischen Geschichte gelernt haben, sollte Macht [...] immer nur im Rahmen von verfassungsmäßigen Schranken ausgeübt werden. Frieden mit der Natur bedeutet, daß das Verhältnis der Menschheit zur natürlichen Mitwelt in einer über die Menschheit hinausgehenden, natürlichen Gemeinschaft nach dem Vorbild des modernen Rechtsstaats verfassungsmäßig geregelt wird.« Voraussetzung ist und bleibt die Zivilisation, es geht also nicht um die Abschaffung, sondern um die »Naturalisierung der industriellen Wirtschaft« und darum, wie wir uns im Umgang mit der Natur richtig verhalten. Das Maß des Richtigen liegt in einem Rechtsverhältnis, für das allgemein und traditionell gilt, daß Gleiches gleich und Ungleiches ungleich zu behandeln ist. Gleichheit ist in einer Verwandtschaft des Menschen mit seiner natürlichen Mitwelt begründet. Das führt auf die Frage der Ein- und Zuordnung zurück: Wer ist der Mensch in bezug auf die Natur? Was ist Natur?

Wir Menschen sind durch einen Ursprungs-Zusammenhang naturgeschichtlich mit Tier und Blume, Baum und Stein verbunden. In uns kommt die Natur zur Sprache, kommt die Natur zu sich (nicht nur wir zu uns): »Wir sind diejenige Species, mit der die Natur sich forttreibt, indem sie in uns zur Sprache kommt. Wie aber haben wir die Natur zu verstehen, damit die Krone der Schöpfung nicht nur sich selbst krönt, sondern auch die natürliche Mitwelt um ihrer selbst willen als krönenswert erachtet?« Doch die Frage nach dem, was Natur »eigentlich« sei, führt leicht in das Dilemma einer allumfassenden Natur, die nichts Spezifisches mehr ist, oder einer von Menschen unberührten Natur, die es nicht mehr gibt. Meyer-Abich sucht ein Kriterium in dem zu gewinnen, was Natur der ursprünglichen Wortbedeutung von Physis nach ist: dasjenige, was Teil der in allem Natürlichen wirkenden Kraft des »Wachstums« und Wachsenlassens ist. So können auch menschliche Kunstprodukte als natürlich gelten, andere hingegen nicht. Das führt weiter zu (schwierigen) kasuistischen Fragen, die mich nicht weiter beschäftigen, weil ich Bedenken gegen das ganze Unternehmen habe. Meyer-Abich dürfte die Sache damit noch erschweren, daß er zur Unterscheidung des »Natürlichen, dem Frieden mit der Natur Gemäßen, und des Unnatürlichen, das ihn verletzt« unversehens das Kriterium der »Gewaltlosigkeit« in Ansatz bringt.

Das praktische Fazit aus alledem ist der Grundgedanke, »daß wir die übrige Welt nicht grundsätzlich anders als unsere Mitmenschen behandeln dürfen, wenn wir selber ein Teil der Natur sind«.

Es ist viel Räsonnement in diesem Gedankengang (»weil..., darum...«), welcher eine theoretische Einsicht vor das praktische »Einsehen haben« setzt. Die theoretische Einsicht steckt einen weiten, allzu weiten Bezugsrahmen ab, indem sie den Kreis dessen, was Rücksicht von uns erwartet, über alles Lebendige hinaus sich auf schlechthin alles erstrecken läßt. Mit dieser unspezifisch angesetzten »Natur« kommen wir leicht in die berühmte Nacht, in der alle Kühe schwarz sind. Hatte schon Descartes den Mund zu voll genommen, als er den Menschen den Beruf der Herren über die Natur zusprach, so greift ebenso der Wunsch nach Frieden mit der Natur entschieden zu weit. Man bleibt in Anthropozentrik befangen, wenn »Natur« dann doch wieder nur die Erdrinde und Lufthülle unseres Planeten ist, nicht die unermeßliche Weite des Kosmos. An diese Natur reichen wir nicht heran. Und wenn wir mit einem Friedensangebot auch nur auf unsere engere natürliche Mitwelt zielen, auf »Mutter Erde«, dann tun sich auch hier noch einmal weite Klüfte auf – zwischen dem sinnlosen Stürmen und Rütteln der anorganischen Elemente und der Welt des Lebendigen und zwischen den Fressern und den Gefressenen unter den Arten von Lebewesen. Dieses Fressen und Gefressenwerden – mit allem, was es an Brutalität und Angst, Schmerz und Todesnot bringt – gehört ebenso zur Natur wie das Wachsen und Wachsenlassen. Meyer-Abich kommt (in einer Neben-Polemik mit C. Amery) beiläufig darauf zu sprechen und erinnert an eine Stelle im Römerbrief des Paulus (8, 19 f.), die er so umformuliert: »daß unsere natürliche Mitwelt unter dem Fressen-und-gefres-

sen-Werden leidet, auf Erlösung hofft und gerade von der Menschheit ein besonderes Zeichen der Befreiung erwartet«. Damit scheint mir wieder zu weit gegriffen zu sein. Ein solches Zeichen der Befreiung des Natürlichen von seiner Natürlichkeit können wir Menschen leider nicht setzen. Wohl aber könnten wir mehr als bloß ein Zeichen setzen dort, wo es um unseren Umgang mit denjenigen Mit-Lebewesen geht, die dem menschlichen Zugriff ausgesetzt sind. Hier und allein hier kann eine Befriedung beginnen. Wer zuviel will, verfehlt leicht das Wenigere, das reell zu haben oder zu leisten wäre. Von diesem Weniger, das vielleicht mehr ist, soll anschließend noch die Rede sein. »Natur« scheint mir eine ungenaue Adresse zu sein, wo es akkurat um den Umgang mit anderen Lebewesen und nicht um Ästhetizismen der Zwiesprache mit Bächen und Bergen geht, und »Frieden« wäre ein eher großsprecherischer als redlicher Name für das veränderte Verhältnis, das die Menschen zu ihren »Nutztieren« herstellen könnten. (Im Hinblick auf die unorganischen Naturgewalten könnte es umgekehrt der Wunsch sein, daß sie »Frieden mit den Menschen« machten ...)
Der Rückgang auf eine Wesenheit von »Natur« kann nur dann ein bestimmtes Maß des Natürlichen und des Widernatürlichen an die Hand geben, wenn man sich von vornherein an eine »halbierte Natur« hält, von ihr sozusagen eine »bessere Hälfte« abspaltet. Diese Operation erfordert einige Überanstrengung des Begriffs, diskursive Energie, die dann vielleicht anderswo fehlt. Der Mensch ist nicht als kriegerischer Eroberer in eine Welt des Wachsens und Wachsenlassens eingebrochen. Der Rückgang auf natürliche Ursprünge führt in lauter Ambivalenzen. »Natur« ist so wenig eine normative Maß-Instanz, daß weit eher die Überwindung des Natürlichen, Allzu-Natürlichen die höhere Möglichkeit bezeichnet, die sich die Menschen eröffnet haben: etwas von dem Wohlwollen, der Rücksichtnahme und der Achtung, die sie in ihren Gemeinschaftsbildungen (und auch hier längst noch nicht im Ganzen) entwickeln, auch außermenschlichen Lebewesen zuteil werden zu lassen.

2. Menschenleben – Tierleben

Es hat immer Menschen gegeben, auch unter den Philosophen und Ethikern, für die das Ethos der Menschen im Umgang mit Tieren ein sehr wichtiger, keineswegs marginaler Indikator für die Höhe des Ethos überhaupt gewesen ist. Die Reflexionen, die dazu im Laufe der Jahrhunderte angestellt wurden, sind von großer Fülle, Dichte und

Eindringlichkeit, doch sind sie im gesellschaftlichen Bewußtsein gleichwohl ziemlich marginal geblieben, ebenso wie die Aktivitäten zum Schutz der Tierwelt vor allerlei menschlicher Roheit. Eine bemessene Dosis Tierschutz ist von Gesetz wegen verordnet, doch was darüber geht, gilt leicht als übertriebener, blinder Eifer einer besonderen Species von »Tierschützern«. Den Stand der Reflexion und der praktischen Auseinandersetzung finden wir in einer Sammelpublikation über Tierschutz als »Testfall unserer Menschlichkeit« bündig dokumentiert.[89] Die Autoren zeigen, so heißt es auf dem Einband, »aus welcher neuen Ethik heraus und wie dieser Skandal der modernen Industriegesellschaft beseitigt werden kann«.

Für meinen Teil möchte ich ebenso dazu beitragen, daß sich ein anderes Ethos des Umgangs mit Tieren ausbreitet und zu einem integralen Teil des Gesamtethos einer zivilen Gesellschaft wird. Nach allem, was ich bis jetzt zur Sprache gebracht habe, wird es mir jedoch nicht darum zu tun sein, Gesichtspunkte und Grundsätze eines fortgeschrittenen Moralbewußtseins in bezug auf die Tierwelt zu bekräftigen, neu zu beleuchten und zu ergänzen. Es ist von dieser Art genug zusammengetragen und mit genug Nachdruck vorgebracht worden. Philosophisch-ethisch ist es mir um eine Reflexion der ethos-praktischen *Möglichkeitsbedingungen* zu tun, unter denen gleichermaßen das bio-ethische Bewußtsein mit seinen Prinzipien und Ansprachen ebenso wie der Fortgang der Praxis unseres Mensch-Tier-Verhältnisses steht. Wie überall in diesem Buch ist die Reflexion der Praxis die Verhandlungsebene, und zwar der Praxis dieses besonderen Verhältnisses als Gliedstück in der Gesamtpraxis des Betriebsethos der Industriezivilisation.

Blickt man in die heutige Literatur, so fällt ins Auge, wie sehr die »neue Ethik«, die sich darin ausspricht, ein engagiertes Plädoyer im Öffentlichkeitsraum unseres Moral- und Rechtsbewußtseins ist, ein Veto aus Abscheu und Empörung, eine Anklage gegen die Unbedenklichen, viele Aufforderungen an die Verantwortlichen, eindringliche Beschwörungen an die Unachtsamen, Anrufungen alter Grundsätze und Ausrufung von neuen, viel Sachinformation und -argumentation. So entspricht es durchaus der Lage: Eine aktive Minderheit von »Systemveränderern« tritt dem Establishment der Systemverteidiger und einer großen schweigenden Mehrheit gegenüber.

Und der »Sachverhalt« (zu einem solchen ist es dadurch gemacht, daß Tiere eben als Sachen eingestuft sind) besteht aus mehreren Großkomplexen des rücksichtslosen Verfügens: fabrikmäßige Nutztierhaltung unter artwidrigen Vegetationsbedingungen, viel Brutalität im Umkreis des Schlachtbetriebes, extensive Praxis von wissenschaftlichen Tierversuchen mit einem unbestimmt hohen Anteil von schmerzhaften, quälenden Eingriffen, bedenkenlose Vernichtung großer Tierbestände durch flächendeckende Schädlingsbekämpfung oder durch technische Zerstörung ihrer Lebensräume, Fälle von Ausrottung durch Raubbau und von brutalen Jagdformen. Diese ganze »Tierhölle« beginnt, wie R. Spaemann feststellt, richtig erst dort, wo der gesetzliche Tierschutz endet oder weite Lücken aufmacht. »Niemand darf einem Tier ohne vernünftigen Grund Schmerzen, Leiden oder Schäden zufügen.« In der Vernünftigkeit dieser »vernünftigen Gründe« steckt das Problem oder der Übelstand. Das Problem ist damit aber schon auf eine bestimmte Weise vormodelliert: Es ist zu einem Problem von Grundsätzen und Rechtfertigungsgründen gemacht. So wird es denn auch in den grundlagentheoretischen Diskussionsbeiträgen aufgenommen, letztlich als eine weitgehend objektivierbare Rechtsfrage. Was sind Tiere, und als was sind sie zu »behandeln«? – Ich gebe nur einige dieser Argumentationen wieder, um dann zu einem Plädoyer für eine im Grundlegenden nicht rechtsförmige und im Prozeduralen nicht argumentative, ganz aus einer Freiheit des Ethos kommende Entscheidung oder vielmehr Entschiedenheit anzusetzen.

Für die Suche nach Entscheidungsgrundlagen, die sich in die Form von Grundsätzen (Prinzipien) bringen lassen, wurde seit den Tagen der Aufklärung – durch Rousseau, Kant und Bentham – vor allem dieser eine Gegensatz (oder die Ambivalenz) in den Anfangsgründen bestimmend: ob es maßgebend sei, daß der Mensch anders als die Tiere ein Vernunftwesen ist, oder aber, daß er ebenso wie sie ein empfindendes, schmerzfähiges Wesen ist. Kant hat den »Standpunkt der Vernunft« auf eine denkbar schroffe Weise zur Geltung gebracht, indem er (in seiner Schrift über den Anfang der Menschengeschichte, 1786) den Anfang des Menschseins genau darin beschlossen sieht, daß der Mensch sich selbst als den eigentlichen Zweck der Natur und nur sich allein als einen Zweck für sich selbst »begreift«. »Das erstemal, daß er zum Schafe sagte: Den Pelz, den du trägst, hat dir die Natur nicht für dich, sondern für mich gegeben, ihm ihn abzog, und sich selbst anlegte: ward er eines Vorrechtes inne, welches er, vermöge seiner Natur, über alle Tiere hatte, die er nun nicht mehr als seine Mitgenossen an der Schöpfung, sondern als seinem Willen überlassene Mittel und Werkzeuge zu Erreichung seiner beliebigen Absichten ansah.«[90] J. J. Rousseau hatte drei Jahrzehnte zuvor eine andere Rechtsgrundlage bezeichnet. Maßgebend für das menschliche Verhalten sind ihm zufolge zwei Prinzipien: erstens, für das eigene Wohl und die Selbsterhaltung zu sorgen, zweitens eine natürliche Abscheu dagegen, ein empfindendes Wesen leiden und untergehen zu sehen. Das gilt auch für das Verhalten gegenüber Tieren. Nur wenn seine Erhaltung auf dem Spiel steht, hat der Mensch das Recht, sich den Vorrang zu geben. Als empfindendes Wesen hat das Tier Anteil an diesem natürlichen Recht, auch wenn es es selbst nicht anzuerkennen vermag. »Wenn ich verpflichtet bin, meinen Mitmenschen kein Leid zuzufügen, so geschieht das weniger, weil sie vernünftige Wesen, sondern vielmehr, weil sie empfindende Wesen sind. Da nun Menschen und Tiere das gleiche Empfindungsvermögen haben, kommt ihnen auch das gleiche Recht zu, sich vom anderen nicht unnütz mißhandeln und quälen zu lassen.«[91] J. Bentham sah es ebenso: Nicht ob Tiere überlegen, sondern ob sie leiden können, steht in Frage; Benthams Vision war, daß nach den Sklaven auch die Tiere, »die uns bei der Arbeit helfen und unsere Bedürfnisse decken«, vom »Mantel der Menschlichkeit« umfangen sein und ein leichteres Los haben werden.[92] Kant ließ es übrigens bei dem einen harten Spruch nicht bewenden. Obgleich er Tiere nicht als »Zwecke für sich selbst« und ihnen gegenüber keine moralischen oder rechtlichen Pflichten gelten lassen wollte, kam er auf einem Umweg über die menschliche Selbstachtung und die Pflichten der Menschen gegen sich selbst doch dazu, »in Ansehung« der Tiere sich der Gewalt und Grausamkeit zu enthalten, der Wißbegierde dienende martervolle Versuche zu unterlassen (»wenn auch ohne sie der Zweck erreicht werden könnte«), die Tötung von Tieren rasch und ohne Qual zu verrichten, Arbeitsbelastungen nicht maßlos zu steigern und schließlich Dankbarkeit für erwiesene Dienste zu erweisen.[93]

Mit diesen Vordenkern haben die meisten Wortführer der gegenwärtigen Reformbemühungen gemeinsam, daß sie die Angelegenheit ebenfalls auf dem Boden der ethischen Rechtslehre erörtern und letztlich darauf zielen, das ethisch-grundsätzlich Gebotene in positives, geltendes (staatliches) Recht zu überführen. K. M. Meyer-Abich hat es zu seinem Grundgedanken gemacht, das Verhältnis der Menschen zu ihrer natürlichen Mitwelt als ein Rechtsverhältnis, als das einer »Rechtsgemeinschaft« zu begreifen und zu begründen. Das Rechtsprinzip *par excellence* ist das »Gleichheitsprinzip«: Gleiches gleich zu behandeln. Das (von Natur) Gleiche zwischen Mensch und Tier ist die Empfindungsfähigkeit oder auch dies, daß die einen wie die anderen Interessen haben, in Interessenkonflikte miteinander geraten können. Mitunter sind solche Konflikte leicht entscheidbar: »Das Interesse des Bürgers [...] an fünf Pfennigen Ersparnis pro Ei ist ungleich geringer als das Interesse des Huhns, sich artgemäß bewegen zu dürfen.«[94] In anderen Fällen ist die Entscheidung schwieriger.

Eine ethische Rechtsfrage ist es ebenso für R. Spaemann: »Wir haben nicht das Recht, andere fühlende Wesen einem Leben auszuliefern, das nur aus Qualen und aus Angst vor dem Tod besteht. [...] Die absichtsvolle Verwandlung eines solchen Lebens in ein Bündel von Leiden und stummer Verzweiflung ist ein Verbrechen.«[95] Die »Selbstachtung einer menschlichen Rechtsgemeinschaft« (und nicht bloß Mitleid) ist es, was hier den Bezugsrahmen setzt. So gibt es denn auch ein klares »Richtig« und »Falsch«: »Es ist ein Irrtum zu glauben, jeder beliebige Vorteil des Menschen rechtfertige jedes beliebige Leiden von Tieren.« Daß sich dem Menschen überhaupt eine solche Verpflichtung auferlegt, erwächst dabei nicht nur aus dem, worin Mensch und Tier gleich sind, sondern richtig erst aus der positionellen Überlegenheit, die der Mensch erlangt hat, aus seiner besonderen Würde. »Was macht die Würde des Menschen aus, die ihn über die Tiere erhebt? Was macht ihn zum Herrn der Schöpfung? Seine Fähigkeit, Dinge zu unterlassen, weil sie niedrig, widerwärtig und gemein sind, obwohl er sie ungestraft tun kann; seine Fähigkeit, für außermenschliche Wesen eine Fürsorgepflicht zu übernehmen, seine Fähigkeit, das Schwache zu schützen.« Zu einer äußersten Zuspitzung kommt das Plädoyer von Spaemann dort, wo er auf die übliche Argumentationsfigur trifft: ob nicht ein Mensch, um dessen Leben und Wohlbefinden es geht, mehr wert sei als die für ihn in Anspruch genommenen Versuchstiere. Der geforderte Preis ist aber nicht das bloße Leben, sondern das quälende Leiden dieser Tiere. »Sind wir wirklich bereit, jeden Preis für unsere Gesundheit zu zahlen, auch den unserer Menschenwürde?« Spaemanns Bescheid lautet bündig: »Sterben müssen wir schließlich alle, und wer um jeden Preis zu leben wünscht, gerade dessen Leben ist nicht jeden Preis wert.«

O. Höffe kommt in seinen Betrachtungen (sie beziehen sich ebenso wie die von Spaemann besonders auf den wissenschaftlichen Tierversuch) ebenfalls zu einem auf Gleichheit und Ungleichheit bezogenen Rechtsverhältnis. Richtig ist, daß nur der Mensch als einsichtsfähiges Wesen Verantwortung trägt; falsch ist, daß Verantwortung nur gegen Menschen besteht. »Das sittliche Gebot, auf die Schmerz- und Angstfähigkeit Rücksicht zu nehmen, hat als einzigen *Adressaten* (Subjekt) den Menschen, umfaßt als *Anwendungsbereich* (Objekt) aber auch die Tierwelt.«[96] Daß wir Tiere nutzen, ja töten dürfen, dagegen steht indessen kein Gebot, denn sie sind Gegenwartsgeschöpfe und leben nicht zukunftsbezogen. Angesichts des Doppelverhältnisses von Übereinstimmung und Differenz ist dem Menschen nach Höffe Solidarität mit den Tieren geboten, jedoch eine abgestufte Solidarität – »im Konfliktfall gebührt dem Menschen der Vorrang vor dem Tier« (etwa, wenn nur noch ein Hund oder ein Mensch in einem Rettungsboot Aufnahme finden kann). Höffe bringt zudem noch ein »Prinzip der Fairneß« ins Spiel, das im Falle von Schädigungen etwas wie einen Ausgleichsvorteil verlangt. (Daran könnte man den Gedanken anschließen, daß man Versuchstieren, wenn es denn ohne sie nicht geht, wenigstens ein nicht zu ökonomisch kalkuliertes Maß an artgemäßen Lebensbedingungen und eine aufwendige Anästhesie zubilligt.) Denn ein »absolutes Verbot« wissenschaftlicher Tierexperimente kann Höffe nicht begründen – nur eine sittliche »an-sich«-Unzulässigkeit, einen sittlichen Notstand, also das Gegenteil von einem sittlich ruhigen Gewissen. »Solange man noch solche Tierversuche durchführt, müssen sie den Charakter der Ausnahme behalten und von einer Haltung der Achtung vor dem Tier und seinen Empfindungsfähigkeiten getragen sein.«

Lassen wir noch einen Moraltheologen zu Wort kommen, F. Böckle, der die folgende allgemeine Prämisse formuliert: »Im Umgang mit Lebendigem steht immer ein Grundsatz allen anderen voraus: jedes Leben ist ein schützenswertes Gut.« Daran schließen sich Konkretisierungen an, die in ihrer Prägnanz hier wiedergegeben seien: »Tierisches Leben darf nicht geopfert werden zur Befriedigung von ungerechtfertigtem Konsumverhalten in der Nahrungsmittelbeschaffung (etwa unter Umgehung von Schonfristen in der Jagd oder Überschreitung der Jagdquoten); es darf nicht grausam getötet werden zur Herstellung von Luxusnahrungsmitteln; es darf nicht getötet werden zur Gewinnung von Luxuskleidungsstücken; es darf nicht gequält werden zur Erprobung von Kosmetika; Quälerei in der Tierhaltung zur wettbewerblichen Preissenkung ist unerlaubt; dasselbe gilt für Quälerei in der Aufzucht (etwa in der Art der Mästung zur Erzielung von Luxusfleischqualitäten)«. Dazu kommt eine Reihe von Einschränkungen, die dem Postulat der Minimierung von Leid bei Tierversuchen gerecht werden sollen.[97]

Aus einem übergeordneten Natur- oder Schöpfungsrecht gewonnen, sind diese Grundsätze und Ausführungsregeln dazu bestimmt, positives Recht zu werden. Daß jede Neuordnung des Mensch-Tier-Verhältnisses auf eine Rechtsform zielt, auf eine Fortbildung des Tierschutzrechts, ist ganz unausweichlich in einer Streitsache, in der so viel Disziplinierung gegenläufiger Gewohnheiten und Interessen ansteht. Doch gerade wenn man diese Rechtsform vor Augen hat, kommt man nicht umhin, den rechtlich vorgeordneten Prozeß öffentlicher Willensbildung in Rechnung zu stellen. In einem Konzept, welches »Normenbegründung« und »Normendurchsetzung« als getrennte und vielleicht arbeitsteilig zu absolvierende Verfahrensschritte versteht, mag der praktische Prozeß des »In-Kraft-Setzens« nachgeordnet sein. Der

Arbeitsanteil der Theoretiker besteht dann im Konzeptiven und Publizistischen.

Im Arbeitsfeld einer Ethik des Ethos stellt sich nicht gleich so direkt die Aufgabe, zu tragfähigen (oder »gerechtfertigten«) *Prinzipien* für eine ethisch-rechtliche Regelung des Mensch-Tier-Verhältnisses zu kommen. Die Vor- und Hauptarbeit ist hier, interpretierend und analytisch eine bestehende *ethische Situation* zu erfassen, in die man auch mit den je eigenen praktischen Dispositiven einbezogen ist. Die Anfangsgründe einer solchen Situationsbestimmung liegen in der Ermittlung von konstitutiven *Ansprüchen* aller Beteiligten – das sind Tiere je für sich selbst, es sind Tiere relativ zueinander, es sind Tiere gegenüber Menschen, Menschen gegenüber Tieren, und dann gibt es noch einmal eine menschlich-interne ethische Situation im Verhältnis der verschieden gearteten Mensch-Tier-Verhältnisse zueinander, also zwischen den Fürsprechern eines rücksichtsvollen Umgangs mit Tieren und den vielen anderen, denen das nicht wesentlich erscheint oder die sich davon beeinträchtigt fühlen – kurz, das Verhältnis zwischen den Verfechtern und den Verächtern eines weiter als jetzt getriebenen Tierschutzes. Hier wiederum trifft man auf das Problem, wie das Sonder-Ethos des Tierverhältnisses in das jeweilige allgemeine Ethos der Menschen eingelagert ist.

Nach einer solchen Bestandsaufnahme stellt sich die Frage, wie sich hier irgendwelche ethischen Verbindlichkeiten begründen können, von welchen Fundamenten her und in welchem gesamtethischen Kontext.

Von »Ansprüchen« kann man bei Tieren genaugenommen nicht reden, wohl aber von mancherlei *Ansinnen* aus ihrem Lebens-Impetus heraus. Diesem Ansinnen eignet im Gesamtgetriebe der belebten Natur – auch ohne die Dazwischenkunft des Menschen – eine schmerzliche Fatalität, ja Tragik: Alles an den einzelnen Lebewesen und ihrer Reproduktion ist aufs feinsinnigste auf Fortleben und Erfüllung eines artspezifischen Lebenszyklus eingerichtet, doch so wie sie von Natur aus geartet sind, fallen viele rücksichtslos, Ängste und Qualen bereitend über andere her, vernichten sie zu ihrem eigenen Nutzen oder ganz zweckfrei nebenher. Alle wollen Alles, und im ganzen ist alles erlaubt. Für ein nicht menschlich-kulturell konstituiertes Naturrecht gibt es in der Natur keine Grundlage. In diesen ursprünglich rechtsfreien Raum haben sich auch die Menschen mit ihren Ansprüchen hineingearbeitet und in ihm ausgebreitet.

Anfänge eines wohlwollend-rücksichtsvollen Umgangs mit anderen Lebewesen dürften sich in Menschengesellschaften zusammen mit der spezifisch menschlichen Kultur des Sozialen und auf der Grundlage einer gesteigerten Daseinsautonomie und -sicherheit ausgebildet haben; die Ethnographen haben darüber berichtet, namentlich über eine archaische Scheu und ein ungutes Gefühl bei den gleichwohl unverzichtbaren Übergriffen auf unsere Tierverwandten (die ja auch Plätze in der Welt der Götter einnahmen). Mit dem Aufstieg der Zivilisation hat sich ein Freibeuter-Ethos ausgebreitet, das kaum noch Rücksichten kannte. Die moderne Industriezivilisation mit ihrer Massenproduktion schließlich hat auch den instrumentellen Gebrauch von Tiermassen in großindustrielle Größenordnungen hinaufgetrieben. Das ist heute unsere Situation. Massenbeseitigung von »Schädlingen«, Einengung und Vernichtung natürlicher Lebensräume, Massenkonsum von Fleisch als Index guten Lebens, Massenopfer von Versuchstieren für den Fetisch Gesundheit (Sieg über den Tod) sind zu einer ethischen Provokation und zu einem Greuel für diejenigen geworden, die eine Befriedung der menschlichen Lebenssphäre als höchste Errungenschaft einer Hochzivilisation schätzen.

In dem Ringen, das an diesem Abschnitt unserer modern-industriellen Zivilisationsdynamik entbrannt ist, stehen einander verschiedene ethische Dispositive gegenüber, und sie beziehen sich auf einen mehrschichtigen Komplex von Umgangspraktiken der Menschen mit Tieren.

In die Praxis der ökonomisch-technischen und konsumtiven Massennutzung von Tieren (unter kostensparenden Bedingungen) sind fraglos starke Interessen verschiedenster Art investiert: Genüsse, Erleichterungen, Hoffnungen, Karrieren, Umsätze, Arbeitsplätze. Die Aktiven dieses Betriebs können auf viele Nutznießer und Gleichgültige zählen. Die Gegnerschaft, die sich zunehmend belebt, zeigt unterschiedliche Facetten in ihrer ethischen Faktur. Es ist nicht zu übersehen, daß unsere Sozialkultur auch eine Art von kompensatorischer Tierfreundschaft begünstigt, die nicht frei von Ressentiments und mitunter Schizophrenie ist. Zur Signatur der ethischen Situation gehört es indessen, daß die Sache des Tierschutzes eine hochkulturelle Qualität gewinnt. »Das Thema«, so formuliert es R. Spaemann als Postulat, »muß überhaupt aus dem Geruch heraus, ein Thema für empfindsame Herzen zu sein, für Idealisten, Sektierer oder auch für ›Tierfreunde‹.«

Was aber bestimmt dann die thematische Ebene? Ganz ohne einen Zugang von Wohlwollen und Mitempfinden können die Belange von Tieren wohl überhaupt nicht zum Thema werden, aber sie allein ergeben in der Tat noch keine Verbindlichkeit. Andererseits ist die Sache auch kaum als eine reine Rechtsangelegenheit zu entscheiden: Wir haben ein

Recht, Tiere zu töten; wir haben kein Recht, sie schmerzhaften Versuchen zu unserem Nutzen zu unterziehen. Wir haben weder das eine Recht (wir nehmen es uns), noch haben wir das andere Recht nicht (in dem Sinne, daß es ein Verstoß gegen ein natürliches Recht wäre). Es kommt da noch ein Drittes in Betracht, auf das auch R. Spaemann sich bezieht: die spontane, also nicht erzwungene Achtung und Selbstachtung – eine ethische Differenz des Vornehmen und Unvornehmen, Gemeinen, also etwas aus dem Fundus menschlicher »Würde« oder Höhe der Kultur des Personalen und Sozialen. Nur aus einer solchen Hochkultur menschlicher Autonomie und »Autarkie« erwächst auch eine freie Bereitschaft, mit dem Daseinsanspruch von Tieren nicht maßlos, sondern maßvoll umzugehen. Zur menschlichen Würde gehört es, aufrecht im Angesicht des unausweichlichen Todes leben zu können und nicht jedes beliebige Tieropfer zu verlangen, um eine vage Aussicht auf ein Quentchen Leben mehr zu erlangen. Ein solches Ethos läßt sich nicht durch Rechts- und Moralprinzipien produzieren. Es ist selber ein »Prinzip« im Sinne eines schon vielfältig gemachten Anfangs, und die heuristische Frage ist, was an latenten Bereitschaften dieser Art sich heute und künftig in unserer Zivilisations-Öffentlichkeit wirksamer geltend machen kann, und auf welchen Wegen.

Schon in einem groben Überschlag läßt sich abschätzen, daß eine Unmenge von Tiermißhandlung für durchaus nichtige Zwecke betrieben wird, daß also schon mit dem traditionellen Medium der Tierschützer: der öffentlichen Bekanntmachung, eine weitreichende Bereitschaft in einer Bevölkerungsmehrheit aktiviert und manches rechtliche Verbot erwirkt werden kann. Das hat jedoch eine Grenze, an der die stärkeren Interessen wirksam werden: große Investitionen, wissenschaftliche Kapazitäten, Arbeitsplätze großer Wirtschaftsbranchen, die Exportbilanz, die internationale Konkurrenz – und über allem der wissenschaftliche Fortschritt zum Wohle des Menschen, zur Linderung von menschlichem Leid. Spätestes in dieser Domäne hört die Sache des Tierschutzes auf, ein *besonderes* Thema zu sein, geht es um den Gesamtverbund des Betriebsethos der Industriezivilisation, um die Kulturformen, Maßbestimmungen und Maßgrenzen »guten Lebens«. Auch bei der Inanspruchnahme von Tieren für Nutzungszwecke der Menschen kann es nur um Bestimmungen von Maßgrenzen des Vertretbaren und Verwerflichen zu tun sein. Es ist kaum vorstellbar, daß dies alles in Kampfentscheidungen zwischen Tierschützern und Tierbenutzern ausgetragen wird, wenn nicht in den Sphären technischen Umgangs mit Tieren eine freie Bereitschaft zur kritischen Maßbegrenzung sich ausbreitet. Die andere Bedingung ist, daß auch in einer weiteren Öffentlichkeit die Bereitschaft wächst, diverse Anspruchsmaße kritisch zu begrenzen und andere Prioritäten zu setzen; auf das Medizinwesen, das seine Überforderung selber provoziert, keinen so hohen Erwartungsdruck auszuüben; einen höheren Kostenaufwand für eine artgemäße Tierhaltung zuzugestehen. Die Belange der Tierwelt rücken somit Dinge, die auch unter anderen Auspizien zu neuen Regelungen anstehen, in eine zusätzliche Dimension. Es geht letztlich um einen gesamtgesellschaftlichen Zivilisationsgüter- und Lastenausgleich. Die heuristische Frage ist: Wie und wo kann in den Gefilden der Hochzivilisation eine solche Konzentration hochkultureller (auch sozial- und politisch-kultureller) Bildungselemente entstehen, daß daraus eine ebenso kraftvolle wie zwanglose Autorität erwüchse? Wie anderswo kann es auch im Ethos unseres Verhältnisses zu Tieren immer nur darum gehen, latente Bereitschaften freizusetzen, die sich in vielfältiger Problemwahrnehmung da und dort schon ausgebildet haben. Die Offenlegung und Interpretation der Tatbestände ist dabei wichtiger als jeder Appell.

VII. Die Zukunft des Ethos

Die Idee, mit programmatisch-normativen Ideen der Ethik gestaltend auf die Zukunft des Ethos vorzugreifen, hat sich als recht problematisch erwiesen. Mochte es in den häuslich-nachbarlichen Kleinräumen noch halbwegs passabel erscheinen, die Gesittungsweisen namentlich der heranwachsenden Menschen nach Leitideen der Sittlichkeit und Tugend heranbilden zu wollen – beim Blick in die Großräume des Gesellschafts- und Völkerlebens drängt sich das Bedenken auf, ob die geschichtliche Herausbildung neuer Gesittungsweisen nicht in einem von Grund auf anderen Modus vor sich geht. Dem suche ich mit einer »praxisanalytischen« Betrachtungsweise gerecht zu werden, die an die Stelle der ideen- und prinzipiengeleiteten Programmatik eine »Heuristik der lebendigen Kräfte« im Ethos setzt. Das Sichtfeld und vor allem die »Subjektbasis« dieser ethischen Heuristik wäre nun abschließend noch genauer auszuleuchten. Um die Koordinaten und Richtpunkte zu markieren, möchte ich ein Resümee aus den bis jetzt angestellten Betrachtungen zur Analyse von Ethos-Formierungen und – als ihre pragmatische Pointe – einige »allgemeine Geschäftsbedingungen« protokollieren, unter die sich daraufhin die Teilnahme am praktischen (»moralisch-praktischen«) Diskurs gestellt sieht.

1. Grunddispositionen für den »Diskurs Sittlichkeit«

Als ein Hauptbefund hat sich ergeben, daß das Feld des Ethos seit Menschengedenken und bis auf den heutigen Tag eine bedeutungsschwere topologische Gliederung nach Regionen und normativen Schichten zeigt, eine regionale Aufspaltung in einen Fundus von gleichen Allgemeinverbindlichkeiten, ungleichen Sondergerechtsamen und Sonderverbindlichkeiten und, schließlich, weite Areale von Unverbindlichkeit.

Von daher bestimmt sich die allgemeine Problematik und der Grundmodus geschichtlicher Formierungsschritte im Ethos: Daß überhaupt Gesittungsverbindlichkeiten im menschlichen Leben und Zusammenleben gelten, und welche es im Kern sind, das war eigentlich niemals das gravierende Problem sittlicher Handlungsorientierung. Das gravierende praktische Problem lag vielmehr stets in den *bestimmten Grenzziehungen* oder in den *Grenzlinienverschiebungen* zwischen den Domänen des Allgemeinverbindlichen, Sonderverbindlichen (oder der Sonderlizenzen) und des Nichtverbindlichen, wie auch in den näheren *Maßbestimmungen* von Verbindlichkeiten und Lizenzen.

Der Fundus an allgemeinen und anerkannten Grundverbindlichkeiten bildet so etwas wie eine Operationsbasis, von der aus immer wieder Grenzlinienverschiebungen (Ausweitungen von Allgemeinverbindlichkeiten oder Rücknahmen von Sonderlizenzen) initiiert werden; es bedeutet indessen eine »Überanstrengung des Begriffs«, solche Weiterungen im Wege einer normenlogischen Deduktion »begründen« zu wollen. Grenzlinienverschiebungen im normativen Prozeß der Ethos-Geschichte geschehen im Wege schöpferischer Synthesenbildung aus Aufgeboten des Anforderns und Bereitschaften des Entsprechens, des Anerkennens einer neu bemessenen Verbindlichkeit. Im normativen Prozeß sind die aktiv-interessierten primären Gütererschließungen nicht minder wichtig als die normativen Regelungen für die soziale Güterverteilung, die mitmenschlichen Verbindlichkeiten. (Sittlichkeit oder Ethos ist darum, konventionell ausgedrückt, nicht schlechthin das »Reich der Pflichten«, sondern ebenso die Domäne selbstbezogener »Wertschätzungen«. Nur was Menschen für sich selbst in Anspruch nehmen, können sie auch anderen schuldig sein.)

Eine ganz zentrale Geschäftsbedingung entsteht aus der Einsicht in die *Zweischichtigkeit* der normativen Ethos-Prozesse, ihrer Komposition (a) aus moralisch-bewußten und auf das Moralbewußtsein zielenden *Akten sittlich-normativer Rede* (moralisch-praktischen Diskurses) und (b) einem Prozeß des autochthonen *Sich-Auswirkens und Fortpflanzens praktischer Ethos-Potenzen.* Meine Überlegungen über das Zusammenspiel der beiden Prozeßschichten haben sich zu der Behauptung verdichtet, daß dieser zweiten Instanz Autarkie zukommt. Ethos wird nicht durch Moralbewußtsein (oder gar durch Ethik) produziert, sondern allein durch Ethos – durch Ethik wird Ethos nur indiziert, nicht induziert. Die sprachliche Präparation, Präsentation und Propagierung normativ-essentialer Gehalte hat keine praktisch-direktive Funktion, sondern nur eine symbolisch-repräsentative. So wird es zur methodischen Devise, die normativen Gehalte nicht separat, sondern stets in der praktischen Konkretionseinheit mit den bestimmt-lokalisierten Ethos-Kapazitäten zu vergegenwärtigen, als *normative Kraft im Wirklichen* und, wo immer nötig, mit Benennung der Personengruppen, in und zwischen denen das normative Geschehen sich abspielt, sozusagen »praxis-transparent«.

Damit kommen wir zu einem weiteren Punkt: zu den bestimmten *gesellschaftsgeschichtlichen Konturen von Ethos-Formationen und -Reformationen.* Es ist schon immer darauf angekommen, in welchen gesellschaftlichen Klassen- und Schichtlagen sich einerseits die Vermögen einer geschichtlichen Fortbildung des Ethos und andererseits die Widerstände dagegen ausgebildet und konzentriert haben. Das ist in einer prospektiven Heuristik (als »Analogie der Erfahrung«) methodisch bedeutsam für die Blickrichtung, in der sie ihre Sondierungen und Anfragen ansetzt.

Die angeführten Bestimmungen gelten reflexiv für den diskursiven Wirkraum und den »Geltungsanspruch« der praxisanalytischen Ethik selbst; sie selbst ist relativ auf eine in ihr umschriebene Konfiguration in den gegenwärtigen Kräfteaufgeboten des Ethos-Prozesses und hypothetisch-tentativ angesetzt als ein möglicher konzeptiver Rahmen der Selbstverständigung und der Verhandlungssprache innerhalb eines vorerst nur dem Habitus nach umschriebenen Gesellschaftsteils.

2. *Über den gesellschaftsgeschichtlichen Ort der Ethik: Das Ethos bürgerlicher Bildung*

Die Philosophie, und mit ihr die Ethik, gehört von Hause aus der Bewußtseins- und Daseinswelt jener besonderen Schicht von Gebildeten und Erkenntnisbeflissenen an, die in den Stadtbürgergesellschaften herangewachsen ist. Je länger desto deutlicher wird die Philosophie im allgemeinen und die praktische Philosophie im besonderen zu einem Organon der spezifischen Politik, die diese Gebildetenschicht für sich selbst und auf das gesellschaftliche Ganze hin betreibt, zunächst weithin in Subordination unter die andere Politik, der die Gebildeten unter ihren diversen geistlichen oder weltlichen Oberherren beredsam zu dienen hatten. Ihre eigene Politik ist eine aus dem *Ethos der Kultur,* die diese Schicht ausgebildet hat und durch die sie dem Ethos der heraufkommenden bürgerlichen, zivilen Gesellschaft einige besondere Züge einzeichnete. Am stärksten haben sich im Medium der Gebildeten die Züge eines *Ethos der Erkenntnistätigkeit* ausgeprägt, des einsamen und freien, oft kühnen Vordringens ins Unerschlossene, Nichtfestgestellte und Unbegrenzte. Es ist ein Ethos des »freien Unternehmertums«, freilich nicht mit dem Interesse materiellen Erwerbs, sondern mit dem Pathos der interessiert-uninteressierten Wahrheitsfindung und einer an keiner Schranke haltmachenden Wahrhaftigkeit, die sich so fest mit der personalen Identität verschmelzen kann, daß herausragende Repräsentanten dieses Ethos alle anderen Interessen dahinter zurücktreten lassen konnten, im Grenzfall selbst die Sorge um das eigene Leben. Das dezidierte Selbstsein in der Erkenntnistätigkeit hat sich ethosgeschichtlich vielfach als starke personale Gegenmacht gegen übergreifende Herrschaftsautorität und »Geistesknechtschaft« bewährt. Weil sich das dezidierte Selbstsein im Erkennen andererseits mit einem ebenso dezidierten Seinlassen der erkannten Sache – als das, was sie ist – verschränkt, kann die Offenheit, die »Aufgeschlossenheit« der Erkenntnishaltung sich ebenso als Unvoreingenommenheit gegenüber der Besonderheit der Mitmenschen, als Verständnisbereitschaft ihnen gegenüber bewähren. Die ganz der Sache geltende Erkenntnis kann das Medium eines achtungsvoll-kollegialen Zusammenwirkens der Erkennenden sein. Und so ließen sich noch andere Kulturelemente im Ethos der Bildungssphäre benennen, auch für ihre anderen Medien wie Erziehung, Heilkunde, Seelsorge, künstlerisches Schaffen. Nicht daß die Personenverhältnisse und das personal-interpersonale Ethos dieser Sphäre von Ambivalenzen und sogar extrem gegensätzlichen Prägungen frei wären – augenfällig ist gleichwohl, daß wir es hier mit außerordentlich intensiv durchgebildeten Ethos-Formungen zu tun haben, mit exemplarischen Hochkulturen eines Ethos der personalen Autonomie und der reichen Persönlichkeit, der interpersonalen Achtung und des gegenseitigen Wohlwollens, gerade genug davon, daß sie eine Gegenwelt zu der herrschenden sein konnten. Es bildet den Grundstock einer »autonomischen Kultur« (G. Konrád), deren besondere Ethos-Potenzen *autonome Wissenskraft* und *Kooperationskultur* sind.

Das Ethos der Gebildetenschicht als eine Sonderformation im Ethos der modern bürgerlichen (und schließlich »kapitalistischen«) Gesellschaft hat an der neuzeitlichen Ethos-Formierung einen eigentümlichen und gewichtigen Anteil gehabt und ist seinerseits von den noch gewichtigeren, manchmal buchstäblich überwältigenden Ethos-Energien seines gesellschaftlichen Umfeldes mitgeformt worden. Zu dieser Realgeschichte eines Ethos, seiner Formulierungsleistungen und Leistungsgrenzen, gehört die Geschichte der philosophischen Ethiken (mitsamt ihren anthropologischen, geschichts- und rechtsphilosophischen und ästhetischen Affiliationen). Die humanistische Vernunftethik der Aufklärung, des deutschen Idealismus und seiner Ausläufer hat ihre praktische Substanz in den (begrenzten) Formierungsleistungen und prospektiven Potenzen des bürgerlich-gebildeten Ethos, und sie setzt sich an den schmerzlich erfahrenen Leistungsgrenzen in Perspektivik, Postulation und Programmatik um, in die Idee einer weltbürgerlich vereinigten Menschheit. Diese Idee wurde fortan zum Maß für die geschichtliche Wirklichkeit.

In der geschichtlichen Wirklichkeit hat das Ethos der humanen Bildung und Kultur seit dem großen rhetorischen Fest des Aufklärungszeitalters eine wechselvolle Geschichte durchlaufen. Die Erwartung eines nicht mehr fernen Reiches der Brüderlichkeit von Freien und Gleichen löste sich in der Französischen Revolution und im Napoleonischen Zeitalter rasch auf. Die Nation und ihr Staat wurden für eine unbestimmt lange Geschichtsperiode zum Zentrum aller Verbindlichkeiten und zur Grenze für einschneidende Trennungen. Mit der heraufkommenden kapitalistischen Industriewirtschaft entstand ein neues soziokulturelles Gravitationsfeld mit gravierenden Auswirkungen auf die autonomistische Kultur. Das Jahr 1848 wurde für Europa zu einer wichtigen Peripetie: Die bürgerliche Gesellschaft entfaltet sich nunmehr auf breitem Fundament als *kapitalistische* Gesellschaft. Nationalstaat und Wirtschaftsgesellschaft boten wachsenden Gruppen von akademisch Gebildeten oder Ausgebildeten vielfältigen Betätigungsraum. Mit der Gesamtheit ihrer Kompetenzen und ihrer Wissenskraft erlangten sie hohe Wichtigkeit für das Funktionieren und die Kraftentfaltung der Nationen. Mit der bestimmten Funktion – statt eines unbestimmten Schwebezustandes – setzten sich freilich auch Funktionalisierung und Funktionsbeschränkung durch.

Im Ethos der Bildungsschicht hat sich eine von Nation zu Nation leicht variierende Gemengelage von Feldern je besonderer Güterattraktion und Gütergemeinschaft ergeben. Die Attraktionen gesamtgesellschaftlicher Bedeutsamkeit erfüllten sich am reichlichsten in den Funktionen für Staat und »Wirtschaft« (diese repräsentiert durch das Unternehmertum), in der Doppelfunktion von hochautonomen Gebietskompetenzen innerhalb einer tiefsubalternen Gesamtloyalität. Die Subalternität erstreckte sich, je länger desto weiter, in den Betätigungsraum hinein, in dem die frühbürgerliche Autonomiekultur ihre Triumphe errungen hatte: in den Raum der Wissenschaft, sofern diese zum »Wissensdienst« an der Nation wurde. Der Universalismus der »Gelehrtenrepublik« war damit nachhaltig desavouiert. – Charakteristisch für diese Wende ist die Reaktion von Marx auf einen neuen Stand der Dinge in der Nationalökonomie: »An die Stelle uneigennütziger Forschung trat bezahlte Klopffechterei, an die Stelle unbefangener wissenschaftlicher Untersuchung das böse Gewissen und die schlechte Absicht der Apologetik.« Oder Schopenhauer über die Universitätsphilosophie: »Einem Philosophieprofessor fällt es gar nicht ein, ein auftretendes neues System darauf zu prüfen, ob es wahr sei, sondern er prüft es sogleich nur darauf, ob es mit den Lehren der Landesreligion, den Absichten der Regierung und den herrschenden Ansichten der Zeit in Einklang zu bringen sei.«

Teilhabe an etwas Hohem und Großem vermittelte neben der Nation, ihrem Reichtum und ihrer Macht, auch die Sphäre der Kunst, die im 19. Jahrhundert eine religiöse Weihe empfing und zugleich eine Sphäre reinen und erhebenden Genusses sein konnte.

In eine eigenprofilierte Politik haben die gebildeten Stände ihre funktionelle Wichtigkeit nicht umgesetzt, vielmehr trugen sie loyal und emphatisch, bisweilen enthusiastisch bis zum Exzeß die offizielle Politik der herrschenden Sphäre mit, und dies um so entschiedener, je mehr die Sozialbewegung der arbeitenden Klassen ihren politischen Geltungsanspruch entfaltete. Nur eine Minderheit der Gebildeten kultivierte souveräne bürgerliche Liberalität und kosmopolitische Weitsicht. In Anbetracht der sinnfälligen Konstitutionsschwäche des bürgerlichen Liberalismus und Kosmopolitismus kam ein so radikaler Verfechter der autonomistischen Kultur wie Marx dazu, in der heraufkommenden Arbeiter-Emanzipationsbewegung eine epochale menschheits- und freiheitsgeschichtliche Kraft zu vermuten und zu postulieren. Wie bedeutsam die Initiative und Entfaltung dieser Bewegung für die neuere Sozialgeschichte auch geworden ist, sie blieb hinter den kühnen Erwartungen und Hoffnungen ihres Vordenkers dennoch weit zurück. Im Rückblick kann man sagen, daß die Erwartungen, die Marx in die revolutionäre Potenz des Proletariats setzte, darum so forciert und übersteigert gewesen sind, weil er in seiner eigenen soziokulturellen Schicht so wenig republikanisch-kosmopolitische Substanz antraf. Die Position der (nicht sehr zahlreichen) bürgerlichen »Bildungselemente«, die sich mit den Organisationen der Arbeiterbewegung verbunden haben, kann man als bedeutsam in ihrem sozial-ethischen Gehalt würdigen, sofern sich darin Unabhängigkeit gegenüber den herrschenden Mächten bekundet und oft auch erweiterte menschliche Solidaritätsbereitschaft; sie blieb gleichwohl prekär und wurde noch prekärer, als ein Randkontingent der europäischen Arbeiterbewegung in die geschichtliche Lage kam, eine große soziale Revolution zu vollbringen. Die autonomistische Kultur geriet damit in noch größere Bedrängnis.

Zum Offenbarungseid für das Ethos, das sich im 19. Jahrhundert unter den Gebildeten etabliert hatte, wurde der Weltkrieg des 20. Jahrhunderts. Er offenbarte, in welch hohem Grade, auf welch breiter Massenbasis die Ethos-Potenzen der Sphäre höherer Bildung, autonome Wissenskraft und Kooperationskultur, eine »Mediatisierung« erfahren konnten, den Verlust ihrer »Reichsunmittelbarkeit« und Universalität. Viele, allzu viele Mitträger dieser Kultur haben die Freiheit nicht personal, sondern korporativ in Anspruch genommen, national (als eine regional bornierte Reichsangehörigkeit, nicht als eine im Universalreich menschlicher Kultur und Gesittung). Und damit waren auch die Grenzen human-ethischer Kultur gezogen. Der Zug ins Hohe profanierte sich zu einem Drang ins Große, in die Weite des imperialen Geltungs- oder Herrschaftsanspruchs für die eigene Nation, und die Bildungsbürger haben darin die Erwerbsbürger womöglich noch in den Schatten gestellt. Das Kräfteverhältnis zwischen der nationalistisch korporierten Geisteswelt und ihrem europäisch-kosmopolitischen Widerpart wird für Deutschland sinnfällig dokumentiert einerseits durch den 1914 veröffentlichten gereizten »Aufruf an die Kulturwelt«, dessen 93 Unterschriften sicher beliebig zu vermehren gewesen wären (auch wenn später einige die ihre gern wieder zurückgezogen hätten), und andererseits den gescheiterten Versuch von G. F. Nicolai und A. Einstein, darauf mit einer Manifestation an die Europäer zu antworten.[98] Nachdem sich die Destruktivität des Ersten Weltkrieges im Zweiten noch einmal unermeßlich gesteigert hatte und Auschwitz–Hiroshima zu Symbolen der Epoche geworden waren, erklärten einige das Unternehmen Kultur gar schon für gescheitert. Erwiesen hatte sich indessen nur, daß die Sphäre der Kultur im Sinne des idealtypischen Begriffs, den man von ihr haben konnte, in ihrer realgeschichtlichen Repräsentation eben bloß ein schwaches Agens im Kräftegetriebe einer Epoche gewesen ist, deren dynamisches Zentrum man darin sehen kann, daß eine bürgerlich-kleinbürgerliche Übermobilisation die Begehrlichkeiten weit über die reellen Befriedigungsmöglichkeiten des werdenden Hochindustrialismus hinaustrieb. Die Hauptmasse der Gebildeten konnte von sich auch nur sagen, daß sie bei dieser Epoche der Weltgeschichte ebenso kräftig mit dabeigewesen ist. Das Ethos der nationalen Beschränktheit und einer ästhetischen Reduktion der Menschheitsfragen finden wir auf dem halben Weg zwischen 1918 und 1933 in einem Hauptwerk philosophischer Ethik, in der *Ethik* von N. Hartmann, dokumentiert. Unter der Überschrift »Menschheit und Volk« steht hier geschrieben: »Die strenge Allgemeinheit kann nicht aktuell sein, sie ist Idee. [...] Die konkrete Sphäre ethischer Wirklichkeit ist die naturgewachsene, oder auch die geschichtlich geschaffene empirische Gemeinschaft. Auf ihr, nicht auf der Allheit im strengen Sinne, erblüht die Fülle all der Werte. [...] Es gibt keine Menschheitssprache und keine Einheitskultur der Menschheit, sondern nur spezifische, völkische. Gegen diese Gegebenheiten konkretester Wertfülle ist das Allgemein-Menschliche blaß ge-

nug, und vollends die Idee der Menschheit als Allheit tief unwirklich.«[99]
Werfen wir nun einen Blick auf die Kräfteverschiebungen, die sich in der Nachkriegszeit in der Sphäre der Bildung und ihrem Ethos vollzogen haben. Da ist zuerst eine beträchtliche Vergrößerung, ja Vervielfachung (bei uns um vier bis fünf) des Volksteils zu registrieren, der durch eine höhere Bildung in mehr oder weniger intellektuell angereicherte Betätigungsfelder mit erhöhten Autonomie-Anteilen gelangt. Genau besehen ist der Vorgang gewiß nicht ohne Ambivalenzen, sofern vieles von dieser »Bildung«, die einen »Bildungsnotstand« hatte beheben sollen, schlicht in *Ausbildung* besteht, und die Verbreiterung der Basis immer wieder durch eine Verwohlfeilerung der Standards erzielt worden ist. Ein Zuwachs an disponibler »instrumenteller Vernunft« dürfte bei alledem immerhin herausgekommen sein. Die soziale Position der verbreiterten Intelligenzschicht ist nicht mehr so »elitär« wie die der vormaligen (ein säkularer Vorgang, der jetzt nur eine merkliche Intensivierung erfahren hat) – das »Ständische« ist in einem allgemeinen »Arbeitnehmer«-Status aufgegangen, und die Affinität zur herrschenden Sphäre ist nicht mehr allgemein.
Fragt man danach, welche Dispositionen damit für das gesellschaftliche Ethos entstanden sind, so wird man vorab dessen eingedenk sein, daß im Ethos großgesellschaftlicher Gemengelage vieles nicht Sache der substantiellen Konstitution, sondern der konjunkturellen Kondition ist, und daß die zweite Nachkriegszeit sich vor der ersten dadurch auszeichnet, daß sie die ethische Konstitution und Kondition im Areal der einstigen Kriegführenden niemals auf eine ernste Probe gestellt hat. An welchem Maß kann man Bewährung oder Ungenügen messen? An den Problemen von gestern (die sich heute nicht wieder gestellt haben) oder an den Problemen von morgen (von denen nur einige zu wissen glauben, wie sie sich stellen werden)? Für die besondere »Problemzone«, als die sich in der jüngsten Geschichte die Sphäre des »deutschen Geistes« erwiesen hat, läßt sich heute wohl konstantieren, daß sich die nationalstaatliche Fixierung ebenso merklich aufgelockert, vielfach sogar aufgelöst hat (wie das Phänomen Kriegsdienstverweigerung zeigt), wie die obrigkeitsstaatliche und zumal die antirepublikanische.
Welche Fraktionierungen im Ethos der Bildungsschicht könnten als prospektiv bedeutsam gelten? Deutlichere Konturen werden sich erst dann abzeichnen, wenn das Politischwerden der technischen Intelligenz über Vorankündigungen ihrer Dringlichkeit hinausgelangt sein wird. Ebenso offen ist vorerst, was es bedeuten kann, daß es im Nachkriegsdeutschland eine gesellschaftspolitisch im Bürgerlichen und Ka-

pitalistischen verbliebene und eine sozialistisch umsozialisierte Intelligenzschicht gibt. Eine weitere Markierung ergibt sich daraus, wieviel (oder wiewenig) an autonomer Intelligenz die Parteiorganisationen in sich aufnehmen konnten und wieviel davon außerhalb ihrer geblieben ist. Die traditionelle Spaltung in Links- und Rechtsintellektualität, die in letzter Zeit einige spektakuläre Wiederbelebungen erfahren hat – in der Hochschulrevolte und als Reaktion auf sie –, dürfte eher ein geschichtlicher Nachhall sein. In der Tradition des Arbeitersozialismus fühlten sich antikapitalistisch, staatskritisch und weltbürgerlich gestimmte Köpfe immer wieder zu einem Bündnis Volksintelligenz–Volksmassen gedrängt; es wurde zu einer hochmoralischen Frage, ob die Intelligenz »dem Volke dienen« solle statt dem Kapital. Vielleicht geht indessen die Zeit zu Ende, in der die Intelligenz – bisher betraf das ohnehin immer nur das »humanistische« Segment – nur dem einen Herrn dienen konnte oder dem anderen. Ich werde im weiteren die Epochenfrage nach einer autonomen Konstituierung der Intelligenz als eigene gesellschaftspolitische Kraft aufnehmen. Der ungarische Romancier, Essayist und »unabhängige Europäer« György Konrád, der (zusammen mit Ivan Szelényi) den geschichtlichen Weg der osteuropäischen Intelligenz nachgezeichnet hat, gehört zu den Vordenkern dieser neuen Rollenbestimmung.[100]

Die Frage nach den aktuellen Ethos-Potenzen der Gebildetenschicht wird oft im Lichte der »Aufgaben« gestellt, die »bewältigt werden müssen«. Die Aufgaben stehen dabei in einer geradezu gigantischen Größenordnung vor Augen: Sicherung des globalen Friedens, Umorientierung der Technik, Neuordnung der industriellen Arbeitsverteilung, Steuerung des Bevölkerungswachstums und anderes mehr. Unsere Zivilisation wird sich entweder ändern, indem sie diese Existenzprobleme bewältigt, »oder wir gehen an ihr zugrunde«. Ich möchte versuchen, die Angelegenheit in eine andere Perspektive zu rücken, so daß nicht mehr eine moralisch verstandene Klassenloyalität oder eine Aufgabenorientierung das Maßgebende ist, nicht mehr die Altruismen des Moralbewußtseins das Schlüsselamt haben. In allen jenen großen Weltproblemen steckt eine Art von »Meta-Problem«, das der spezifischen Kapazitäten der Problembearbeitung. Für diese Kapazitäten habe ich bereits die Kurzformel angesetzt: Wissenskraft und Kooperationskultur. In eine heuristische Form gebracht wäre es dies: Wie kann sich gesteigerte Wissenskraft in höhere, weiterreichende Kooperationskultur, in weiträumige Koordinierungsleistungen umsetzen? Welche Loyalitäten würden sich in diesem Falle lockern, welche neuen aufbauen?

3. »Große Politik«: Makro- und Mikroteleologie von Ethos-Innovationen

Ein gemeinsamer Zug der programmatischen Ethiken ist es, daß sie eine Erneuerung des Ethos, dieses als Kanon von Imperativen genommen, ihrerseits im Modus des Imperativischen von einem Ensemble großer, ganz großer Aufgaben herzuleiten suchen, oder genauer von einer epochalen Alternative: »Unsere Zivilisation wird sich entweder ändern oder wir gehen an ihr zugrunde«; und zu der Änderung »bedarf es« einer »bewegenden moralischen Zentralkraft«, die für E. Kogon »ganz offensichtlich die Solidarität« ist, eine, die nicht mehr regionalistisch eingeschränkt, sondern »generell gewordene Verpflichtung« ist. Die »Aufgaben vor uns«, das sind (wie schon bemerkt) gigantische Weltprobleme, die Kogon so benennt: »die Sicherung des Friedens unter den Weltmächten und ihren Anhängerstaaten, eine Umorientierung der Technik, die Verteilung der Arbeitsmöglichkeiten in der Europäischen Wirtschaftsgemeinschaft, die Entwicklung der Länder in der Dritten Welt, die Reglementierung der Bevölkerungsvermehrung, unser Verhältnis zur Natur«.[101] Der Wahrnehmungs- und Wirkungsraum erlangt so, zusammen mit seiner äußersten Ausweitung aufs Ganze, eine bestimmte, nämlich »makroteleologische« Strukturierung. Das insgesamt Strukturierende ist die denkbar weitgespannte und radikalisierte Alternative von Fortbestand oder Untergang – wenn nicht der Menschheit, so doch immerhin unserer Zivilisation. Die positive Seite der Alternative, das »Überleben der Menschheit« oder die Bewahrung ihrer höchsten Errungenschaften, wird zum kardinalen Ziel, von dem sich die epochalen Aufgaben herleiten. Von welcher »moralischen« Qualität die Orientierung des Handelns an diesen Aufgaben ist, das bleibt in den Ethiken oder Strategien der Zukunftsbewältigung ethisch-strategisch ambivalent, nämlich zwischen einem kategorischen Imperativ (daß eine Menschheit auf der jetzt erreichten Stufe von Menschlichkeit sein und bleiben soll) und den mehr hypothetisch-imperativischen Vermittlungsweisen (wenn wir überleben wollen, dann müssen wir...). Wie man sieht, können auch moralische Qualitäten als »erforderliche« auf eine (moralische oder andere) Weise geboten erscheinen; das Strategische und das Pastoral-Missionarische fließen da oft ineinander. Ich möchte jetzt zusammenfassend die methodischen Differenzen bezeichnen, die zwischen den appellativen Großraum-Ethiken (mit ihrer Hochdruck-Normativität) und der ethischen Heuristik bestehen, die sich an eine Analytik der Ethos-Praxis anschließt. Diese Differenz sei nicht einfach dogmatisch statuiert, sondern selber noch einmal heuristisch ausgelotet: Es liegt ja auch eine gewisse Stringenz darin, vielleicht sogar Unausweichlichkeit, daß sich das Wirkfeld in der Anfangs- und Inkubationsphase einer kritischen Prozeßkonstellation auf eben jene Weise makroteleologisch strukturiert und überhaupt allerlei Vergrößerungseffekte sich einstellen. Ich mache nur geltend, daß diese Präliminarform von Mobilisationsversuchen nicht auch schon die definitive Form einer Aktivierung der maßgebenden Energien ist. Sowohl die prospektive Problemvergrößerung als auch der beschwörende Gestus gehören einem präliminaren Stadium in der Problementfaltung selbst an, und wer sich ernstlich auf diese Situationsbestimmung eingelassen hat, kann wenigstens einen Vorbegriff von einem Formwechsel im normativ-rhetorischen Modus haben, der im Falle eines Fortgangs eintritt, wenn Aktivitäten des Änderns auf breiter Kräftebasis spruchreif werden.

Das Prekäre der negativ vermittelten Zukunftsorientierung läßt sich unter mehreren Aspekten kennzeichnen. Die enorme Maßvergrößerung des zu gewärtigenden Schlimmen und Katastrophalen könnte zwar den pragmatischen Sinn haben, die Sache dringlich zu machen; gerade in solcher Maßvergrößerung aber rückt die Sache aus den Reichweiten einzelmenschlichen öffentlichen Wirkens hinaus, wird sie überdimensional. Die Szenenbesetzung des Wirkungs- und Handlungsraumes ist ausgesprochen selektiv stilisiert und monumentalisiert, alles Entscheidende ist in ganz wenige Koordinaten eingelagert. Ob sich unter den ausgeblendeten Nebenmomenten aber nicht gerade einiges Hauptsächliche befindet? Die Vermittlung der zu gewärtigenden Wirkungen mit den zu ihrer Abwehr bestimmten Handlungen geschieht auf eine ziemlich kurzschlüssige Weise, indem die Drohung des Bösen, in dringliches Sollen und Müssen umgesetzt, den guten Willen oder den Willen zum Guten beflügeln soll; aus dem Blickfeld gerät dabei leicht die Seite des spezifischen, oft sehr spezifischen Könnens. So kann die Großmobilmachung des Willens ebenso an relevanten Problembeständen wie an relevanten Bearbeitungskapazitäten vorbei erfolgen. Sie kann kraft der ideologischen Stilisierung, in der die Anlässe und die Aktivitäten des fälligen Wandels herauskommen, zum Kristallisationsfeld für die verschiedensten Arten von Unbehagen und Unmut werden, die mit den benannten Anlässen nur mittelbar zu tun haben; statt der reellen Identitäten und Belange erfüllen forcierte Identifikationen den Diskurs. Der Kommunikationsrahmen der Umkehr-Appelle ist nicht gerade »republikanisch«, es ist nicht der einer Beratung unter annähernd gleichkompetenten Zeitgenossen, sondern zeigt ein hierarchisches Gefälle von den Rednern zu den Hörern des Worts, wenn dahinter nicht sogar gleich eine »strategische« Konstellation sichtbar wird, die einer zentral mobilisierten Massenbewegung. Von dem Negativen des zu gewärtigenden Unheils führt uns die Ethik der Zukunftsverantwortung zu einer wiederum negativ bestimmten Verhaltenskonsequenz: einiges zu unterlassen und auf einiges zu verzichten. Furcht weckt die Bereitschaft zur Askese, zur Zurücknahme exzessiver Ansprüche.

Aus manchen Analogien der geschichtlichen Erfahrung vermute ich nun, daß auch künftighin ein substantieller Wandel im Ethos der kapitalistischen und sozialistischen Industriezivilisation, sofern es überhaupt zu ihm kommt, nicht den Leitlinien der eben noch einmal skizzierten Großraum-Teleologie folgen wird. Art und Dimensionierung der bewegenden Probleme, Zeitordnung der prozessualen Orientierung, Dispositive von negativen und positiven Situationsmomenten sowie die Besetzungen des inneren Motivationsraumes sind in der praxisanalytischen Heuristik lebendiger Wirkkräfte anders gesehen als in der »Heuristik der Furcht«, die das Rettende aus dem Bewußtsein der drohenden Gefahr zu entwickeln sucht.

Die Problematiken, die da auf uns zukommen könnten, lassen sich ebenso als solche begreifen, die wir aus dem Vergangenen mit uns führen und von deren einigen man erwarten kann, daß sie in weiter veränderten Konstellationen manche Verschärfung erfahren. Was die Art der Problematiken betrifft, so ist aller »Soziologie-Müdigkeit« zum Trotz darauf zu bestehen, daß auch weiterhin alles den Durchgang durch das Prisma gesellschaftlicher Positionsverteilungen und Funktionsbestimmungen nimmt, also die klassen- und schichtspezifische Teilhabe (aktiv wie rezeptiv) der unterschiedlich placierten Mitgesellschafter vielleicht ebenso wichtig ist wie der jeweilige Problemgehalt. Was überhaupt für unsere moderne Zivilisation »das Problem« geworden ist, bringt man gelegentlich in die Alternativform, ob es eine »Zielkrise« oder eine »Steuerungskrise« sei – H. Lübbe antwortet darauf mit Emphase, das zweite sei der Fall. Vielleicht ist die Alternative so allzu schroff und wohl auch zu undeutlich aufgemacht – setzt man »Überfluß für alle« als Ziel, so wird man sagen müssen, es sei schon mehr als »kritisch« geworden. Die Kategorie »Ziel« ist im Hinblick auf geschichtliche Makroprozesse aber überhaupt prekär. Daß die Fragen einer »Steuerung« der sozialen Makroprozesse die schlechthin zentrale Vermittlungsstation für alles und jedes sind, dem kann man durchaus beipflichten.

Zweifel an der Fähigkeit zu einer »vernünftigen« Selbststeuerung der Markt- und Konkurrenzwirtschaft war es, der schon den jungen Engels (noch vor Marx) zur Absage an den Kapitalismus gebracht hat. Von daher ergibt sich eine deutlich »herkunftsorientierte« Perspektive, indem man die Komplikationen dieses »Steuerungs«- oder Koordinierungsproblems durch seine verschiedenen geschichtlichen Stationen hindurch verfolgt. Es ist wohlfeil, der notorischen Kurzatmigkeit und Reaktivität der privatunternehmerischen wie der staatsinterventionistischen Dispositionen das Postulat einer weitblickend-zukunftsorientierten Gesamtverantwortung entgegenzuhalten. »Das Problem« dürfte indessen sein, wie sich in einem Erfahrungsfortgang ein Ensemble von wirklichen Kompetenzen gesamtgesellschaftlicher Koordinierung im Zivilisationsverhalten aufbauen kann, unter welchen Impulsen und in welchen sozialen Lagen.

In welchem Modus könnte das vonstatten gehen, daß in den Güterverhältnissen des Zivilisationslebens eine Innovation einsetzt, indem relevante Gesellschaftsteile unter mancherlei Druck, Zug und Schub ihr Güterverhalten ändern? Für den aktuellen Fall ist zu bedenken, daß nach Jahrzehnten einer fast ununterbrochenen Prosperität die ersten Vorboten einer tiefergreifenden Zivilisationskrise zu erkennen sind – kaum weniger, aber auch nicht mehr. Es ist daher nicht verwunderlich, daß das unbekümmerte Wie-bisher-Weitermachen der einen bei den anderen eine um so lebhaftere Reaktion provoziert; sie suchen einen mutmaßlichen Problemdruck von morgen schon heute zu aktivieren, und sie aktivieren dabei zwar nicht diesen, aber einen schon gegenwärtigen Problemdruck von besonderer Provenienz. Manche »Randgruppen« bekunden Unbehagen oder Unmut früher als die Zentralgruppen der Gesellschaft. Es entsteht so ein Vorfeld von Aktivismen, die eine sich verdichtende Problemlage signalisieren. Für den weiteren – progressiven oder regressiven – Fortgang hängt alles davon ab, in welchem Grade Aktivitäten in Gesellschaftsteilen initiiert werden, in denen besondere Kompetenzen ausgebildet sind, und das wären in unserem Falle eben Kompetenzen der kooperativen Koordination. Darin liegt das Maß der geschichtlichen Produktivität einer solchen kritischen Situation. Die Jahre der Weltwirtschaftskrise nach 1929 sind für Deutschland das Beispiel einer Problemlage, in der sich kein hinreichendes Maß an produktiven Kompetenzen zusammengefunden hat. Man kann nur hoffen und einige Zuversicht haben, daß das Ensemble koordinierender Kräfte heute die kritische Schwelle übersteigt. In diesem Punkt muß sich die ethische Heuristik eine Schwäche eingestehen, die in der Sache selbst liegt und die in der appellativen Ethik überspielt wird: Während diese bestrebt ist, Kräfte zu wecken, sieht jene sich darauf angewiesen, daß Kräfte von sich aus wach werden.

In der Heuristik der produktiv-koordinierenden Kompetenzen ist es darum zu tun, unaufdringlich die Orte zu ermitteln, an denen sich solche Kompetenzen in Bereitschaften und bestimmte Interessen umsetzen. Die von den Erweckungsethikern signalisierte Großproblemlage mag in diesem Umkreis eine unbestimmte, jedoch nicht unverzichtbare heuristische Bedeutung haben – wie die Wittgensteinsche Leiter, die man wegwerfen kann, wenn man sie gebraucht hat. Hauptthema sind nicht die großen, übergroßen »Aufgaben«, sondern die »kleinen« gegenwärtig-aktuellen Interessen und ihre weitergehende Koordinierung. Und hierbei dreht es sich nicht vordringlich um jene Interessen, die wegen gebotener Verzichtleistungen tunlichst zu unterdrücken wären (das ist ein untergeordnetes, integriertes Problem eines internen sozialen Lastenausgleichs). Das Dominante ist nicht die Negativität totaler Bedrohung, sondern die Positivität von Interessen und Kompetenzen, ja vielleicht sogar die von möglichen Zugewinnen. Wohl sind es ganz fraglos immer bestimmte Negativa, die den Anstoß zu Änderungen geben, es sind dies aber die jetzt schon erfahrenen oder in absehbarer Zeit zu gewärtigenden. Die gesamte Orientierung bewegt sich somit innerhalb einer immanenten Mikroteleologie der Erhaltung-durch-Änderung. »Um die Früchte der Zivilisation nicht zu verlieren«, so ist es einmal bei Marx gesagt, sind die Menschen gezwungen, ihre überkommenen Gesellschaftsformen zu ändern. Die mehr spezifische Frage der »innergesellschaftlichen Vermittlung« wäre dann, wovon die Nötigungen ausgehen und wer sie produktiv zu verarbeiten vermag. Dem suche ich in meinem heuristischen Ansatz Rechnung zu tragen, wobei an die Stelle der unspezifischen Warnungen und Forderungen »An Alle« die gezielte Suche nach sozial bestimmt-lokalisierten Interessen und Kompetenzen tritt, von denen her und um die herum sich eine veränderte Gesamtkoordination vorstellen ließe.

Genaugenommen muß es überhaupt nicht um eine Orientierung an »Zielen« zu tun sein, weder an solchen der Verwirklichung noch an solchen der Verhinderung. Das kardinale Interesse läßt sich ebenso »herkunftsorientiert« als das an einer Zunahme respektive Abnahme von bestimmten Kräfteaggregaten ausdrücken: durch Potenzierung der Potenzen kooperativer Integration eine Mindestgewähr dafür zu erreichen, daß die im Fortgang der Zivilisationskrise zu gewärtigenden Engpässe, Ausfälle, Verlagerungen und Abbrüche auf der mühsam erreichten Stufe von Humanität zu bewältigen sind.

Als ideengeschichtliche Anmerkung sei hinzugefügt, daß die Heuristik der lebendigen Ethos-Energien sich recht gut an die Marxsche Dialektik von »Produktivkräften« und »Produktionsverhältnissen« (gesellschaftlichen »Verkehrsformen«) anschließen läßt, sofern man diese in ihrem originären dialektischen Verständnis nimmt. Ein Kernpunkt ist die prospektiv bedeutsame Beobachtung, daß es immer vom insgesamt erreichten Stand qualifizierter »Selbsttätigkeit« im Felde der »gegenständlichen« Produktionen abhängt, in welche gesellschaftlichen (herrschaftlich-subordinativen oder mehr kooperativen) Zuordnungen die Menschen eintreten. In diesem Sinne plädiere ich dafür, das Ethos gebührend weit als das Ensemble des Güterverhaltens und nicht auf die »moralische« Interpersonalität (oder Mitmenschlichkeit) eingeengt zu fassen, wie auch dafür, dem qualifizierten Selbstsein und dem aktiven Interesse am je eigenen Selbstsein die Schlüsselfunktion in der Konstitution des Ethos zuzuerkennen. Eine weiterreichende Innovation oder Reformation im Ethos tritt demnach ein, wenn in einer bestehenden Gemengelage des Güterverhaltens in den Güterverhältnissen eine Diskrepanz von der Art entstanden ist, daß gewachsene Kapazitäten einer höheren, weiterreichenden Selbsttätigkeit (mit höherer kooperativer Potenz) durch ein bestehendes System der Kompetenzenverteilung eingeengt werden, während das Funktionieren dieses Systems zugleich Anomalien und Übelstände produziert. Das Herzstück der Innovation besteht darin, daß die Träger der höheren Kapazitäten (Kompetenzen) ein vitales Interesse daran bezeugen, sie als Kompetenzen (Zuständigkeiten) anerkannt zu sehen. Damit ist zugleich das Terrain benannt, in dem Gewinne zu machen und nicht Verzichte zu leisten sind. An den Leistungsgrenzen des großindustriellen Absolutismus dürfte es ebenso wie einst an denen des fürstlichen Absolutismus vitale Interessenkollisionen geben.

4. *Über die prospektiven Potenzen von Wissenskraft und Kooperationskultur*

Von einer eklatanten Zivilisationskrise kann, wie gesagt, noch nicht die Rede sein. Wohl aber zeigen sich ihre Vorboten, und es zeichnen sich bereits einige Reaktionsweisen ab, in denen die einen oder die anderen sich auf kritischere Zeiten einzustellen beginnen. Erkennbar sind Linien des skeptischen, stoischen oder auch epikureischen Rückzugs von den großgesellschaftlichen Formierungsproblemen – ins »Lampenlicht des Privaten« oder in den Lichterglanz geistiger und ästhetischer Kultur, in familiär-gemeinschaftliche Geborgenheit. Am Gegenpol dazu spielt sich wohl das Gewichtigere ab: eine forcierte Konzentration gesellschaftlicher Energien für die Selbstbehauptung auf einem der vordersten Plätze im Kräftemessen der Industriemächte. Der wissenschaftlich-technische Fortschritt geht weiter, und nur wer mit »Spitzenleistungen« aufwarten kann, dessen Bilanzen und Lebensrechnungen stimmen auch noch im nächsten Jahrtausend.

Nach der angestrengten Herauslösung aus dem Bezugsrahmen imperativischer und programmatischer Ethik kommt für ein Vorbedenken der Zukunft unseres Ethos natürlich nur noch eine überaus verhaltene, heuristische, fast hypothetische Umschreibung in Betracht. *Wenn* in unserer Zeit ein Ethos von höherer, weiterreichender Verbindlichkeit heranwächst, dann nicht ohne eine maßgebliche Beteiligung und Eigeninitiative der sozialen Sphäre, in der Wissenskraft und Kooperationskultur zu einer besonders reichen Ausbildung gediehen sind. Erfahrung mit einem vielfach bewährten, wenngleich stets begrenzten Leistungsvermögen wird, durch ein positives Interesse angereichert, zur Operationsgrundlage für Erwartungen, Anfragen und Offerten. Dabei kommt ein maßvolles Aufgebot an utopischer Imagination ins Spiel. Keine großen Ziele sind damit anvisiert, sondern bemessene Kraftlinienverschiebungen. Die Inspirationen für das, was möglich sein könnte, kommen eher aus der Erinnerung des Vorhandenen und schon Dagewesenen. Es kann nur darum gehen, Elemente einer höheren Ethos-Verbindlichkeit in Freiheit zu setzen, die in der Gemengelage des Betriebsethos dieser Zivilisation schon wirksam sind, nur eben eng parzelliert und vielfach bedrängt, mehr verstreut als versammelt. Das Institutionelle von Regierungs- und Eigentumsordnungen kann unter dem Blickwinkel des ethischen Interesses fürs erste vernachlässigt bleiben, sofern nicht die institutionelle Form, sondern die in ihr wirkenden oder in sie hineinwirkenden soziokulturellen Energien bestimmend sind. Vernachlässigt bleiben kann unter dem Blickwinkel gerade des ethischen Interesses auch das, was in gängiger Wahrnehmungsweise den »moralischen Wert« von Handlungen und Wirksamkeiten ausmacht. Die Reflexion über eine mögliche Zukunft des Ethos hat nicht die »Verwirklichung moralischer Werte« oder die Kultivierung moralischer Eigenschaften im Sinne. Wie ich schon eingangs zu verstehen gab, halte ich es strikt mit Schelers Axiom der Nicht-Intendierbarkeit sittlicher Gütequalitäten. Alle absichtsvollen Dispositionen zielen auf Güterbestände, Interessenpräferenzen und Interessenvermittlungen in und zwischen den Individuen. – Ich beschränke mich auf einige wenige Stichworte.

a) Um die Autonomie der Bildungssphäre. Eine wechselvolle Geschichte des Ringens um selbstbestimmte Entfaltung und funktionelle Integration (oder Subordination) der höheren Bildungselemente setzt sich in unseren Tagen auf spezifische Weise fort. Der aktuelle Befund ist eine weitreichende Funktionalisierung der Intelligenzberufe in den eingefahrenen Bahnen des Zivilisationsbetriebs, gesellschaftspolitisch die Polarisierung der Loyalitäten im Für und Wider von Marktzuversicht und Sozialstaatsvertrauen, in der Lebensweise die Akkomodation an den Habitus der Angestelltenwelt, die sich ihrerseits an den gängigen Angeboten der Produktions-, Dienstleistungs- und Kulturindustrie orientiert. Diejenigen aus den Intelligenzberufen, die mit besonderer Entschiedenheit die Selbständigkeit des Intellekts und der geistigen Kultur überhaupt repräsentieren und (oft nicht ohne Theatralik und Stilisierung) zur Darstellung bringen, stehen heute nicht mehr in einer schroffen Antiposition zu den funktional korporierten Teilen, bei denen die Loyalitäten sich merklich aufgelockert haben. Ich erwarte, daß die zutage getretenen und die neu hinzukommenden Orientierungsfragen des Zivilisationsprozesses viele aus der Schicht von unterrichteten und denkenden Menschen veranlassen, sich intensiver und nicht mehr überwiegend rezeptiv an den öffentlichen Auseinandersetzungen zu beteiligen (und nicht mehr in den eingefahrenen Bahnen und Richtungsdifferenzen des bestehenden Parteienspektrums). Ein neuerlicher »Strukturwandel der Öffentlichkeit« gewinnt eine Chance, die Selbstkonstituierung eines autonomen Öffentlichkeitssegments aus dem Fundus höherer Wissenskraft und Kooperationskultur. Die thematische Ebene, auf der diese Öffentlichkeit ihre Aktivitäten entfaltet, könnte »Zivilisationspolitik« heißen. Die Ansätze dazu sind sehr zahlreich, es käme nur darauf an, geeignete Formen der Verbindung zwischen vielem herzustellen, was bis jetzt vereinzelt und episodisch bleibt.

b) Die Kompetenzbasis. Wenn in den häufig signalisierten großen oder ganz großen Problemen eine Vorgabe steckt, dann ist es das Maß für die vereinten Qualifikationen oder Kompetenzen, ohne die schlechterdings nichts zu bestellen ist. Die sich offenbarende »Steuerungskrise« besteht darin, daß die professionell, institutionell und sonstwie apparativ gebundene Intelligenz von Informations- und Koordinationsleistungen nicht mehr ausreicht, ja wohl überhaupt die ganze Art der apparativen Steuerung nicht mehr. An den »Grenzen der Wirksamkeit des Staates« erlangen Leistungen und Kompetenzen der Kultur des Sozialen den Primat. Aus der Bildungsgeschichte der Gebildeten kennen wir eine besondere Monokultur des Humanen (der Persönlichkeitsentfaltung), auch Monokulturen des »Geistigen«, des Ästhetischen, der utopischen Imagination. Davon ist die Politik-Partizipation der »Intellektuellen« bis auf den heutigen Tag stark geprägt und in ihrer Potenz

gemindert. (Die wehklagenden Geist-und-Macht-Reflexionen bezeugen das.) Marx hat die traurige Ironie dieser Geschichte treffsicher erfaßt, wenn er bemerkt: »Der Philosoph legt sich – also selbst eine abstrakte Gestalt des entfremdeten Menschen – als den Maßstab der entfremdeten Welt an.« Sowohl ihre Meriten zur Geltung bringen als auch ihren Mangel kompensieren könnten die Intellektuellen »klassischer« Provenienz erst in einem kooperativen Verbund mit solchen, in denen die technisch-praktischen, organisationspraktischen und auch politisch-praktischen Kompetenzen ausgebildet sind. (Das wäre so etwas wie eine »Emanzipation der Emanzipatoren« – aus ihrer Enge.)
Das Insistieren auf der »Kompetenzbasis«, auf der allein eine weitreichende Umdisposition in den Güterverhältnissen und Leistungsströmen unseres Zivilisationsprozesses vorstellbar ist, bedeutet einen Kontrapunkt nicht nur zu den vielen Appellen an den guten Willen, sondern ebenso zu den »Strategien«, deren Generallinie die Mobilisation der Mühseligen und Beladenen ist, zur »Politik als Protest«. Nicht daß dergleichen zu mißachten wäre – nur liegt darin eben wenig Abhilfe beschlossen.

c) Konzentration und Assoziierung der Kräfte. Die Selbstkonstituierung eines autonomen Öffentlichkeitssegments als eines Forums der Zivilisationspolitik bedeutet fraglos eine Art von »Vereinigung« oder »Organisierung«, nur eben nicht nach einem Plan oder auf einen Imperativ hin, nicht zur Propagierung von »Forderungen« oder Erfordernissen, zumal nicht in Gestalt einer »strategisch« operierenden Großorganisation oder (was für H. Jonas das Optimum wäre) einer religiösen Massenbewegung. Es geht mehr um das, was man heute »Diskussionszusammenhang« nennt, das kontinuierliche Fortführen einer thematisch disziplinierten Beratung in einem Wechselspiel von Publikationen und Zusammenkünften – vielleicht in der Form des »Club«, so daß ein Rahmen von Zusammengehörigkeit entsteht. Es wirkt immer wieder faszinierend, welcher geistig-kulturelle Reichtum uns auf dem jetzigen Stand der Kulturindustrie jederzeit und bequem zugänglich wird, und es kann sich darin eine schrankenlose Beliebigkeit von lauter hochrespektablen Interessen und Kennerschaften ergehen. Um so mehr mag man es als einen Mangel empfinden, wenn inmitten solcher Fülle eine Konzentration gemeinschaftlicher Aufmerksamkeit auf einiges wenige streng Obligate, weil Lebenswichtige nicht stattfindet. Ein wichtiger Effekt des verbindlichen Zusammenwirkens wäre es, eine Konzentration auf den Kreis von Schlüsselproblemen des Zivilisationsprozesses zustande zu bringen.

d) Soziokultureller Habitus. Daß bei alledem nicht an eine Vereinigung für ethische Kultur zu denken ist, bedarf kaum einer neuerlichen Bekräftigung. Wohl aber ist die deutlichere und verbindlichere Artikulation einer autonomen Öffentlichkeit auf delikate Weise mit bestimmten Ethos-Disponiertheiten verknüpft; statt »Ethos« kann man das, was hier ins Spiel kommt, auch schlichter einen soziokulturellen Habitus nennen. Es gehören dazu unter anderem folgende Eigenarten: das Fehlen einer rauschhaften Identifikation mit dem Zivilisationsfortschritt, eine wohlbemessene Zivilisationsdissidenz, sozusagen die Disposition zu einem mehr »defensiven« Zivilisationsverhalten, jenseits von Betriebskonformität und diesseits von Aussteigertum; sich der kulturellen Hegemonie der Märkte entziehen und eine eigengeprägte Lebensweise entfalten, eigene Verbrauchsgewohnheiten und Gebrauchsmuster pflegen. Bei beruflich etablierten Mitgliedern der Bildungsschicht kommt dazu ein Empfinden annähernder materieller Saturiertheit, ein »unterdurchschnittlich« ausgeprägter Erwerbstrieb, eine Geneigtheit, vom Verteilungskampf zurückzutreten. Öffentlich-politische Betätigung steht nicht unter dem Zug von Positions- und Karriereinteressen, Freiheit von Fanatismen, Ressentiment, manischem Belehrungsdrang und auch von Sozialneid gegen die Reichen und die Superreichen (vielmehr eine anders motivierte Distanz gegen diese Sphäre). Zum Besitzstand gehören auch eine starke Verwurzelung in der ästhetischen Kultur und das – nicht immer leicht zu befriedigende – Bedürfnis nach einer kultivierten, anregenden, intensiven und individuierten Geselligkeit.

Mit diesem Habitus befindet man sich heute in einer »Diaspora«. Eine kulturelle Hegemonie übt das Klassen-Schichten-Ensemble mit der höchsten zivilisatorischen Vitalität und Aggressivität aus, namentlich das Ensemble der Aufsteiger und angestrengten Selbstbehaupter mit ihren Hoflieferanten, Designern und Animateuren.

e) Gesellschaftspolitische Konturen. Die »neuen« Perspektiven des Zivilisationsgleichgewichts von Mensch – Technik – Natur, die des Zivilisationsgefälles von reichen und armen Völkern und die einer drohenden atomaren Selbstvernichtung der Menschheit führen, sobald man zu einer »Operationalisierung« kommen möchte, schließlich doch wieder auf die Dynamismen einer Klassen-Schichten-Gesellschaft zurück – Zivilisationspolitik bleibt in Gesellschaftspolitik eingebunden. Diese steht jedoch schon seit geraumer Zeit und bis auf weiteres noch nicht wieder im Zeichen radikalisierter System-Alternativen wie »Kapitalismus oder Sozialismus«, sondern bewegt sich interimistisch im Spannungsfeld von Unternehmer-Marktwirtschaft und Sozialstaat. Ich vermute, genau das ist der Problemkomplex, der die besagte Konzentration der intellektuellen Kräfte herausfordert. Es ist eine Herkulesarbeit, die Angelegenheiten aus den Interessenperspektiven der Hauptkontrahenten des Verteilungskampfes herauszulösen und einen ordentlichen »Bericht über die Lage der Zivilisation« zu erstellen – von der Eröffnung praktisch-experimenteller Perspektiven ganz zu schweigen. Diese Arbeit ist längst in Gang. Eine autonome, nicht nur von den Herren der Wirtschaft und Politik unabhängige (wie die bessere Publizistik), sondern ihnen gegenüber geradezu souveräne *Community* der um Wissen zum gründlichen Nachdenken Bemühten könnte es zu einer hohen Autorität bringen und wichtige Umgruppierungen in der politischen Öffentlichkeit einleiten, die in den Großorganisationen entstandenen Mesalliancen ebenso wie schiefe Frontstellungen auflösen helfen. Bei den fortwährenden Klagen über einen Mangel an »politischer Kultur« ist eben zu bedenken, was die Parteien mit ihren Selektionsmechanismen und Bewährungskriterien aus ihrem Metier verdrängt oder auf Distanz gehalten haben und daß Kultur wohl nur von dort in die Politik kommen kann, wo sie zu Hause ist. – Welchen System-Effekt solche Aktivierungen von Wissenskraft und Kooperationskultur zeitigen, zu welcher Konfliktkonstellation aus Koalitionen und Kontrapositionen sie führen könnte, mag gänzlich offen bleiben – wie es ja schon eine offene Frage bleibt, wieviel von diesen Potenzen auf welche Anstöße und Anreize hin überhaupt sich aktiviert. Hierin bekundet die heuristische Projektion doch noch einmal ihre moralphilosophische Abstammung, sofern sie sich unbekümmert an die substantielle Qualität der Bildungskräfte hält, die das Institutionelle von Staats- oder Eigentumsordnungen mit ihrem Leben erfüllen.

f) Gesamtkonstellation. In der »Gemengelage«, als die sich uns das Ethos (das Güterverhältnisse-Ensemble) von Großgesellschaften darstellt, lassen sich, auf den Generalnenner gebracht, die drei sozialen Schichtlagen von Oben, Mitte und Unten in je spezifischen ethos-formativen Bedeutungen erkennen. Seinen materialen Reichtum erhält das Ethos durch die vielfältigen Strebungen, die nach oben gerichtet sind. Dadurch gewinnt es andererseits eine fatale innere Spannung: indem nicht nur vieles, ja das meiste weiter unten bleibt, sondern auch noch für dasjenige instrumentalisiert wird, was nach oben gelangt. Zwischen dem einen und dem anderen etabliert sich eine gewisse Mittellage, in der sich auch die Gebildetenschicht eingeordnet (manchmal eingezwängt) findet. Der »wissenschaftliche Sozialismus« war für die Gebildeten unter seinen Mitstreitern der Versuch, zu einer Souveränitätsposition durch die Erhebung der Arbeiter gegen die Kapitalherren zu kommen. Diese Perspektivbildung hat sich geschichtlich als nicht ergiebig erwiesen, die Symbiose von »Arbeit und Kapital« ist heute wirkungskräftiger als die Opposition zwischen ihnen. Die konsumtiv weniger saturierten Unterschichten sind eine bereitwillige Massenbasis der Wachstumsökonomie. (Redlicherweise ist auch einzugestehen, daß die Breite und die leidliche materielle Saturiertheit der Bildungsschicht nicht minder durch die Wachstumsökonomie ermöglicht ist.) – Aufschlußreich ist, daß der Gebildeten-Sozialismus vor seiner Liaison mit dem Proletariat viel mehr noch ein anderes Souveränitätsproblem vor Augen hatte, das mit der Funktionsweise der Marktökonomie verknüpft ist. »Die Konkurrenz«, so sah es der junge F. Engels in Manchester, »hat alle unsre Lebensverhältnisse durchdrungen und die gegenseitige Knechtschaft, in der sich die Menschen jetzt halten, vollendet.« Das Problem dieses kollektiven Selbstzwangs ist uns heute wieder sehr nahe. Engels sah eine mögliche Auflösung darin, daß »in einem der Menschheit würdigen Zustande« das Gemeinwesen, die Proportion zwischen Produktionskraft und Konsumtionskraft vor Augen, zu »berechnen« haben wird, »was sie mit den ihr zu Gebote stehenden Mitteln erzeugen kann, und nach dem Verhältnis dieser Produktionskraft zur Masse der Konsumenten bestimmen, inwieweit sie die Produktion zu steigern oder nachzulassen, inwieweit sie dem Luxus nachzugeben oder ihn zu beschränken hat«.[102]

Wenn man dieses Problem in seiner heutigen Gestalt für gravierend und für operabel erachtet, wird man sich überlegen, in was für eine Bearbeitungs-Konfiguration es kommen könnte. In meiner Replik auf die Appelle zur Askese habe ich dafür plädiert, nicht hier den Kardinalpunkt der Zivilisationsreform anzusetzen, sondern vielmehr im möglichen Souveränitätszuwachs (wie ich ja überhaupt das Übergewicht der altruistischen Bindungen in der Ethos-Reflexion zurückzustufen suche). Im Raum der bestimmten gesellschaftlichen Vermittlungen von Leistungs- und Güterströmen gewinnt jedoch auch die Frage der tolerablen Gütermengendispositionen durchaus eine hohe Gewichtigkeit. Es geht da nicht pauschal um die Gesamtmenge der Güterproduktionen, welche die Natur straflos zuläßt, sondern um die gesellschaftliche Verteilung und um die Dynamismen, die in der kapitalistischen Warenproduktion wirksam sind. Ich weiß wohl, was da an Rechenaufgaben auf unsere erfreulich angewachsene Rechnerkapazität zukommt, ich will jedoch nur die Seite des Wollens, des Gewährens und des Verwehrens betrachten und eine vorstellbare, wünschbare Gesamtkonstellation modellhaft skizzieren: Die leidlich Saturierten könnten (auf welcher Stufe und mit welchen Toleranzen auch immer) das Maß ihrer eigenen materiellen Güterausstattung als das allgemein zureichende ansetzen und demjenigen, was sich beliebig hoch darüber erhebt, den höheren soziokulturellen Rang aberkennen. Bedenkt man den Sog, der von den höheren Stufen der Reichtumspyramide auf die unteren ausgeht, wird man kaum sagen können, man habe es hier mit einer *quantité négligeable* zu tun. Wie weit eine von der Bildungsschicht exemplarisch entwickelte Verbrauchskultur in Verbindung mit Kulturformen der Gesellschaftlichkeit in die Konsumwelt der »kleinen Leute« hineinwirken könnte (»weniger, aber besser«), möchte ich nicht gewichtiger in die Überlegung einbeziehen, die »Humanisierung« der Arbeitsverhältnisse sehr viel eher; eine Formel für die Abschaffung schlicht überflüssiger Arbeit (mit vollem Funktionsausgleich) könnte ein Nachfolgekomplex für die absurde Angst um die »Vernichtung von Arbeitsplätzen« werden.

g) Autonome Außenpolitik. Nach einem Jahrhundert der Verstaatlichung und Nationalisierung der gebildeten Stände *(right or wrong – my country)* verspricht allmählich wieder Normalität einzukehren, wie sie sich einst in dem kritisch-reservierten, argwöhnischen Verhältnis eines I. Kant zur ganzen hohen Gesellschaft der »Weltregierer« und ihren zwischenstaatlichen Unternehmungen bekundet hatte. Vernimmt man die sterile und oft stupide Sprache der offiziellen internationalen Politik, so wird ein groteskes Mißverhältnis schon zu der Kulturstufe faßbar, auf der die bessere Publizistik dieselben Dinge verhandelt. Ich begnüge mich mit dem Satz, daß autonome Öffentlichkeit eine eigene Gestalt der internationalen Beziehungen etablieren und damit einen neuen Typus von Friedenspolitik inaugurieren könnte.

h) »Weltbürgerliche Absicht«. In aller Ausdrücklichkeit macht der ethische Universalismus heute jedem von uns seine Mitverantwortung für das Wohl und Wehe der Menschheit im ganzen und in der Person eines jeden in der Welt bewußt. Man könnte von einer »Ethik in weltbürgerlicher Absicht« sprechen. Die »Ost-West«-Polarität als der Herd der Atomkriegsgefahr und das »Nord-Süd«-Gefälle als ein Herd von Hungerkatastrophen, Gewaltherrschaft, Dauerkleinkrieg und Chaotik übertreffen, wie es scheint, alle anderen Probleme an moralischer Vordringlichkeit. Auf diesem äußersten Punkt der Zuspitzung und Lebensgefährlichkeit der Weltprobleme muß endlich die Moral den Primat über die Politik gewinnen.

Mit den Denkmitteln einer ethischen Heuristik kommt man indessen zu einer anderen Generaldisposition. Wenn wir bedenken, wie unentwirrbar die ethischen Gehalte (oder moralischen Anforderungen) in die strategischen Dispositive der verschiedenen Kontrahenten verflochten und ganz massiv durch sie verstellt sind, kann es keine moralische Unmittelbarkeit ihrer Wahrnehmung und Bearbeitung geben. Alle Versuche, direkt Abhilfe zu schaffen, sind von einer fatalen ethischen Ambivalenz, und man unternimmt sie von Fall zu Fall – unsystematisch, episodisch, unzulänglich –, weil man außerstande ist, etwas Besseres – sei es für den Weltfrieden, sei es gegen die Weltarmut oder für die Menschenrechte – zu tun. Wie will man den anderen helfen, wenn man sich selber nicht zu helfen weiß, allenfalls über bestimmte Hilfsquellen verfügt, sonst aber den Dingen recht ohnmächtig gegenübersteht? Wenn man es schon moralisch, d. h. von den Aufgaben her angeht, dann stellt sich die Erlangung höheren Handlungsvermögens als das entschieden Vorgeordnete dar. Daß die höhere Handlungskompetenz sich unter dem Druck der größtmöglichen und höchstdringlichen Weltnotstände ausbilden würde, ist jedoch kaum eine reelle Erwartung.

Eine durchaus reelle Annahme scheint mir indes zu sein, daß die »weltbürgerlichen« Potenzen der hochzivilisierten Länder heute höher zu veranschlagen sind als in der ersten Jahrhunderthälfte. Sie sind freilich mehr latent als manifest und nicht in einem »Aggregatzustand«, daß sie sich unvermittelt in eine »weltbürgerliche Absicht« umsetzen und in deren Zielrichtung wirksam werden könnten. Eher dürfte sich das besagte Handlungsvermögen an den näher liegenden »Herausforderungen« profilieren und dann in zunehmend weiteren Umkreisen bewähren. Nicht die Moralisierung des Ganzen, sondern die entschiedene Politisierung eines entscheidend wichtigen Teils wäre also die Devise.

5. Ethos der Zukunft

Die Kritik an den epochalen Aufgeboten eines unruhig gewordenen Moralbewußtseins führte zu dem Bescheid, daß die Zukunft des Ethos nicht in der inspirativen und direktiven Kraft einer Ethik der Zukunft beschlossen liegt. Es ergab sich insgesamt eine Berichtigung der geschichtlichen Optik, was die Gewichtsanteile von Zukunft, Gegenwart und Vergangenheit angeht. Gegen die positive oder negative Faszination am Zukünftigen steht die schlichte Erinnerung, daß ein Ethos der Zukunft kaum etwas anderes als die Fortführung des bisherigen – in mehr oder weniger weitreichend veränderten Maßbestimmungen – sein kann. Schon im Vorwort erinnerte ich an jenen Zukunftsdenker, der nichts von einer »Konstruktion der Zukunft« wissen wollte, weil »die Menschheit keine *neue* Arbeit beginnt, sondern mit Bewußtsein ihre alte Arbeit zustande bringt«. Hinzuzusetzen ist, daß die »Menschheit« diese Arbeit nicht leistet, indem sie große »Aufgaben« erfüllt. Auch in diesem Punkt wäre die Optik zu berichtigen: Die großen Lebens- und

Überlebensfragen, die uns oft als epochale Aufgaben vor Augen geführt werden, bieten sich nicht in aller Direktheit zur tätigen Bearbeitung dar. Frieden schaffen, die Weltarmut überwinden, überall die Menschenrechte verwirklichen, die Natur nicht zerstören – in allen diesen Belangen waltet Indirektheit. Was für die Großraumgestaltungen bedeutsam wird, bildet sich nicht unmittelbar in ihnen, sondern in enger bemessenen Räumen aus und weithin mit einer anderen thematischen Ausrichtung und Zentrierung. Die eigentlich »ethischen« Tugenden werden in großgesellschaftlichen Maßverhältnissen nicht ohne technisch-praktische Tüchtigkeiten wirksam. Mehr Hinwendung zu den anderen ist gegründet auf höhere Handlungssouveränität im eigenen. Was als »Aufgabe« erscheint, gewinnt praktische Bedeutung dadurch, daß es für jemanden eine *Chance* ist, eine höhere Befähigung in erweitertem Rahmen zur Geltung und Anerkennung zu bringen. Es gilt da nicht: Je größer die Aufgabe ist, desto mehr Kräfte zu ihrer Bewältigung setzt sie frei – oder negativ gewendet: Je größer die Gefahr ist, desto mehr Rettendes wächst an ihr.

Während die ethische Programmatik »von oben nach unten« geht, von den Prinzipien und Aufgaben zu den geforderten Aktivitäten und Willenskräften, geht die ethische Heuristik von unten nach oben: von der Wirklichkeit der lebendigen Kräfte zu den Gelegenheiten ihrer Freisetzung. Als das Herzstück in einem Ethos der Zukunft erweist sich ein Zugewinn an gemeinschaftlicher, kooperativer Handlungssouveränität bei der Selbststeuerung des Zivilisationsprozesses.

Suchen wir das in eine gesellschaftsgeschichtliche Rahmenbestimmung einzuzeichnen, so könnte sich dies ergeben: Der Basisprozeß neuzeitlicher Ethos-Formierung ist das Ringen um die *zivile Gesellschaft* als eine befriedete, geordnete und kooperativ koordinierte Assoziation im weltbürgerlichen Ausmaß. Durch den anderen Basisprozeß, den der Industrialisierung, ist eine hochdramatische »Dialektik des guten Lebens« aufgebrochen, die seit dem ausgehenden 18. Jahrhundert unser bedrängendes Problem ist. Mit dem industriellen Konkurrenz-Kapitalismus ist eine wuchernde Naturwüchsigkeit gerade in die Sphäre der am höchsten gesteigerten Rationalität eingedrungen, wie ein neuer, ein großindustrieller Absolutismus. Als das ruchbar wurde, sahen kühne Geister die geschichtliche Stunde einer großen sozialen Umwälzung bereits gekommen, die an die Stelle der »modern bürgerlichen« Gesellschaft eine ganz und gar andere setzen werde, »den Sozialismus«. Nach der Erfahrung mit einigen »real existierenden« Sozialismen wird man kaum noch hoffen können, das Rätsel der modernen Geschichte lasse sich durch einen institutionell definierten Haupt- und Staatsakt auflösen, mit Machteroberung und Eignerwechsel. Das Problem einer kooperativen Selbststeuerung des Gesellschafts- und Zivilisationsprozesses ist im Realsozialismus einer Lösung nicht näher als in den kapitalistisch gebliebenen Regionen mit höherer zivilisatorischer Infrastruktur und Organisationskultur. So kommt es darauf hinaus, daß noch immer das Projekt einer bürgerlichen, nämlich zivilen Gesellschaft den Erwartungshorizont unserer nächsten Geschichte und damit den gesellschaftsgeschichtlichen Rahmen für ein Ethos der Zukunft bildet. Zivilisierung, Zivilwerden unserer noch immer von starken militärischen Einlagerungen und Überlagerungen geprägten Zivilisation – so könnte man es nach Art einer Parole beschreiben. Bringt man es auf eine Formel von dem, »worauf es ankommt«, so kann man es so sagen: Das Ethos von heute findet seine zukünftige Bewährungsprobe darin, daß es die höheren Befähigungen freisetzt, die zu gewärtigenden Anfechtungen einer sich ausweitenden Zivilisationskrise in den Maßbestimmungen humaner Kultur zu bewältigen, die wir mühsam errungen haben; daß es gelingt, kraft einer höheren Handlungssouveränität über den Zivilisationsprozeß weiterreichende Verbindlichkeiten zu stiften.

Anmerkungen

1 *Kritik der reinen Vernunft* A 840–41/B 868–69.
2 *Kritik der praktischen Vernunft* A 54 (Werkausgabe Weischedel, Bd. 6, S. 140).
3 Vgl. die in Bd. 20 der Akademie-Ausgabe wiedergegebenen Vorarbeiten zu den 1764 erschienenen *Beobachtungen über das Gefühl des Schönen und Erhabenen* (S. 92 f.), dazu die Studie von Gerold Prauss, *Kant über Freiheit als Autonomie*, Frankfurt 1983.
4 K. Marx, *Theorien über den Mehrwert* II, in: Marx-Engels, *Werke* (im folgenden abgekürzt: *MEW*) Bd. 27, S. 107.
5 Vgl. Nicolai Hartmann, *Ethik* (1926) 15. Kap.; in der posthum (1953) veröffentlichten *Ästhetik* heißt es zusammenfassend: »alles sittlich bewertbare Handeln ist ein ›Handeln an Personen‹; genauer: ein Schalten mit Dingen in bezug auf Personen, die davon betroffen werden«. (S. 336)
6 *Streit der Fakultäten*, Ausg. Weischedel, Bd. 9, S. 351 f.
7 A.a.O., S. 364.
8 A.a.O., S. 357 f.
9 A.a.O., S. 365.
10 *Idee einer allgemeinen Geschichte in weltbürgerlicher Absicht*, Ausg. Weischedel Bd. 9, S. 38 f.
11 Die »moralische Weltanschauung« diskutiert Hegel eingehend in der *Phänomenologie des Geistes*, der Übergang von Moralität in Sittlichkeit ist in den *Grundlinien einer Philosophie des Rechts* nachgezeichnet. Die zitierte Kurzformel steht im § 141 der *Rechtsphilosophie*.
12 Ausg. Weischedel, Bd. 6, S. 617.
13 Ausg. Weischedel, Bd. 6, S. 197.
14 So in einer Fußnote der *Grundlegung zur Metaphysik der Sitten*, Ausg. Weischedel, Bd. 6, S. 27 f.
15 *Deutsche Ideologie*, *MEW* Bd. 3, S. 26. Die andere Formel (aus der Einleitung *Zur Kritik der Hegelschen Rechtsphilosophie* von 1844) lautet, »die Theorie wird zur materiellen Gewalt, sobald sie die Massen ergreift«. (*MEW* Bd. 1, S. 385).
16 *Götzen-Dämmerung*, Werkausgabe K. Schlechta, Bd. II, S. 977.
17 Vgl. Anmerkung 5.
18 N. Hartmann hat der Kausalität in seiner *Philosophie der Natur* (1950) eine eingehende Kategorialanalyse gewidmet. Die Untersuchung von

Mario Bunge, *Causality. The Place of the Causal Principle in Modern Science*, erschien 1959 (*Harvard University Press*, Cambridge, Mass.).
19 K. Marx / F. Engels, *Die Heilige Familie, MEW*, Bd. 2, S. 138.
20 F. Engels, *Anti-Dühring, MEW*, Bd. 20, S. 106.
21 *Die Unzulänglichkeit der Freiheitsbeweise*, Frankfurt 1980, S. 20.
22 *Möglichkeit und Wirklichkeit* (1938), S. 126.
23 A.a.O., S. 27.
24 A.a.O., S. 41.
25 A.a.O., S. 41.
26 *Ethik*, [3]*1949, S. 29.*
27 *Ethik des Ethos*, Freiburg/München 1974, S. 8.
28 *Skeptische Ethik*, Frankfurt 1975, S. 23.
29 *Minima Moralia* (1944–47), Frankfurt 1951, S. 7.
30 *Moralbewußtsein und kommunikatives Handeln*, Frankfurt 1983, S. 67.
31 *Probleme der Ethik*, Stuttgart 1984, S. 3.
32 *Kultur und Ethik* (1923), [10]1955, S. 21.
33 Funkkolleg *Praktische Philosophie/Ethik*, Studienbegleitbrief 8, S. 60–68.
34 A.a.O., S. 92 f.
35 A.a.O., S. 97.
36 A.a.O., S. 99.
37 *Moralbewußtsein und kommunikatives Handeln*, S. 67.
38 »Moral und Sittlichkeit«, in: *Merkur* 442 (Heft 12/1985).
39 »Praktische Philosophie und Theorie der Gesellschaft«, in: W. Oelmüller (Hrsg.), *Materialien zur Normendiskussion* Bd. 1: *Normen und Geschichte*, Paderborn 1979, S. 174.
40 Text eines Einführungsreferates, in: W. Oelmüller (Hrsg.), *Materialien zur Normendiskussion* Bd. 1: *Transzendentalphilosophische Normenbegründungen*, Paderborn 1978, S. 94–95.
41 »Sittliche Vernunft und praktischer Diskurs« (Vortragstext), in: *Normen und Fakten*, Typoskript des Hessischen Instituts für Lehrerfortbildung (Reinhardswaldschule), 1979.
42 A.a.O., S. 10.
43 A.a.O., S. 14.
44 A.a.O., S. 22–23.
45 *Grundlagen der Ethik*, Berlin/New York 1982, S. 302.
46 *Norm und Werturteil*, Stuttgart 1979.
47 In einem Sammelband *Socialist Humanism* hat E. Fromm 35 Autoren zu einem internationalen (literarischen) Symposion vereinigt. (New York, Doubleday, 1965). »Humanismus« war auch ein Leitthema des »christlich-marxistischen Dialogs«, den namentlich die Paulus-Gesellschaft initiiert hat. Ein ausdrucksstarkes Zeugnis ist das Buch von Milan Machovec *Vom Sinn des menschlichen Lebens* (Freiburg 1971).
48 Zahlreiche Beiträge dieser Art kommen aus der jugoslawischen »Pra-

xis«-Philosophie, von deren namhaftesten Wortführern auch Sammelwerke und Einzelstudien in Deutsch erschienen sind (R. Supek, G. Petrović, P. Vranicki). Das Thema »Sozialismus« ist integral von S. Stojanović in dem Buch *Kritik und Zukunft des Sozialismus* abgehandelt worden (zuerst München 1970, 1972 als Fischer Taschenbuch 1264).

49 *MEW*, Bd. 1, S. 385. Engels' moralische Kapitalismus-Kritiken im selben Band S. 501, 503, 511, 515, 520–23.

50 A.a.O. (Anm. 48), S. 111.

51 A.a.O., S. 116.

52 A.a.O., S. 121 f.

53 *Deutsche Ideologie, MEW*, Bd. 3, S. 229.

54 A.a.O., S. 116. Eines der Kapitel behandelt unter der Überschrift »Die revolutionäre Teleologie und Ethik« die zulässigen und unzulässigen Verknüpfungen von Mitteln und Zwecken.

55 Was ich dem »Geschichtsmaterialismus« abzugewinnen suche, habe ich in einem gleichnamigen Aufsatz vorgetragen, in: E. Rudolph/E. Stöve (Hrsg.), *Geschichtsbewußtsein und Rationalität*, Stuttgart 1982.

56 *Deutsche Ideologie, MEW*, Bd. 3, S. 26.

57 A.a.O., S. 417 f.

58 A.a.O., S. 35. Im Manuskript steht »zu richten haben«, doch dem heutigen Leser wird das Verständnis mit einem »wird« erleichtert.

59 *MEW*, Bd. 4, S. 321.

60 *Das Elend der Philosophie, MEW*, Bd. 4, S. 143.

61 *Der Bürgerkrieg in Frankreich, MEW*, Bd. 17, S. 343.

62 Die Referate und Diskussionen sind in einem von G. Gorschenek herausgegebenen Bändchen *Grundwerte in Staat und Gesellschaft* (München 1977) dokumentiert. Zur Vereinfachung der folgenden Stellennachweise belege ich die Zitate aus dieser Publikation im Text selbst – mit dem Buchstaben *G* gekennzeichnet.

63 Mehrere Materialien der SPD-Grundwertekommission sind, von E. Eppler herausgegeben, als Taschenbuch erschienen: *Grundwerte. Für ein neues Godesberger Programm*, Hamburg 1984. Da ich mehreres aus diesen Materialien zitieren werde, sollen auch hierbei die Stellennachweise im Text selbst, mit dem Buchstaben *E* gekennzeichnet, erfolgen.

64 *Das Prinzip Verantwortung*, Frankfurt 1979, S. 7. Wegen der häufigeren Konsultation dieses Texts werde ich die Seitenzahlen mit dem Zusatz *J* im Haupttext angeben.

65 »Was hat Technik mit Moral zu tun?«, Vortragstext, abgedruckt in der Zeitschrift der Fachhochschule Krefeld/Mönchengladbach: *FHN aspekte* Nr. 2, 1983.

66 S. 249. Die Devise lautet, »nicht wegen der Lockung einer herrlichen, sondern nur unter der Drohung einer fürchterlichen Zukunft«, »nicht um ein höchstes Gut zu gewinnen (was vielleicht überhaupt eine Sache

des Übermutes ist), sondern nur, um ein höchstes Übel abzuwenden«. (S. 78 f.).

67 *Überlebensbedingungen der Menschheit. Zur Dialektik des Fortschritts,* München 1980, S. 66. Die folgenden Stellen sind mit dem Zusatz *F* im Text nachgewiesen.

68 »Die übertriebenen Erwartungen in modernen Volkswirtschaften«, bemerkt Fred Hirsch, sind »die traditionellen Erwartungen an der Spitze der Gesellschaftspyramide. Denn diese waren es, die einen unerreichbaren allgemeinen Standard gesetzt haben. Es sind die Gutbetuchten, die zuviel erwarten.« (*Die sozialen Grenzen des Wachstums,* 1976, dt. Ausg. Hamburg 1980, S. 267.)

69 A.a.O., S. 265.

70 *Deutlichkeit. Beiträge zu politischen und religiösen Gegenwartsfragen,* München 1978, S. 103. Die folgenden Seitenangaben erfolgen wieder im Text mit dem Vermerk *W.*

71 U. Ranke-Heinemann, in: *konkret* Nr. 8/1983, S. 40.

72 Vortrag »Rationalität und Irrationalität der Friedensbewegung und ihrer Gegner«, gehalten an der Freien Universität Berlin am 10. Oktober 1983 und in einem Typoskript *Philosophie und Frieden* verbreitet. Die zitierte Stelle S. 19.

73 Manfred Spieker, »Die Verteidigung des Friedens gegen den Pazifismus« (in: *Aus Politik und Zeitgeschichte,* Beilage zur Wochenzeitung *Das Parlament,* B 17/83, 30. 4. 1983) exponiert eine solche »Ethik der Abschreckung« (S. 24 f.).

74 A.a.O., S. 28.

75 Vgl. Manfred Hättich, *Weltfrieden durch Friedfertigkeit?* München 1983, S. 68.

76 In: *Frankfurter Allgemeine Zeitung,* 22. April 1983, S. 9. Die folgenden Zitierungen sind aus diesem Aufsatz des früheren Präsidenten des Bundesarbeitsgerichts.

77 »Die Bestimmung des Menschen«, in *Fichtes Werke* (Gruyter-Nachdruck) Bd. II, S. 74 f. Der Gedanke findet sich schon in Kants Entwurf »Zum ewigen Frieden«. (Weischedel-Ausgabe, Bd. 9, S. 206).

78 »Kommunistisches Manifest«, *MEW,* Bd. 4, S. 479.

79 So in der von K. Marx verfaßten »Ersten Adresse des Generalrats über den Deutsch-Französischen Krieg«, *MEW,* Bd. 17, S. 7.

80 »Zur Theorie und Strategie des Friedens«, in: *Über den Ungehorsam,* Stuttgart 1982, S. 149 f.

81 *Abhandlung über die Methode,* Ausg. Philos. Bibl., S. 51.

82 F. Engels, *Grundsätze des Kommunismus* (Entwurf, 1847), *MEW,* Bd. 4, S. 370.

83 F. Mehring, *Über den historischen Materialismus* (1893), Ausg. Dietz Berlin (Ost) 1947, S. 76.

84 L. Trotzki, *Ihre Moral und unsere* (1938), Berlin 1967, S. 48.

85 F. Engels, *Anteil der Arbeit an der Menschwerdung des Affen, MEW,* Bd. 2, S. 452 f.
86 *Das Prinzip Hoffnung,* Bd. 2, Aufbau-Verlag Berlin (Ost) 1955, S. 264, 270, 273.
87 M. Horkheimer/Th. W. Adorno, *Dialektik der Aufklärung,* Amsterdam 1947, S. 53, 266.
88 In: *Frankfurter Hefte,* FH-extra 6, 1984, S. 47, weitgehend gleichlautend in dem ebenso betitelten und im selben Jahr erschienenen Buch.
89 Ursula M. Händel (Hrsg.), *Tierschutz. Testfall unserer Menschlichkeit,* Frankfurt 1984.
90 Ausg. Weischedel, Bd. 9, S. 91.
91 *Abhandlung über den Ursprung und die Grundlagen der Ungleichheit unter den Menschen* (1755), Ausg. Aufbau-Verlag Berlin (Ost) 1955, S. 40 f.
92 Zitiert nach K. Meyer-Abich, in: *Tierschutz* (s. Anm. 89), S. 26, 30 f.
93 *Metaphysik der Sitten* (1790), Ausg. Weischedel, Bd. 7, S. 579.
94 *Tierschutz* (s. Anm. 89), S. 34.
95 »Welt des Grauens«, in: I. Weiss (Hrsg.), *Kritik der Tierversuche,* Lampertheim 1980, S. 29. Auch die folgenden Zitate sind diesem kurzen Text (S. 27–31) entnommen.
96 »Der wissenschaftliche Tierversuch. Eine bioethische Fallstudie«, in: E. Ströker (Hrsg.), *Ethik der Wissenschaften? Philosophische Fragen,* Paderborn 1984, S. 135.
97 »Das Tier als Gabe und Aufgabe«, in: *Tierschutz,* s. Anm. 89, S. 55 f.
98 Beide Texte sind abgedruckt in dem Buch von Georg Fr. Nicolai, *Die Biologie des Krieges. Betrachtungen eines Naturforschers den Deutschen zur Besinnung,* das unter dramatischen Umständen entstand und 1917 in der Schweiz erschienen ist. 3. Aufl. Darmstadt 1983, S. 7–14.
99 *Ethik,* 3. Aufl. 1949, S. 334.
100 György Konrád/Iván Szelényi, *Die Intelligenz auf dem Weg zur Klassenmacht,* Frankfurt 1981. – G. Konrád, *Antipolitik. Mitteleuropäische Meditationen,* Frankfurt 1984.
101 »Die Aufgaben vor uns«, in: *Frankfurter Hefte,* FH-extra 6, 1984, S. 9 f.
102 »Umrisse zu einer Kritik der Nationalökonomie« (1844), *MEW,* Bd. 1, S. 523, 516.

Roberto Mangabeira Unger

Leidenschaft

Ein Essay über Persönlichkeit

302 Seiten. Leinen

Seit der Aufklärung und der Romantik beschäftigen zunehmend Fragen nach den Möglichkeiten menschlicher Selbstverwirklichung und nach ihren gesellschaftlichen, ethischen, kulturellen Schranken insbesondere die Philosophie und die Humanwissenschaften. Der allmähliche Aufstieg der Psychologie zu einem einflußreichen öffentlichen Erklärungs- und Interpretationsbetrieb ist dafür ein Beleg unter anderen. Und selbst in Literatur und Kunst verschaffen sich diese Fragen nachhaltig Ausdruck. Sie sind, ganz unverkennbar, ein Thema, das die Neuzeit und die sie ebenso prägenden wie quälenden Formen der Selbstreflexion charakterisiert: das »Drama von Sehnsucht und Angst«, von Selbstbehauptung und Gesellung, von Gemeinschaftsverlangen und Einsamkeitserfahrung, kurz: das Problem, menschlicher Identität in einer Welt rapiden materiellen und ideellen Wandels.

Roberto Mangabeira Unger antwortet mit seinem Buch auf dieses Problem. Er untersucht die Geschichte der Persönlichkeitsbilder und der in ihnen festgeschriebenen Verhaltens- und Erfahrungsstile, und er schlägt eine neuartige Deutung sozialen Handelns und individueller Selbstvergewisserung vor, welche die Spannung zwischen Eigennutz und Solidarität, Unabhängigkeitsbegehren und Engagement nicht einseitig auflöst, sondern sie vielmehr als die entscheidende Produktivkraft menschlicher Identitätsbildung wachhält.

S. Fischer

fi 573 / 1